普通高等教育信息技术类系列教材

数据库应用与实践
（MySQL 数据库）

主　编　　　　　　王海龙
副主编　裴冬梅　葛湘巍　柳　林

科学出版社
北　京

内 容 简 介

本书系统、全面地介绍了 MySQL 的实用技术，全书紧密围绕教务管理系统的操作与管理综合实例展开，主要分为 7 章，涵盖了数据库相关知识、MySQL 数据库平台及基本使用方法、数据库设计、数据表操作、数据库查询与更新、索引和视图及 MySQL 高级应用技术等内容。

本书深入浅出地描述了 MySQL 数据库的精髓，通过案例讲解引导读者掌握基本知识。本书易教易学，适合作为普通高等院校应用型本科（含部分专科、高职类）计算机专业的数据库应用技术课程教材，也可作为成人教育、各类职业技能培训及各应用领域数据库管理和开发人员的参考书目。

图书在版编目(CIP)数据

数据库应用与实践：MySQL 数据库/王海龙主编. —北京：科学出版社，2021.6

（普通高等教育信息技术类系列教材）

ISBN 978-7-03-068855-2

Ⅰ. ①数… Ⅱ. ①王… Ⅲ. ①SQL 语言-程序设计 Ⅳ. ①TP311.132.3

中国版本图书馆 CIP 数据核字（2021）第 095324 号

责任编辑：宋　丽　吴超莉 / 责任校对：马英莉
责任印制：吕春珉 / 封面设计：东方人华平面设计部

科学出版社 出版
北京东黄城根北街 16 号
邮政编码：100717
http://www.sciencep.com

三河市中晟雅豪印务有限公司印刷
科学出版社发行　各地新华书店经销
*
2021 年 6 月第 一 版　开本：787×1092　1/16
2022 年 8 月第二次印刷　印张：12 3/4
字数：302 000

定价：38.00 元

（如有印装质量问题，我社负责调换〈中晟雅豪〉）
销售部电话 010-62136230　编辑部电话 010-62135120-8018

前　言

数据库技术起源于 20 世纪 60 年代末，历经近 60 年的发展，已经形成了一套较为完整的理论体系，产生了一批商用软件产品。随着数据库技术的广泛使用，数据存储与数据处理成为当前信息化技术的基本功能，数据库技术为人类提高了数据的管理效率。从某种意义上讲，数据库技术是应用型本科计算机相关专业教学中的不可或缺的重点核心课程。本书汲取当前其他数据库教材之所长，在讲述数据库基础理论知识的同时，加入了数据库实例，帮助读者更好地掌握所学知识。

编者具有数据库教学与开发方面的经验，根据高等教育“必需、够用”的原则，按照读者的认知过程编排内容，由浅入深，详略得当。其中，概念、方法、步骤都使用实例说明，易于理解。数据库各种对象的创建方法和步骤，仅在涉及内容时详细介绍，在其他地方从略。

编者长期从事计算机专业数据库课程教学，深刻感受到，以当前广泛使用的数据库产品，结合实际应用项目，能有效地增强读者实践训练和动手能力的培养，使其真正做到学以致用。依据这一主旨，编者编写了本书。

本书特色如下：

- 理论阐述简单、通俗。数据库基础理论较为抽象，学习起来较为困难，本书利用简单、通俗的语言结合应用实例，激发读者的学习主动性，最终实现熟练掌握数据库应用的基本知识和技术，提高分析问题、解决问题的能力，提高自主学习能力和获取计算机新知识、新技术的能力。
- 实例驱动。本书从数据库技术的实际应用出发，旨在提高读者的实际应用能力。本书知识点环环紧扣，采用大量图表帮助读者理解，启发思维，使读者根据实例举一反三。

本书是数据库教学的探索性成果，由内蒙古师范大学的王海龙任主编，裴冬梅、葛湘巍和柳林任副主编。其中，王海龙编写第 1 章和第 2 章，裴冬梅编写第 3 章和第 4 章，葛湘巍编写第 5 章和第 6 章，柳林编写第 7 章。青岛青软实训教育科技股份有限公司的贺文、侯雪钰、杨钐彬等老师搭建了系统平台，并提供了书中部分示例，编者在此一并表示感谢。

由于编者水平有限，书中不足与疏漏之处在所难免，敬请广大读者批评指正。

编　者

2021 年 2 月

目　　录

第 1 章

数据库是何方“神圣”

毫不夸张地说，世界是由数据组成的，世间万物均可以量化为数据。在信息化高速发展的今天，数据对于所有人的重要性不言而喻，那么我们应该如何合理高效地管理大量的数据呢？答案就是数据库。数据库在当前的软件开发中广泛应用，如在网上订购火车票、飞机票、图书、电影票、生活用品，网上支付、网上银行等，已经成为人们生活中必不可少的部分。本章主要介绍信息与数据、数据描述、数据模型、关系代数、数据管理的各阶段及主流数据库技术等。

学习目标

- 理解信息和数据的概念及演变发展。
- 理解数据模型的概念及分类。
- 掌握关系模型。
- 理解关系代数及运算。
- 掌握数据库管理各阶段的相关概念。
- 了解云计算与大数据的概念。

1.1 走进数据世界

1.1.1 信息与数据

1. 信息传递

信息论奠基人香农（Shannon）认为“信息（information）是用来消除随机不确定性的东西”，即“关于新内容、新知识、新体系等能够对客观世界产生影响的数据”，它具有事实性、时间性、不相关性等特点。人类社会已经迈入信息时代，有形的材料、能源是财富，无形的信息是财富的源泉。在工业化社会里，交通运输是国民经济的大动脉；而在信息化时代，通信是信息生命线。信息是当今社会人们生活、学习、生产的重要元素。

在古代，人们利用口耳相传或借助器物进行信息的传递。例如，中国长城烽火台是为防止敌人入侵而建的，遇有敌情发生，则白天施烟，夜间点火，台台相连，传递信息，这就是最古老但行之有效的“土电报”。当然，古代传递信息的形式还有很多种，如击鼓、旗语等。古时驿站、驿差均是为了信息的有效传递而设置的，汉朝称邮驿，元朝称站赤，明清两代通称驿站，自周朝起至清朝光绪年建立大清邮政、清末裁驿归邮止，中国古代邮驿存在了约 3000 年。这一类信息传递的方式传递速度慢，信息形式单一，具有较大的空间局限性。

近代随着社会经济、文化的发展，教育的普及，人们的书信来往增多，促使邮递组织出现，中国邮政的历史可以追溯到明代永乐年间，但真正意义上的近代邮政诞生于清朝光绪年间，清朝光绪皇帝批准开办大清邮政官局，在大清邮政诞生的同时，诞生了中国第一套邮票——大龙邮票。

现代，人类通信史上发生了革命性变化，把电作为信息的载体。公元 1753 年，《苏格兰人》杂志发表了一封署名 C • M 的书信，在这封信中，作者提出了用电流进行通信的大胆设想。随着这种伟大思想的成熟，摩尔斯成功地用电流的“通”、“断”和“长断”来代替人类的文字进行传送，这就是著名的摩尔斯电码。电报的发明，拉开了电信时代的序幕，开创了人类利用电来传递信息的历史，信息传递的速度大大加快。“嘀—嗒”一响（1 秒），电报便可以载着人们所要传递的信息绕地球走上 7.5 圈。这种速度是以往任何一种通信工具所望尘莫及的。电报传递的是符号，发送一份电报，需先将报文译成电码，再用电报机发送出去；收报一方，要经过相反的过程，即将收到的电码译成报文，然后送到收报人的手里，这一通信过程是相当复杂的。欧洲对于远距离传递声音的研究始于 18 世纪，在公元 1796 年，休斯提出了用话筒接力传递语音信息的办法。虽然这种方法不太切合实际，但他将这种通信方式命名为电话（telephone），一直沿用至今。亚历山大 • 贝尔在为聋哑人设计助听器的过程中，发现电流导通和停止的瞬间，螺旋线圈发出了噪声。这一发现使贝尔突发奇想——“用电流的强弱来模拟声音大小的变化，从而用电流传递声音”。公元 1876 年，贝尔获得发明电话专利，1877 年，在波士顿和纽约架设的第一条电话线路开通，两地相距 300 千米，与此同时，贝尔电话公司成立，这就是著名的美国电报电话公司（AT&T）。

当今的时代，称为“后 PC 时代”，即信息时代，随着计算机的出现和逐步普及，信息对整个社会的影响逐步提高到一种绝对重要的地位。信息量、信息传播速度、信息处理速度及应用信息程度等都以几何级数的方式增长，信息技术的发展对人们学习知识、掌握知识、运用知识提出了新的挑战。

2. 关于数据

数据（data）是指能够客观记录事物可鉴别性的一种符号，是某一目标定性、定量描述的原始资料，主要包括数字、语言、文字、符号、图形、图像等形式。数据本身无意义，具有客观性，是信息的表现形式和载体。相对信息而言，数据的概念更加客观，是能够不依赖于人的主观意志而转移、变化的现实存在。信息更侧重于对自身或目标有价值的数据处理加工后的结果。例如，通过测量金字塔墓室的长、宽、高，得到金字塔墓室的外在数据；通过分析可知金字塔墓室的长、宽、高符合勾股定理，这便是从数据得到的信息。

数据一直存在，早期人类为了生存，催生出农耕文明，但是古代人在耕种过程中常常受沿岸洪水的困扰，于是古代人观察天象，记录数据，判断洪水发生的时间，在观察天象数据的过程中又催生出了天文学。人类观察天文数据并分析数据（1 年 365 天，每隔 28～29 天月亮变化一个周期等），从而建立模型（地心说和日心说）、预测未来（预测下一次洪水的到来）。因此，数据从很早开始就给人类带来价值，是人类文明的基石。人类相继经历了以铸造为基础的农耕文明时代、以蒸汽机为标志的现代工业文明时代，以及以电力为基础的电力文明时代，每一次新的生产力出现后，社会经济都得到了极大的发展，伴随这个变化，人类的数学知识和数学能力有了突飞猛进的发展，相继诞生了算术、代数和几何的数学科学。后来，随着自然科学和基础科学的快速发展，数据占据了更加重要的地位。各种数学、物理学、统计学、天文学领域的真理提出，帮助人类了解所处的世界，为各种模型的提出和验证提供了必不可少的条件，并孵化出一大批伟大的科学家（如牛顿、爱因斯坦），也铸就了一个伟大的时代——工业时代，大大解放了人类生产力，促进了社会发展和社会进步。

计算机的诞生，将世界带入了信息时代。人类产生、获取、分析和处理数据的能力得到进一步提升。计算机打破了人类固有的物理距离，通过计算机网络将世界相连，改变了人类的生活方式，快速方便地帮助人类传递着各类信息。进入 20 世纪 90 年代，随着互联网的普及，人类迎来了信息爆炸的时代，相应地，数据也得到了极大的丰富，数据的表达也不再是一个个的阿拉伯数字，而是变成一个个二进制的比特字符，或者是一个图片、一段文字、一段声音。在信息化时代，数据已经不仅仅以结构化的数据方式存在。在 21 世纪，随着移动互联网的普及和人工智能、云计算、物联网技术的兴起，人和人、人和物之间的物理空间被无限拉近，人类所有的行为都已经可以通过数据进行记录和保存，数据成为连接人类生产和生活的最重要载体和工具。正是这样的发展，促使人类开始进入大数据时代。

1.1.2 数据描述

1. 现实世界

现实世界（reality）是存在于人头脑之外的客观世界，是客观事物及其互相的联系，表征了客观实际，合乎客观实际。自然现实都是自然界本身的实在，与人类的思维、意识、情感、精神领域无关，是星体、动物、植物或微生物，是这些事物本身及这些事物的内在结构、形态、特性、规律、运动、转换与变易等，是人类未知的自然领域。自然实在的本质就在于自然事物自身及其内部的运动与变化特性。这种运动与变化特性是自然实在自身的反映，它就是实在本身，亦即自然实在的形态本身。自然科学的作用，就是逐步认识、了解和掌握自然实在，使其成为现实中的自然现实。自然科学的发展过程，就是不断使自然实在成为现实的过程。一旦人类对实在有了认识，它就不再是单一的实在，而成为一种现实。人类实在，指人类思维、意识、情感、精神领域的，还没有被人类认识、了解的实在，如人的思想在大脑中的形成过程、人的情感发生的机理、人的思维原理等。

例如，学校教学管理中涉及学生管理、教师管理、课程管理。管理者要求：每个学期开学时制作学生选修课程情况表，内容包括学号、姓名、课程名、课程性质（分为必修、选修）；每个学期结束时制作学生选修课程成绩表，内容包括学号、姓名、课程名、课程性质、总评成绩；制作教师授课安排表，内容包括教师编号、姓名、课程名、授课类别（分为主讲、辅导、实验）、学时、班级等。这就是现实世界，是数据库设计人员接触到的最原始的数据，数据库设计人员对这些原始数据进行综合、抽象，使其成为数据库技术所能处理的数据。对现实世界的数据描述，就称为信息世界。

2. 信息世界

信息世界是现实世界在人类大脑中的反映，是现实世界的符号描述，即用数据描述现实世界。例如，学生是客观世界的个体，可以用一组数据（学号、姓名、性别、年龄、班级、成绩）来描述，有这样一组数据便可以了解该学生的基本情况。

在信息世界中，有以下与数据库技术相关的术语。

1）实体（entity）：客观存在并且可以相互区别的事物。实体可以是具体的事物，如学生李、教师张、数学课；也可以是抽象的事件，如本学期学生李选修了哪些课程、教师张教授了哪门课程、读者在图书馆的一次借阅活动等。

2）属性（attribute）：描述实体的特性。一个实体可以用若干个属性来描述，实体属性一般用类型（type）和值（value）来表示。例如，学生实体的属性包括学号、姓名、性别、年龄、班级等，其中，学号、姓名、班级的类型为字符型，具体值可以为“201901203，张晓明，2019 计算机科学与技术班”；性别的类型为逻辑型，其值可以为“男”或“女”；年龄的类型为整型，其值可以为“19”。

3）码（key）：也称为键、实体标识码，是唯一标识实体的属性或属性组合（属性集），如我国居民身份证号码。例如，学生实体的属性“学号”，能够唯一确定一个学生，因此可以作为学生实体集的标识符。

4）域（domain）：属性的取值范围。例如，一般情况下，性别属性的域就是（男，女）。

5）实体型（entity type）：具有相同属性的实体必然具有共同的特征和性质，用实体名及其属性名的集合来抽象和刻画同类实体。

6）实体集（entity set）：同类实体的集合，如全体学生集合、全体教师集合等。

7）联系：在现实世界中，事物内部及事物之间是有联系的，这些联系在信息世界中反映为实体内部的联系和实体之间的联系。实体内部的联系通常是指组成实体的各属性之间的联系；实体之间的联系通常是指不同实体集之间的联系。两个实体型之间的联系可以分为3类。

- 一对一联系（one to one relationship）：如果对于实体集A中的每一个实体，实体集B中至多存在一个实体与之联系；反之亦然，则称实体集A与实体集B之间存在一对一联系，记作1∶1。
- 一对多联系（one to many relationship）：如果对于实体集A中的每一个实体，实体集B中存在多个实体与之联系；反之，对于实体集B中的每一个实体，实体集A中至多存在一个实体与之联系，则称实体集A与实体集B之间存在一对多的联系，记作1∶n。
- 多对多联系（many to many relationship）：如果对于实体集A中的每一个实体，实体集B中存在多个实体与之联系；反之，对于实体集B的每一个实体，实体集A中也存在多个实体与之联系，则称实体集A与实体集B之间存在多对多联系，记作m∶n。

两个以上的实体集之间也存在一对一、一对多、多对多联系。在两个以上的实体集之间，当一个实体集与其他实体集之间均存在多对多联系，而其他实体集之间没有联系时，这种联系称为多实体集间的多对多联系。同理，同一实体集内部的各实体也可以存在一对一、一对多、多对多联系。

3. 数据世界

数据世界亦称为机器世界，信息世界的信息在数据世界中以数据形式存储，在这里，每一个实体用记录表示，对应于实体的属性用数据项来表示，现实世界中的事物及其联系用数据模型（data model）来表示。

首先，把现实世界中的客观对象抽象为某一种信息结构，这种信息结构不依赖于具体的计算机系统，不是某一个数据库管理系统（data base manager system，DBMS）支持的数据模型，而是概念级的模型；然后，把概念模型转换为计算机上某一数据库管理系统支持的数据模型。信息世界中的数据在数据世界中的存储，称为计算机的数据。数据世界中对数据的描述采用数据库技术的专业术语，主要包括以下内容。

1）字段：对应于信息世界中的属性。例如，学生实体中学号、姓名、性别、班级、成绩都是字段，每个字段都有它的类型、取值范围（字段的取值范围称为字段的域）。

2）记录：对应于信息世界中的每一个实体的数据。例如，学生这一实体的一组数据（20190301001，张晓明，男，19，计算机0901，87）就是一条记录。

3）数据文件：对应于信息世界的实体集，由若干个相同类型记录组成的数据集合，在数据库系统中以文件（二维表）的形式存放。

4）关键字：能够唯一标识记录的字段或字段表达式，与信息世界中的码相对应。例如，在学生管理系统中，学生实体中的学号可以作为学生的关键字。

综上所述，从客观世界到信息世界不是简单的数据描述，而是从客观世界中抽象出适合数据库技术研究的数据，同时要求这些数据能够很好地反映客观世界的事物；从信息世界到数据世界也不再是简单的数据对应存储，而是要设计数据的逻辑结构和物理存储结构。所谓数据的逻辑结构，是指程序员或用户用以操作的数据形式，数据的逻辑结构是数据本身所具有的特性，是现实世界的抽象；所谓数据的物理结构，是指实际存储在存储设备上的数据。

在数据库系统中，数据的逻辑结构与数据的物理结构之间可以差别很大，数据的逻辑结构面向程序员，数据的物理结构面向机器。数据库管理软件的功能之一，就是能够把数据的逻辑结构映像为数据的物理结构，把数据的物理结构映像为数据的逻辑结构。现实世界、信息世界和数据世界三者的关系如表 1-1 所示。

表 1-1　现实世界、信息世界和数据世界三者的关系

现实世界	信息世界	数据世界
事务类	实体类	文件
事务	实体	记录
内涵	属性	字段

1.1.3 数据模型

1. 数据模型的要素及分类

数据是描述事物的符号记录，模型（model）是现实世界的抽象。数据模型是数据特征的抽象，是严格定义的一组概念集合。数据模型从抽象层次上描述了系统的静态特征（数据结构）、动态特征（数据操作）和完整性约束条件，为数据库管理系统的信息表示与操作提供了一个抽象的框架。

（1）数据模型的 3 个要素

1）数据结构：主要描述数据的类型、内容、性质及数据间的联系等，是研究对象类型的集合，是对系统静态特征的描述，主要包括数据本身和数据间的联系两方面。数据本身一般包含类型、内容、性质等，如关系模型（relation model）中的域、属性、关系等。数据间的联系具体表述数据之间是如何相互关联的，如关系模型中的主码、外码联系等。数据结构是数据模型的基础，数据操作和约束都基本建立在数据结构上，不同的数据结构具有不同的操作和约束。

2）数据操作：主要描述在相应的数据结构上的操作类型和操作方式，是操作运算符的集合，包括若干操作和推理规则，用以对研究对象类型的有效实例所组成的数据库进行操作，是对系统动态特性的描述。描述定义这些操作的确切含义、操作符号、操作规则（如优先级）及实现操作的语言，主要指检索和更新（插入、删除、修改）两类操作。

3）数据约束：主要描述数据结构内数据间的语法、词义联系、相互间的制约和依存关系，以及数据动态变化的规则，从而保证数据的正确、有效和相容。约束条件可以按不同的原则划分为数据值约束和数据间联系约束、静态约束和动态约束、实体约束和实体间参照约束等。

（2）数据库的分类

数据库的类型是根据数据模型来划分的，而任何一个数据库管理系统都是根据数据模型有针对性地设计出来的，这就意味着必须把数据库组织成符合数据库管理系统规定的数据模型。数据库技术发展至今，主要有 3 种数据模型：层次模型（hierarchical model）、网状模型（network model）、关系模型。它们之间的根本区别在于数据之间联系的表示方式不同（即记录型之间的联系方式不同），层次模型以“树结构”表示数据之间的联系，网状模型以“图结构”来表示数据之间的联系，关系模型以“二维表”来表示数据之间的联系。

1）层次模型：数据库系统最早使用的一种模型，它的数据结构是一棵“有向树”。根节点在最上端，层次最高，子节点在下，逐层排列。层次模型的特征是：有且仅有一个节点没有父节点，它就是根节点；其他节点有且仅有一个父节点。它将数据组织成一对多关系的结构，采用关键字来访问其中每一层次的每一部分。它的优点是：存取方便且速度快；结构清晰，容易理解；数据修改和数据库扩展容易实现；检索关键属性十分方便。它的缺点是：结构呆板，缺乏灵活性；同一属性数据要存储多次，数据冗余大（如公共边）；不适合于拓扑空间数据的组织。图 1-1 所示为一个简单的系教务管理层次模型。

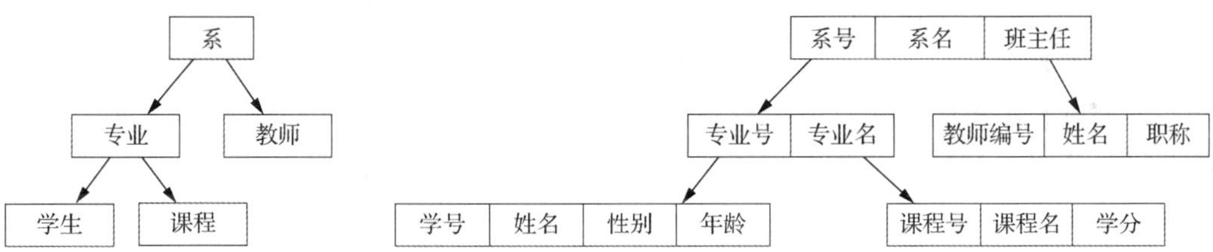

（a）实体之间的联系　　（b）实体型之间的联系

图 1-1　一个简单的系教务管理层次模型

2）网状模型：网状模型以网状结构表示实体与实体之间的联系。网中的每一个节点代表一个记录类型，联系用连接指针来实现。网状模型可以表示多个从属关系的联系，也可以表示数据间的交叉关系，即数据间的横向关系与纵向关系，它是层次模型的扩展。网状数据模型的特征是：允许节点有多于一个的父节点；可以有一个以上的节点没有父节点。它用连接指令或指针来确定数据间的显式连接关系，是具有多对多类型的数据组织方式。网状数据模型的优点：能明确而方便地表示数据间的复杂关系；数据冗余小。网状数据模型的缺点：网状结构比较复杂，增加了用户查询和定位的困难；需要存储数据间联系的指针，使数据量增大；数据的修改不方便（指针必须修改）。图 1-2 所示为系教务管理的网状模型。

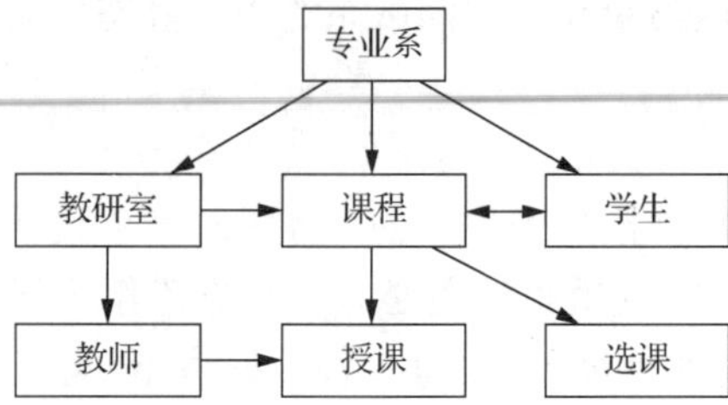

图 1-2　系教务管理的网状模型

3）关系模型：关系模型以二维表结构来表示实体与实体之间的联系，它是以关系数学理论为基础的。关系模型的数据结构是一个由二维表框架组成的集合，每个二维表又可称为关系。

2. 关系模型

（1）关系模型的概念

关系实际上就是关系模式在某一时刻的状态或内容，也就是说，关系模式是型，关系是它的值。关系模式是静态的、稳定的，而关系是动态的、随时间不断变化的，关系操作在不断地更新着数据库中的数据。在实际中，常常把关系模式和关系统称为关系。关系模型是以集合论中的关系概念为基础发展起来的，关系模型中无论实体还是实体间的联系均由单一的结构类型——关系来表示，在实际的关系数据库中的关系也称为表，一个关系数据库就是由若干张表组成的。在关系模型中，操作的对象和结果都是关系，以记录组或数据表的形式组织数据，以便于利用各种实体与属性之间的关系进行存储和变换，不分层也无指针，这种方法是建立空间数据和属性数据之间关系的一种非常有效的数据组织方法。

（2）关系模型的 3 个要素

关系模型由关系数据结构、关系操作集合和关系完整性约束 3 部分组成。

1）关系数据结构：关系模型中只包含单一的数据结构——关系，在用户看来，关系模型中数据的逻辑结构是一张扁平的二维表。

2）关系操作集合（操作对象和结果都是集合）：数据操作是对系统动态特性的描述，是对数据库中对象的实例允许执行的操作集合，主要是指检索（选择、投影、连接、并、差、交、笛卡儿积等）和更新（插入、删除、修改）两类操作。

3）关系完整性约束。

① 实体完整性规则。这条规则要求关系中元组在组成主码的属性上不能有空值。如果有空值，那么主码值就起不了唯一标识元组的作用。主属性不能为空，主码不相等。

② 参照完整性规则。如果属性集 K 是关系模式 R1 的主码，K 也是关系模式 R2 的外码，那么在 R2 的关系中，K 的取值只允许有 2 种可能，或为空值，或等于 R1 关系中某个主码值。使用时应注意：外码和相对应的主码可以命名不相同，只要定义在相同的值域上即可；R1 和 R2 也能是同一个关系模式，表示了属性之间的联系，外码值是否允许为空，应视具体问题而定。例如，学生（学号、姓名、专业号），专业（专业号、专业名），学生关系中的专业号需要参照专业关系中的专业号，将学生关系中的专业号称为学生关系的外码，专业关系是被参照关系，学生关系为参照关系，外码与主码不一定要同名，学生关系中的外码值要么为空值，要么为专业关系中对应专业号的值。

③ 用户定义的完整性规则，针对具体数据的约束条件，由应用环境而定。例如，学生的成绩取值范围为 0～100。

（3）关系模型的特点

1）优点：结构特别灵活，概念单一，满足所有布尔逻辑运算和数学运算规则形成的查询要求；能搜索、组合和比较不同类型的数据；增加和删除数据非常方便；具有更高的数据独立性、更好的安全保密性。

2）缺点：由于存取路径对用户透明，查询效率往往不如非关系模型，为了提高性能，需要优化对用户的查询请求，这大大增加了开发数据库管理系统的成本。

关系模型是目前最流行的数据库模型，支持关系模型的数据库管理系统称为关系数据库管理系统（relational database management system，RDBMS），MySQL 就是一种关系数据库管理系统。表 1-2～表 1-5 所示为系教务管理关系模型，其中，表 1-2 和表 1-3 为关系模式；表 1-4 和表 1-5 为这两个关系模型的关系，关系名称分别为教师关系和课程关系，每个关系均含 3 个元组，其主码均为“教师编号”。

表 1-2 系教务管理关系模型（教师关系模式）

教师编号	姓名	性别	所在院系名

表 1-3 系教务管理关系模型（课程关系模式）

课程号	课程名	教师编号	上课教室

表 1-4 系教务管理关系模型（教师关系）

教师编号	姓名	性别	所在院系名
1992650	张卫国	男	计算机学院
2002001	王新光	女	法学院
1984030	刘晋	女	法学院

表 1-5　系教务管理关系模型（课程关系）

课程号	课程名	教师编号	上课教室
A01-1	软件工程	1992650	D12J2103
B01-2	宪法	2002001	D12J2203
B01-3	民法	1984030	D09A201

1.1.4　关系代数

1. 传统的集合运算

1）前提：R 和 S 具有相同的目 n（即两个关系都有 n 个属性），相应的属性取自同一个域。

2）并（union）：R∪S，结果仍为 n 目关系，由属于 R 或属于 S 的元组组成。

3）差（difference）：R-S，结果仍为 n 目关系，由属于 R 而不属于 S 的所有元组组成。

4）交（intersection）：R∩S，结果仍为 n 目关系，由既属于 R 又属于 S 的元组组成。

2. 专门的关系运算

（1）关于关系的基本概念

- 域：一组具有相同数据类型的值的集合，如{0,1}、{男,女}。
- 笛卡儿积：域上的一种集合运算，可表示为一张二维表，表中的每 1 行表示元组，每 1 列来自 1 个域。例如：给出 3 个域，D1=导师集合={t1,t2}，D2=专业集合={z1,z2}，D3=研究生集合={s1,s2,s3}，则 D1、D2、D3 的笛卡儿积为

D1×D2×D3={(t1,z1,s1)(t1,z1,s2)(t1,z1,s3)(t1,z2,s1)(t1,z2,s2)(t1,z2,s3)
(t2,z1,s1)(t2,z1,s2)(t2,z1,s3)(t2,z2,s1)(t2,z2,s2)(t2,z2,s3)}

其中，(t1,z1,s1)、(t1,z2,s2)等都是元组，t1、z2、s1、s2 等都是分量，该笛卡儿积的基数为各个域的基数相乘，即 2×2×3=12。

- 关系：笛卡儿积（D1×D2×…×Dn）的有限子集叫作在域 D1,D2,…,Dn 上的关系，表示为 R(D1,D2,…,Dn)，其中 R 为关系的名字，n 为关系的目或度，关系也是一张二维表，表中的每行对应 1 个元组，每列对应 1 个域，列的名字称为属性，n 目关系必有 n 个属性，n=1 时称该关系为单元关系或一元关系，n=2 时称该关系为二元关系。
- 候选码：某一属性组的值能唯一地标识 1 个元组，而其子集不能再标识的属性组。
- 主码：若一个关系有多个候选码，则选定 1 个候选码作为主码。
- 主属性：候选码的主属性。

- 非主属性（非码属性）：不包含任何候选码中的属性。
- 全码：关系模式的所有属性是这个关系模式的候选码。

（2）选择操作

选择操作就是“筛选行”。选择操作一般要对一张表选择符合条件的行（但包含所有列），如表 1-6 和表 1-7 所示。

表 1-6　筛选行（关系 R）

A	B	C
a	b	c
d	a	f
c	b	d

表 1-7　筛选行 $[\sigma_{B=b}(R)]$

A	B	C
a	b	c
c	b	d

（3）投影操作

投影操作就是“筛选列”。对于一张表，如果仅希望得到其一部分的列的内容（但包含全部行），就是投影，如表 1-8 和表 1-9 所示。

表 1-8　筛选行（关系 R）

A	B	C
a	b	c
d	a	f
c	b	d

表 1-9　筛选行 $[\Pi_{AC}(R)]$

A	C
a	c
d	f

1.2　数据库的“前世今生”

数据库技术是应数据管理任务的需要而产生的。数据管理是指对数据进行分类、组织、编码、存储、检索和维护，是数据处理的中心问题。数据处理指对各种数据进行收集、存储、加工和传播的一系列活动的总和。数据库是“按照数据结构来组织、存储和管理数据的仓库”，是一个长期存储在计算机内的、有组织的、可共享的、统一管理的大量数据的集合，数据以一定方式储存在一起，能与多个用户共享，具有尽可能小的冗余度（redundancy），且与应用程序彼此独立，可以将数据库理解为电子化的文件柜（存储电子文件的处所），用户可以对文件中的数据进行新增、查询、更新、删除等操作。

数据库管理系统是一种操纵和管理数据库的大型软件，用于建立、使用和维护数据库。它对数据库进行统一的管理和控制，以保证数据库的安全性和完整性。用户通过数据库管理系统访问数据库中的数据，数据库管理员也通过数据库管理系统进行数据库的维护工作。它可以支持多个应用程序和多用户多方法在同时或不同时刻建立、修改和查询数据库。大部分数据库管理系统提供数据定义语言（data definition language，DDL）和数据操作语言（data manipulation language，DML），供用户定义数据库的模式结构与权限约束，实现对数据的追加、删除等操作。数据库管理系统主要分为关系数据库和非关系数据库两类，关系数据库是创建在关系模型基础上的数据库，借助于集合代数等数学概念和方法来处理数据库中的数据，典型代表有 MySQL、Oracle、Microsoft SQL Server、Access 及 PostgreSQL 等。非关系数据库是针对不同于传统的关系数据库的数据库管理系统的统称，与关系数据库最大的不同点是非关系数据库不使用结构化查询语言（structured query language，SQL）作为查询语言，典型代表有 BigTable（Google）、Cassandra、MongoDB、Apache Cassandra（Facebook）、LevelDB（Google）。

1.2.1 人工管理阶段

20 世纪 50 年代中期之前，计算机只用于科学计算，没有直接存取的存储设备，也没有操作系统和数据管理软件，处理方式还是批处理。通常的办法是：用户针对某个特定的求解问题，首先确定求解的算法；然后利用计算机系统所提供的编程语言，直接编写相关的计算机程序；最后将程序和相关的数据通过输入设备送入计算机，计算机处理完之后输出用户所需的结果。不同的用户针对不同的求解问题，均要编写各自的求解程序，整理各自程序所需的数据，数据的管理完全由用户负责。这个阶段的数据管理具有以下特点。

1）数据不保存。当时计算机主要用于科学计算，一般不需要将数据长期保存，只是计算某一课题时输入数据，用完就撤走。

2）应用程序管理数据。数据需要由应用程序自己设计、说明（定义）和管理，没有相应的软件系统负责数据的管理工作。应用程序中不仅要规定数据的逻辑结构，而且要设计物理结构（包括存储结构、存取方法、输入方式等），所以程序员负担很重。

3）数据不共享。数据是面向应用程序的，一组数据只能对应一个程序，多个应用程序涉及一些相同的数据时，只能各自定义，无法相互利用、参照，因此程序与程序间有大量冗余数据。

4）数据不具有独立性。数据的逻辑结构或物理结构发生变化后，必须相应地修改应用程序，因此更加重了程序员的负担。

1.2.2 文件系统阶段

计算机用于大量处理数据工作，大量的数据存储、检索和维护成为紧迫的需求。20世纪 50～60 年代，出现了磁鼓、磁盘等直接存取存储设备，操作系统中出现了专门的数据管理软件（文件系统），在处理方式上，不仅有批处理，还出现了联机实时处理。

为了方便用户使用计算机，提高计算机系统的使用效率，产生了以操作系统为核心的系统软件，以有效地管理计算机资源，文件是操作系统管理的重要资源之一。在文件系统中，数据以文件形式组织与保存，文件是一组具有相同结构的记录的集合，记录是由某些相关数据项组成的。数据组织成文件以后，就可以与处理它的程序分离而单独存在。数据按其内容、结构和用途的不同，可以组织成若干不同命名的文件。文件一般为某一用户（或用户组）所有，但也可供指定的其他用户共享。文件系统还为用户程序提供一组对文件管理与维护的操作或功能，包括对文件的建立、打开、读/写和关闭等。应用程序可以调用文件系统提供的操作命令来建立和访问文件，应用系统就成了用户程序与文件之间的接口。这个阶段的文件系统数据管理具有以下特点。

1）数据可以长期保存。由于计算机大量用于数据处理，数据需要长时间保留在外存上反复进行查询、修改、插入和删除等操作。

2）由文件系统管理数据。由专门的软件即文件系统进行数据管理，文件系统把数据组织成相互独立的数据文件，利用“按文件名访问，按记录进行存取”的管理技术，可以对文件进行修改、插入和删除操作。文件系统实现了记录内的结构性，但整体无结构［文件由记录构成，记录内部有某些结构（记录由若干属性组成），但记录之间没有联系］。程序和数据之间由文件系统提供存取方法进行转换，使应用程序和数据之间有了一定的独立性，程序员可以不必过多地考虑物理细节，将精力集中于算法，而且数据在存储上的改变不一定反映在程序上，大大减少了维护程序的工作量。

3）数据共享性差，冗余度大。在文件系统中，1 个（或 1 组）文件基本上对应 1个应用程序，即文件仍然是面向应用的。不同的应用程序具有部分相同的数据时，也必须建立各自的文件，而不能共享相同的数据，因此数据的冗余度大，浪费存储空间，而且重复存储、各自管理，极易造成数据不一致问题的产生，增加了数据修改和维护的难度。

4）数据独立性差。文件系统中的文件为某一特定应用服务，文件的逻辑结构对该应用程序来说是优化的，所以要想再对现有的数据增加新的应用是很困难的，系统不易扩充。一旦数据的逻辑结构改变，就必须修改相应程序，修改文件结构的定义，因此数据与程序之间仍然缺乏独立性。

可见，文件系统仍然是一个不具有弹性的无结构的数据集合，文件之间是孤立的，不能反映现实世界事物之间的内在联系。

1.2.3 数据库系统阶段

从 20 世纪 60 年代后期开始，计算机应用于管理的规模更加庞大，需要计算机管理的数据急剧增长，对数据共享的要求也与日俱增。随着大容量软盘系统的使用，计算机联机存取大量数据成为可能。软件价格相对上升，硬件价格相对下降，使独立开发系统和维护软件的成本增大，文件系统的管理方法已无法满足要求。为了解决独立性问题，实现数据统一管理，最大限度地实现数据共享，使数据为尽可能多的应用服务，数据库技术应运而生，出现了统一管理数据的专门软件系统——数据库管理系统。

数据库技术为数据管理提供了一种较完善的高级管理模式，它克服了文件系统方式下分散管理的缺点，对所有数据实行统一、集中管理，使数据的存储独立于它的程序，从而实现数据共享。相比于人工管理和文件系统，数据库系统具有明显的优点，其主要特点包括以下 4 个。

1）数据结构化。数据库系统实现了整体数据的结构化，这是数据库技术的主要特征之一，也是数据库系统与文件系统的本质区别。“整体”结构化指在数据库中的数据不再仅仅针对某一应用，而是面向全组织，不仅数据内部是结构化的，而且整体也是结构化的，数据之间是有联系的；而文件系统只内部有结构，整体无结构，记录之间没有联系。在数据库系统中，不仅数据是整体结构化的，而且存取数据的方式也很灵活，可以存取数据库中的 1 个数据项、1 组数据项、1 个记录或 1 组记录；而在文件系统中，数据的存取单位是记录，粒度不能细到数据项。

2）数据的共享性高，冗余度低，易扩充。数据库系统从整体角度看待和描述数据，数据不再面向某个应用，而是面向整个系统，因此数据可以被多个用户、多个应用共享使用。数据共享可以大大减少数据冗余，节约存储空间，还能避免数据间的不相容性和不一致性。数据面向整个系统，是有结构的数据，不仅可以被多个应用共享使用，而且容易增加新的应用，这就使数据库系统弹性大且易于扩充。可以选取整体数据的各种子集用于不同的应用程序，当应用需求改变或增加时，只要重新选取不同的子集加上一部分数据，便可满足新需求。

3）数据独立性高。数据独立性包括数据的物理独立性和逻辑独立性。物理独立性指用户的应用程序与存储在磁盘上的数据库中的数据是相互独立的。数据在磁盘上如何存储由数据库管理系统管理，应用程序不需要了解，只需关注数据的逻辑结构，当数据的物理存储改变时，应用程序不用改变。逻辑独立性指用户的应用程序与数据库的逻辑结构是相互独立的，当数据的逻辑结构发生改变，用户程序也可以不变，数据独立性由数据库管理系统的二级映像功能来保证。数据与程序的独立，把数据的定义从程序中分离出来，加上存取数据的方法又由数据库管理系统负责提供，从而简化了应用程序的编制，大大减少了应用程序的维护和修改工作量。

4）数据由数据库管理系统统一管理和控制。数据库的共享是并发的共享，即多个用户可以同时存取数据库中的数据，甚至可以同时存取数据库中同一个数据。DBMS 还提供数据的安全性（security）保护、数据的完整性（integrity）检查、并发（concurrency）控制及数据恢复（recovery）四方面的数据控制功能。

1.2.4 分布式数据库系统

分布式数据库系统（distributed database system，DDBS）是相对于集中式数据库系统而言的，是将数据库技术与网络技术相结合的产物。分布式数据库（distributed database，DDB）是由一组数据组成的，这组数据分布在计算机网络的不同计算机上，网络中的每个节点具有独立处理的能力，它可以执行局部应用，同时每个节点也能通过网络通信子系统执行全局应用。负责分布式数据库的建立、查询、更新、复制、管理和维护的软件，称为分布式数据库管理系统（distributed database management system，DDBMS)，它保证了分布式数据库中数据的物理分布对用户的透明性。一个计算机网络组成的计算机系统，在配置了分布式数据库管理系统并在其上建立了分布式数据库和相应的应用程序后，就称为分布式数据库系统，分布式数据库管理系统是分布式数据库系统的核心。它具有以下特点。

1）数据的分布性。分布式数据库中的数据分布于网络中的各个节点，它既不同于传统的集中式数据库，也不同于通过计算机网络共享的集中式数据库系统。

2）统一性。统一性主要表现在数据在逻辑上的统一性和数据在管理上的统一性两方面。分布式数据库系统通过网络技术把局部的、分散的数据库构成一个在逻辑上单一的数据库，对用户而言是一个统一的、数据集中的数据库，这就是数据在逻辑上的统一性，它不同于由网络互联所构成的多个独立数据库。分布式数据库是由分布式数据库管理系统统一管理和维护的，这种管理上的统一性又使它不同于一般的分布式文件系统。

3）透明性。用户在使用分布式数据库时，与使用集中式数据库一样，无须知道其关心的数据存放在哪里，存储了几次，用户需要关心的仅仅是整个数据库的逻辑结构。

与集中式数据库相比，分布式数据库具有下列优点。

1）坚固性好。由于分布式数据库系统是由多个位置上的多台计算机构成的，在个别节点或个别通信链路发生故障的情况下，它仍然可以降低级别继续工作，如果采用冗余技术，还可以获得一定的容错能力。系统的坚固性好，即系统的可靠性和可用性好。

2）可扩充性好。可根据发展的需要增减节点，或对系统重新配置，这比用一个更大的系统代替一个已有的集中式数据库要容易得多。

3）可改善性能。在分布式数据库中可按“就近分布，合理冗余”的原则来分布各节点上的数据构造分布式数据库，使大部分数据可以就近访问，避免了集中式数据库中的瓶颈问题，减少了系统的响应时间，提高了系统的效率。

4）自治性好。数据可以分散管理、统一协调，即系统中各节点的数据操纵和相互作用是高度自治的，不存在主从控制。因此，分布式数据库较好地满足了一个单位中各部门希望拥有自己的数据、管理自己的数据、同时共享其他部门有关数据的要求。

虽然分布式数据库与集中式数据库相比有不少优点，但也需要解决一些集中式数据库所没有的问题。

1）通信开销较大，故障率高。例如，在网络通信传输速度不高时，系统的响应速度慢，与通信相关的因素往往导致系统故障，同时系统本身的复杂性也容易导致较高的故障率。当故障发生后系统恢复也比较复杂，可靠性有待进一步提高。

2）数据的存取结构复杂。一般来说，在分布式数据库中存取数据比在集中式数据库中存取数据更复杂，开销代价更大。

3）数据的安全性和保密性较难控制。在具有高度场地自治的分布式数据库中，不同场地的局部数据库管理员可以采用不同的安全措施，但是无法保证全局数据都是安全的。安全性问题是分布式数据库系统固有的问题，因为分布式数据库系统是通过通信网络来实现分布控制的，而通信网络本身在保护数据的安全性和保密性方面存在弱点，数据极易被窃取。

4）分布式数据库的设计、场地划分及数据在不同场地的分配比较复杂。数据的划分及分配对系统的性能、响应速度及可用性等具有极大的影响，不同场地的通信速度与局部数据库系统存取部件的存取速度相比极其缓慢，这是由于通信系统有较高的延迟，且在 CPU 上处理通信信息的代价很高。在分布式数据库系统中要注意解决分布式数据库的设计、查询处理和优化、事务管理及并发控制和目录管理等问题。

1.2.5 面向对象数据库系统

在面向对象的方法中，对象作为描述信息实体的统一概念，把数据和对数据的操作融为一体，通过方法类、继承、封装和实例化机制来实现信息含义的存储和描述。面向对象数据库系统（object-oriented database system，OODBS）的实现一般有两种方法：一种是纯粹的面向对象数据库技术，用于构建面向对象技术的数据库；另一种是在现有关系数据库基础上增加对象管理的技术，从而构成面向对象数据库。因为面向对象数据库支持的对象标识符、类属联系、分属联系、方法等概念很难实现存储和管理，所以第一种方法实现起来成本较高。因此，大多数人将目光转到改造和优化现有的关系数据库上，这种基于关系数据库实现的对象数据库称为对象关系数据库。

对象关系数据库增强了关系数据库的数据管理能力，是对关系数据库的改进，同时是对象数据库理论的一种实践应用。对象关系模型是指在关系数据库模型的基础上增加了对复杂数据类型的查询规则的模型。通过复杂数据类型管理，关系数据库中元组的属性可以是复杂的数据类型。这种数据库的演变是为了扩展数据库系统的建模能力，而不是破坏已有的成熟的数据模型。基于对象关系模型的对象关系数据库系统为那些想在关系数据库中使用面向对象特征的用户提供了一种便利的操作途径。

对象关系数据库系统集成了关系数据库系统的优点和面向对象数据库系统的建模

能力，具有用户根据应用需要扩展数据类型和函数的机制，支持复杂类型的存储和操作能力。由于面向对象数据库系统增强了面向对象的建模能力，因此具有面向对象数据库的特征和优点，是目前关系数据库系统发展的一个新方向。面向对象数据库系统具有以下特点。

1）能有效地表达客观世界和有效地查询信息。面向对象方法综合了在关系数据库中发展的全部工程原理、系统分析、软件工程和专家系统领域的内容。面向对象的方法符合一般人的思维规律，即将现实世界分解成明确的对象，这些对象具有属性和行为。系统设计人员用面向对象数据库管理系统（object-oriented database management system，OODBMS）创建的计算机模型能更直接反映客观世界，最终用户不管是不是计算机专业人员，都可以通过这些模型理解和评述数据库系统。工程中的一些问题对关系数据库来说显得太复杂，不采取面向对象的方法很难实现。从构造复杂数据的前景看，信息不再需要被手工地分解为细小的单元。面向对象数据库管理系统扩展了面向对象的编程环境，该环境可以支持高度复杂数据结构的直接建模。

2）可维护性好。在耦合性和内聚性方面，面向对象数据库的性能尤为突出，数据库设计人员可在尽可能少地影响现存代码和数据的条件下修改数据库结构，并且在发现有不能适合原始模型的特殊情况下，能增加一些特殊的类来处理这些情况而不影响现存数据。如果数据库的基本模式或设计发生变化，为与模式变化保持一致，数据库可以建立原对象的修改版本，这种先进的耦合性和内聚性简化了在异种硬件平台网络上的分布式数据库的运行。

3）能很好地解决“阻抗不匹配”（impedance mismatch）问题。面向对象数据库解决了一个关系数据库运行中的典型问题——应用程序语言与数据库管理系统对数据类型支持的不一致问题，这一问题通常称为阻抗不匹配问题。

1.2.6 数据仓库

数据仓库（data warehouse，DW 或 DWH），是一个面向主题的、集成的、随时间变化的，但信息本身相对稳定的数据集合，用于对管理决策过程的支持。数据仓库是数据库的一种概念上的升级，从逻辑上讲二者没有什么区别，数据仓库可以说是为满足新需求设计的一种新数据库，这个新数据库可以容纳更多的数据，更加庞大的数据集。数据仓库是为企业所有级别的决策制定过程提供所有类型数据支撑的战略集合，主要用于数据挖掘和数据分析，以建立数据沙盘为基础，以消灭信息孤岛和支持决策为目的。数据仓库的 4 个特点如下。

1）主题性。不同于传统数据库对应于某一个或多个项目，数据仓库根据使用者实际需求，将不同数据源的数据在一个较高的抽象层次上作整合，所有数据都围绕某一主题来组织。这里的主题怎么来理解呢？例如，对于滴滴出行，“司机行为分析”就是一个主题；对于链家网，“成交分析”就是一个主题。

2）集成性。数据仓库中存储的数据是来源于多个数据源的集成，原始数据来自不同的数据源，存储方式各不相同。要整合成为最终的数据集合，需要从数据源经过一系列抽取、清洗、转换的过程。

3）稳定性。数据仓库中保存的数据是一系列历史快照，不允许被修改，用户只能通过分析工具进行查询和分析。

4）时变性。数据仓库定期接收新的集成数据，反映出最新的数据变化。

数据库与数据仓库的主要区别如下。

1）数据库是一种逻辑概念，通过数据库管理软件来实现数据管理。数据库由众多二维表组成，一张表里包含若干字段，字段一字排开，对应的数据按行写入表中，二维表能够表现多维关系。目前主流数据库都是二维数据库，如Oracle、DB2、MySQL、Sybase、MSSQL Server 等。

2）数据仓库是数据库概念的升级。从逻辑上理解，数据库和数据仓库没有区别，都是通过数据库管理软件实现数据管理，其根本区别在于数据量大小，数据仓库要比数据库更加庞大，它的表结构是依照分析需求、分析维度、分析指标进行设计的。数据仓库主要用于数据分析、数据挖掘、人工智能、机器学习、风险控制、无人驾驶、数据化运营、精准运营等，如 AWS Redshift、Greenplum、Hive 等。

1.2.7 数据挖掘

数据挖掘（data mining）技术是人们长期对数据库技术进行研究和开发的结果，伴随着海量数据搜集、强大的多处理器计算机和数据挖掘算法技术的不断成熟，数据挖掘正在逐步发展壮大。从技术角度来看，数据挖掘就是从大量的、不完全的、有噪声的、模糊的、随机的实际应用数据中，提取隐含在其中的、人们事先不知道的且潜在有用的信息和知识的过程。数据挖掘的含义：数据源必须是真实的、大量的、含噪声的；发现的是用户感兴趣的知识；发现的知识要可接受、可理解、可运用；并不要求发现放之四海而皆准的知识，仅支持特定的发现问题。要注意区分与其相近的术语，如知识发现、数据分析、数据融合（data fusion）、决策支持等。

何谓知识？从广义上理解，数据、信息就是知识的表现形式，概念、规则、模式、规律和约束等均为知识。原始数据可以是结构化的，如关系数据库中的数据，也可以是半结构化的，如文本、图形和图像数据，甚至是分布在网络上的异构型数据。发现知识的方法可以是数学的，也可以是非数学的；可以是演绎的，也可以是归纳的。发现的知识可以被用于信息管理、查询优化、决策支持和过程控制等，还可以用于数据自身的维护。因此，数据挖掘是一门交叉学科，它把人们对数据的应用从低层次的简单查询，提升到从数据中挖掘知识、提供决策支持。不同领域的研究者在这种需求牵引下汇聚，尤其是数据库技术、人工智能技术、数理统计、可视化技术、并行计算等方面的学者和工程技术人员，投身到数据挖掘这一新兴的研究领域，形成新的技术热点。数据挖掘的目标是从数据库中发现隐含的、有意义的知识，通过预测未来趋势及行为，做出具有前瞻性的、基于知识的决策。数据挖掘的主要功能如下。

1）自动预测趋势和行为。在大型数据库中寻找预测性信息，以往需要进行大量手工分析，无法迅速直接由数据本身得出结论，数据挖掘技术使其变得快速高效。譬如市场预测问题，数据挖掘能够使用过去有关促销的数据来寻找在未来投资中回报最大的用户。

2）关联分析数据。若两个或多个变量的取值之间存在某种规律性，就称为关联，关联可分为简单关联、时序关联、因果关联。关联分析的目的是找出数据库中隐藏的关联网，发现数据库中存在的重要的、可被发现的知识。

3）聚类分析。数据库中的记录可被划分为一系列有意义的子集，即聚类。聚类增强了人们对客观现实的认识，是概念描述和偏差分析的先决条件。聚类技术主要包括传统的模式识别方法和数学分类学。20 世纪 80 年代初，Mchalski 提出了概念聚类技术及其要点，即在划分对象时不仅要考虑对象之间的距离，还要求划分出的类具有某种内涵描述，从而避免了传统技术的某些片面性。

4）概念描述。概念描述就是对某类对象的内涵进行描述，概括这类对象的有关特征。概念描述分为特征性描述和区别性描述，前者描述某类对象的共同特征，后者描述不同类对象之间的区别。生成一个类的特征性描述只涉及该类对象中所有对象的共性。生成区别性描述的方法有很多，如决策树方法、遗传算法等。

5）偏差检测。数据库中的数据常有一些异常记录，从数据库中检测这些偏差具有现实意义。偏差包括很多潜在的知识，如分类中的反常实例、不满足规则的特例、观测结果与模型预测值的偏差、量值随时间的变化等。偏差检测的基本方法是，寻找观测结果与参照值之间有意义的差别。

1.2.8 云计算与大数据

1. 大数据的 4 个特点（4V）

1）数据量大（volume）：数据量十分巨大，已经从 TB 级别跃升到 PB 级别。

2）数据类型繁多（variety）：数据分为结构化数据（约 10%）和非结构化数据（约 90%），结构化数据指存储在关系数据库中的数据；非结构化数据包含半结构化数据，其种类繁多，如邮件、音频、视频、微信、微博、位置信息、链接信息、手机呼叫信息、网络日志等。

3）处理速度快（velocity）：实时分析结果、秒级响应。

4）价值密度低（value）：价值密度远低于传统关系数据库中已有的数据。

2. 大数据计算模式

（1）批处理计算

- MapReduce：大数据批处理技术，可以并行执行大规模数据处理任务，用于大规模数据集的并行计算。

- Spark：一个针对大数据集合的低延迟的集群（cluster）分布式计算系统，运算速度比 MapReduce 快。

（2）流计算

流数据是指在时间分布和数量上无限的一系列动态数据集合体，数据的价值随时间的流逝而降低，因此必须采用实时计算的方式给出秒级响应。流计算可以实时处理来自不同数据源的、连续到达的流数据，经过实时分析处理，给出有价值的分析结果。

（3）云计算

云计算是基于互联网的相关服务的增加、使用和交付模式，这种模式提供可用的、便捷的、按需的网络访问，进入可配置的计算资源共享池（资源包括网络、服务器、存储、应用软件、服务等），这些资源能够被快速提供，只需投入很少的管理工作。

1）云计算的 3 种服务模式。

- 基础设施即服务（infrastructure as a service，IaaS）：将基础设施[计算资源（CPU、内存）和存储（磁盘）] 作为服务出租。
- 平台即服务（platform as a service，PaaS）：把平台作为服务出租。
- 软件即服务（software as a service，SaaS）：把软件作为服务出租。

2）云计算的关键技术。

- 虚拟化。虚拟化技术是云计算架构的基石，是指将一台计算机虚拟为多台逻辑计算机，在一台计算机上同时运行多个逻辑计算机，每个逻辑计算机可运行不同的操作系统，并且应用程序都可以在相互独立的空间内运行而互不影响，从而显著提高计算机的工作效率。
- 分布式存储。HDFS（分布式文件系统）采用了简单的“一次写入，多次读取”文件模型，文件一旦创建、写入，在关闭之后就只能对它执行读取操作，而不能执行修改操作，HDFS 基于 Java 实现。
- 分布式计算。MapReduce 允许开发人员在不具备开发经验的前提下也能够开发出分布式的并行程序，并让其运行在数百台机器上，在短时间完成海量数据的计算。MapReduce 把复杂的、运行于大规模集群上的并行计算过程抽象为两个函数[Map()函数和 Reduce()函数]，把一个大数据切分成多个小的数据集，并分布到不同的机器上进行并行处理，极大地提高了数据处理速度。

本章小结

本章概述了数据、数据库、数据库系统等的基本概念及发展历程，通过对数据管理技术进展情况的介绍阐述了数据库技术产生和发展的背景，也分别对各种数据库系统的优缺点进行了说明；数据模型是数据库系统的核心和基础，本章简要介绍了概念模型、组成数据模型的 3 个要素和 3 种主要的数据库模型——层次模型、网状模型和关系模型；

还具体介绍了关系模型，关系代数及运算。本章内容均是概括性的，覆盖面比较广，仅从基本概念及应用角度简要概述，旨在引导大家形成“数据”思维，为后续章节的学习奠定基础。

习　题

一、选择题

1．下面对数据库特点的叙述不正确的是（　　）。

A．数据库中的数据采用统一的模型来表示

B．数据之间的关联性强

C．数据冗余度高

D．数据由一个软件统一管理

2．下面对数据模型的叙述不正确的是（　　）。

A．数据模型用来表示数据及数据之间的联系

B．数据模型可分为概念模型、逻辑模型和物理模型 3 个层次

C．逻辑层次上的数据模型有数据结构、数据操作和数据完整性约束 3 个要素

D．到目前为止，逻辑数据模型只有层次模型、网状模型和关系模型 3 种

3．下面对数据库管理系统的叙述不正确的是（　　）。

A．数据库管理系统是一个对数据库进行统一管理、控制的软件

B．用户必须通过数据库管理系统来使用数据库中的数据

C．SQL Server 2000 是一个基于关系模型的数据库管理系统

D．一个数据库管理系统可以用多个逻辑模型来管理数据

4．下面不属于数据库管理系统功能的是（　　）。

A．数据库定义功能　　B．数据库中数据的导出功能

C．数据库操作功能　　D．数据库保护功能

E．数据库维护功能

5．关系代数的 5 个基本操作是（　　）。

A．并、交、差、笛卡儿积、除法

B．并、交、选取、笛卡儿积、除法

C．并、交、选取、投影、除法

D．并、差、选取、笛卡儿积、投影

6．数据库管理系统是数据库系统的核心，它负责有效地组织、存储和管理数据，它位于用户和操作系统之间，属于（　　）。

A．系统软件　　B．工具软件　　C．应用软件　　D．数据软件

7．下列关于用文件管理数据的说法，错误的是（　　）。

A．用文件管理数据，难以提供应用程序对数据的独立性

B．当存储数据的文件名发生变化时，必须修改访问数据文件的应用程序

C．用文件存储数据的方式难以实现数据访问的安全控制

D．将相关的数据存储在一个文件中，有利于用户对数据进行分类，因此也可以提高用户操作数据的效率

二、判断题

1．信息能够消除某种不确定性。（　　）

2．数据库中的数据冗余度高。（　　）

3．数据库中的数据采用统一的模型来表示。（　　）

4．数据仓库常用于对管理决策过程的支持。（　　）

5．与用数据库技术管理数据相比，文件管理系统的数据共享性高。（　　）

三、问答题

1．如何区分数据库系统和数据库管理系统？

2．数据库与数据仓库有哪些区别？

3．数据库的类型是如何划分的？

4．大数据的特点有哪些？

第2章

初识 MySQL

MySQL 是一种关系数据库管理系统，由瑞典 MySQL AB 公司开发，是世界第二大软件供应商——Oracle 公司的旗下产品，是 Oracle 数据库的有益补充。MySQL 软件体积小、速度快、成本低，代码开源，且功能不断完善，版本不断更新迭代，几乎支持所有的操作系统，发展非常迅猛，目前已经被广泛应用于各个行业，尤其是中小型网络编程数据库中。本章主要介绍 MySQL 的安装过程、主要管理工具、启动与关闭、存储引擎等基础知识。

学习目标

- 了解 MySQL 软件下载、安装和卸载过程。
- 掌握 MySQL 软件配置方式。
- 了解 MySQL 启动和关闭服务。
- 掌握 MySQL 数据库的创建与操作。
- 掌握 MySQL 数据库的存储引擎。

2.1 MySQL 的安装与配置

2.1.1 了解 MySQL

1. MySQL 简介

MySQL 是一种关系数据库管理系统，使用最常用的数据库管理语言——SQL 进行数据库管理。MySQL 是开放源代码的，任何人都可以在 General Public License 的许可下下载并根据个性化的需要对其进行修改。MySQL 因其速度、可靠性和适应性备受关注，大多数程序开发人员认为在不需要事务化处理的情况下，MySQL 是管理内容最好的选择。

MySQL 的历史最早可以追溯到 1979 年，Monty Widenius 用 BASIC 设计了一个报表工具，不久之后，又使用 C 语言重写了此工具，并移植到 UNIX 平台，它当时只是一个底层的面向报表的存储引擎工具，称为 Unireg。1985 年，David Axmark、AllanLarsson 和 Michael Widenius 3 个瑞典人成立了一家公司，也就是 MySQL AB 的前身，公司最初并不是为了开发数据库产品，而是在实现想法的过程中需要一个数据库并希望使用开源的产品，但在当时并没有一个合适的选择，因此他们设计了一个利用索引顺序存取数据的方法，这个方法是后期使用的存储引擎核心算法（indexed sequential access method，ISAM）的前身。软件以创始人之一 Michael Widenius 女儿的名字（My）命名，Logo 为海豚标志，海豚名叫“sakila”，如图 2-1 所示，它具有速度、动力、精确等特性。

图 2-1　MySQL 数据库 Logo

MySQL 虽然是免费的，但与其他商业数据库一样，具有数据库系统的通用性，提供了数据的存取、增加、修改、删除或更加复杂的操作；支持标准的 SQL，为客户端提供了不同的程序接口和链接库，如 C、C++、Java、PHP 等。

2. MySQL 版本信息

随着该数据库功能的不断完善和性能的不断提高，MySQL 的可靠性不断增强。2000 年 4 月，MySQL 对旧的存储引擎进行了整理并命名为“MyISAM”；2001 年，支持事务处理和行级锁的存储引擎 InnoDB 被集成到 MySQL 发行版中，之后 MySQL 4.0 正式集成了 MyISAM 与 InnoDB 存储引擎；2004 年 10 月，发布了经典的 4.1 版本；2005 年 10 月，发布了具有里程碑意义的 MySQL 5.0 版本，5.0 版本加入了游标、存储过程（stored procedure）、触发器、视图和事务的支持；在 5.0 之后的版本里，MySQL 明确地表现出迈向高性能数据库的发展步伐。

目前 MySQL 数据库按照用户群分为社区版（community）和企业版（enterprise），这两个版本的重要区别为：社区版可以自由下载且完全免费，但是官方不提供任何技术支持，适用于大多数普通用户；企业版不能自由下载且收费，但是该版本提供了更多的功能，可以享受完备的技术支持，适用于对数据库的功能和可靠性要求比较高的企业客户。

MySQL 版本更新速度非常快，常见的软件版本有 GA、RC、Alpha 和 Bean，它们的含义分别如下。

- GA（general availability）：官方推崇广泛使用的版本。
- RC（release candidate）：候选版本，该版本是最接近正式版的版本。
- Alpha 和 Bean 都属于测试版本，其中 Alpha 是指内测版本，Bean 是指公测版本。

3. MySQL 工具

MySQL 软件是基于客户-服务器（C/S）模式的数据库管理系统。针对 MySQL 软件，MySQL 公司开发了众多的客户端软件来帮助用户管理 MySQL 软件，其中使用最为广泛的是 MySQL Command Line Client 和 MySQL-Workbench。MySQL Command Line

Client 是命令行控制界面，MySQL-Workbench 是图形化客户端软件。除 MySQL 官方提供的客户端软件外，很多公司也开发了自己的客户端软件，其中 Navicat 受到业界的广泛欢迎。Navicat 是依据直觉化的图形用户界面建立的，以安全并且简单的方式创建、组织、访问并共用信息。

2.1.2 安装与配置 MySQL

1. 下载 MySQL

MySQL 软件是完全网络化的跨平台关系数据库系统，可以通过以下步骤实现该软件的下载，具体如下。

1）首先访问 MySQL 官方网站（http://mysql.com/），如图 2-2 所示。

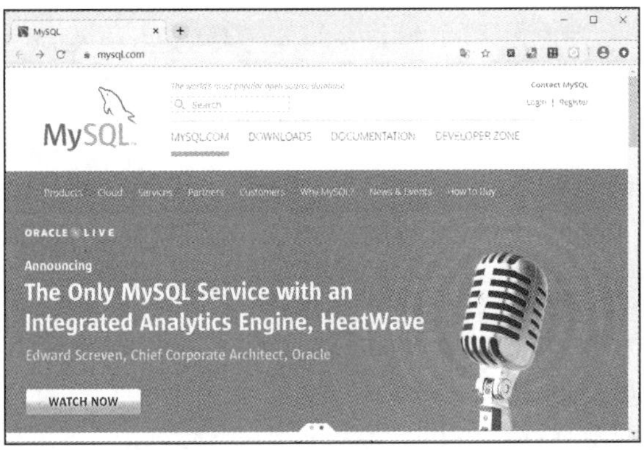

图 2-2 MySQL 官方网站

进入网站首页后，单击“DOWNLOADS”导航栏，进入 MySQL 产品页面，如图 2-3 所示。在该页面中单击社区版中的“MySQL Community (GPL) Downloads”超链接，进入下载页面。

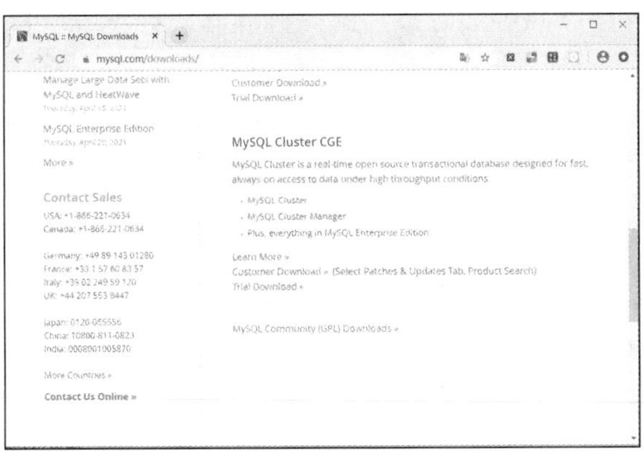

图 2-3 下载社区版

2）单击“MySQL Installer for Windows”选项，如图 2-4 所示。

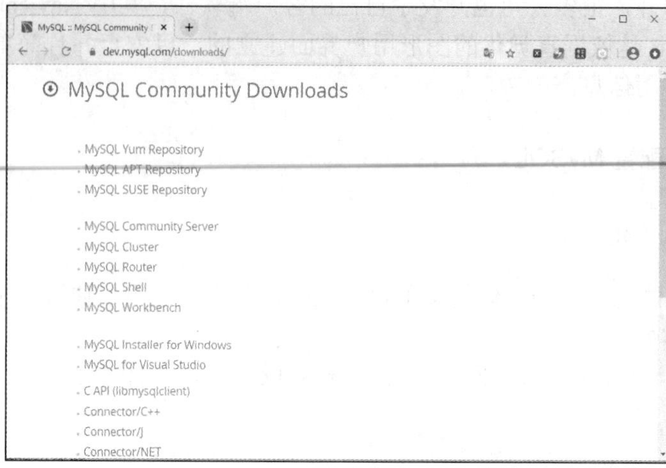

图 2-4　下载 Windows 版安装软件

3）单击“Windows (x86, 32-bit)，MSI Installer” (mysql-installer-community-8.0.20.0.msi) 右边的“Download”按钮，下载 32 位的 MySQL 安装软件，如图 2-5 所示。

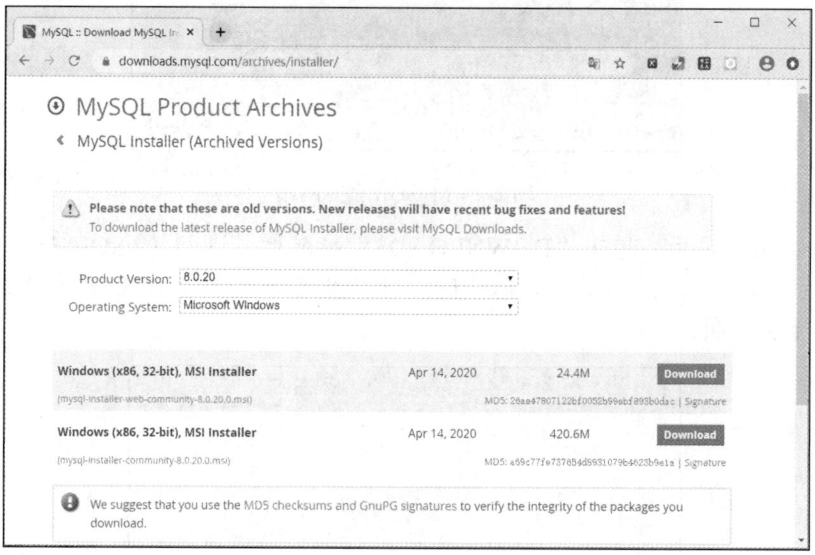

图 2-5　下载社区版软件

4）单击“Download”按钮后，进入网站注册页面，在该页面中单击“No thanks, just start my download.”选项即开始下载，如图 2-6 所示。

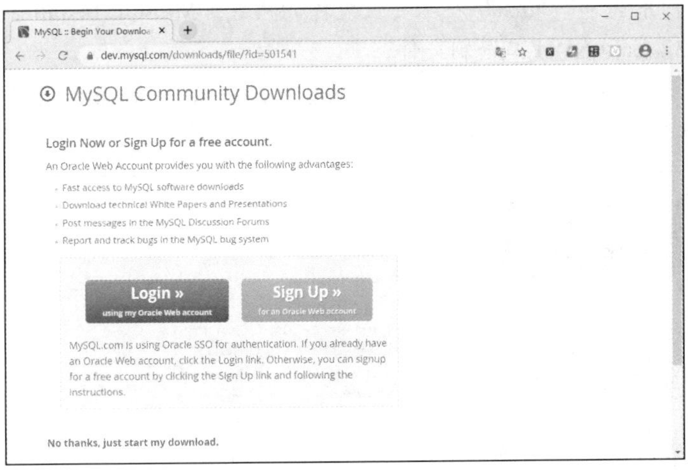

图 2-6 跳过注册直接下载

2. 在 Windows 平台下安装与配置 MySQL

下载完数据库 MySQL 软件的安装程序后，即可开始安装该数据库。具体的安装步骤如下。

1）双击 MySQL 安装程序（mysql-installer-community-8.0.20.0.msi），使用 Windows Installer 开始安装过程，选择需要安装的组件，如图 2-7 所示。

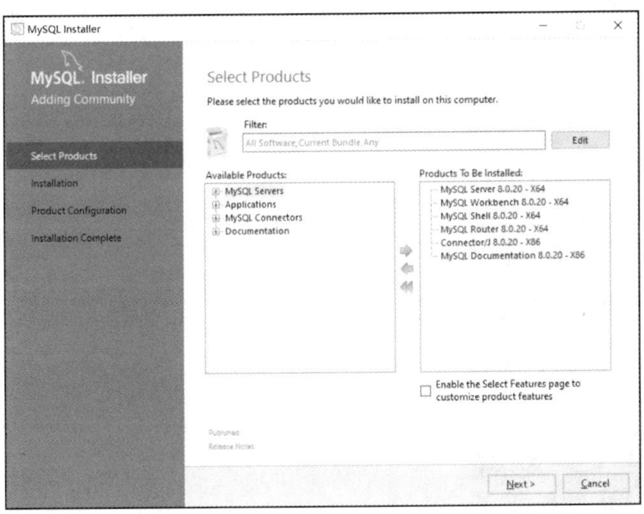

图 2-7 选择安装产品

注意： 在安装文件 mysql-installer-community-8.0.20.0.msi 中，“8”表示主版本号，第一个“0”表示发行级别，“20”表示该级别下的版本号，“Win32”表示运行在 32 位的 Windows 操作系统下，“msi” 表示安装文件的格式。MySQL Installer 是 32 位的，但是将同时安装 32 位和 64 位二进制文件。

2）打开安装界面后，可以看到已选择的服务，单击“Execute”按钮开始下载相关组件，如图 2-8 所示。

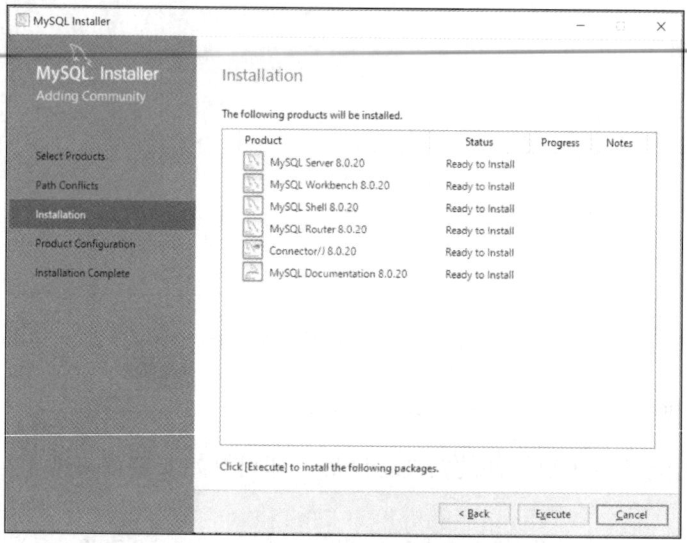

图 2-8　下载相关组件

3）服务安装完成后，进入产品配置列表，单击“Next”按钮进行相关配置，如图 2-9 所示。

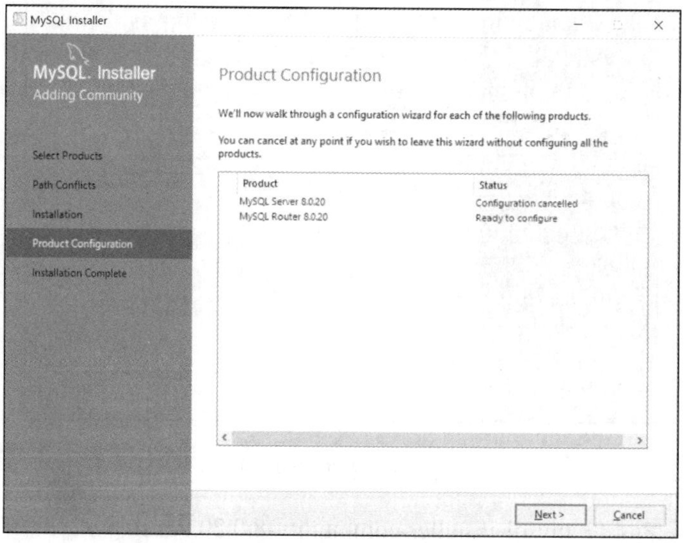

图 2-9　配置相关组件

4）进入配置类型及网络配置页面，配置类型选择默认即可，选择连接方式为 TCP/IP 类型，配置数据库服务器端口为 3306，Windows 防火墙端口可根据个人实际情况进行选择，如图 2-10 所示。

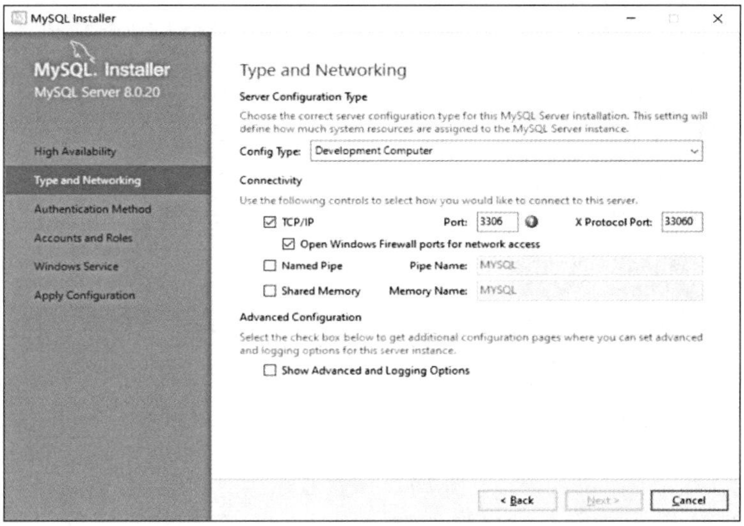

图 2-10 配置数据库端口

5）进入密码认证模式页面后，可看到两种认证方式。一种为 MySQL8.0 推荐的强密码加密授权，另一种为传统授权方法（保留 5.x 版本兼容性），如图 2-11 所示。

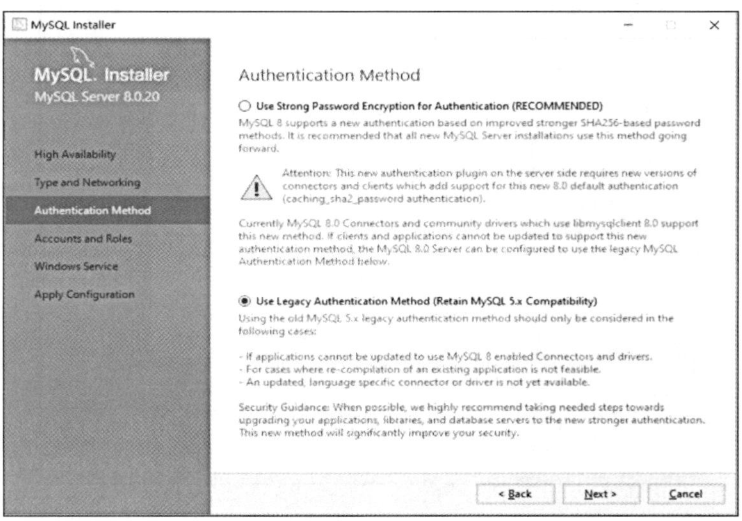

图 2-11 配置密码授权方式

6）进入账户和角色设置页面后，进行 Root 用户的密码设置，同时可添加、编辑、删除其他用户，在此界面中，只配置 Root 用户的密码，如图 2-12 所示。

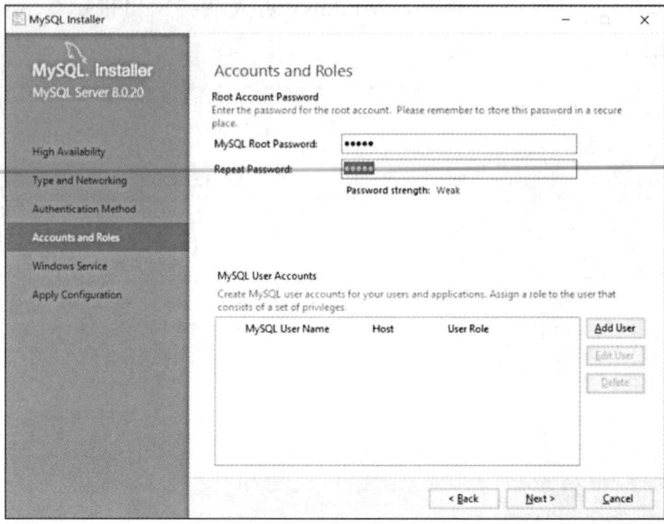

图 2-12　设置密码

7）打开 Windows 服务界面后，选择 MySQL 服务为 Windows 服务，配置 MySQL 在 Windows 下的服务名称，选择 MySQL 服务是否为开机自启，最后根据系统安全性要求选择 MySQL 服务为标准系统用户，如图 2-13 所示。

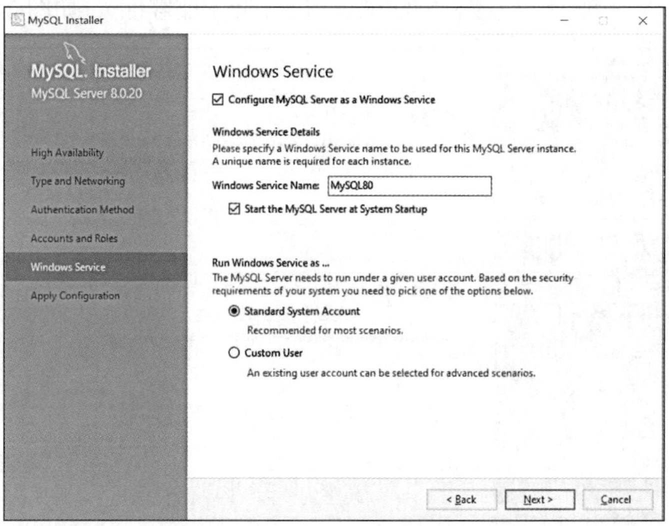

图 2-13　设置服务名称

8）上述配置完成后，进入应用配置列表，单击“Execute”按钮开始修改配置，如图 2-14 所示。配置修改完成后，单击“Finish”按钮完成 MySQL 安装，如图 2-15 所示。

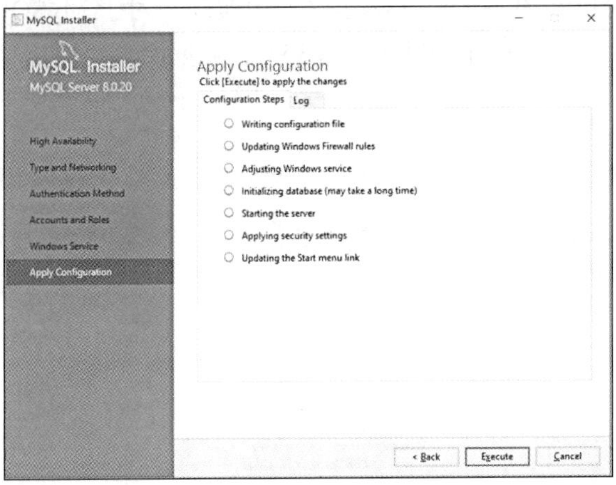

图 2-14　执行安装

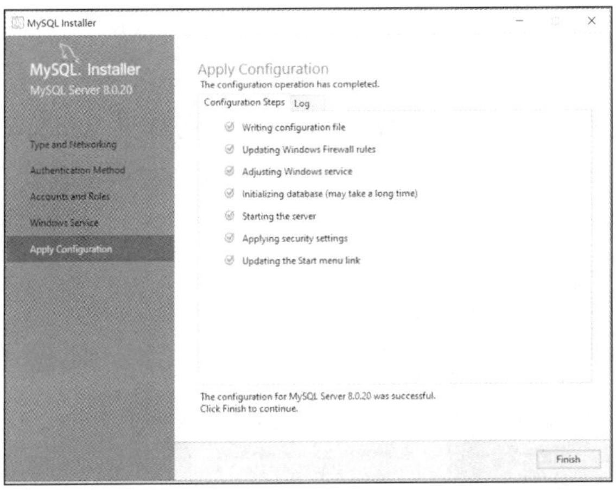

图 2-15　完成安装

2.2　启动连接 MySQL

2.2.1 启动登录 MySQL

1. 启动 MySQL 服务

(1) 通过图形界面启动和关闭 MySQL 服务

经常使用 Windows 操作系统的用户都知道，Windows 系统拥有许多服务，如果想启动和关闭服务，可以在服务窗口（图 2-16）中实现。对于 MySQL 数据库服务器，只有启动 MySQL 服务，客户端才能登录到 MySQL 数据库。

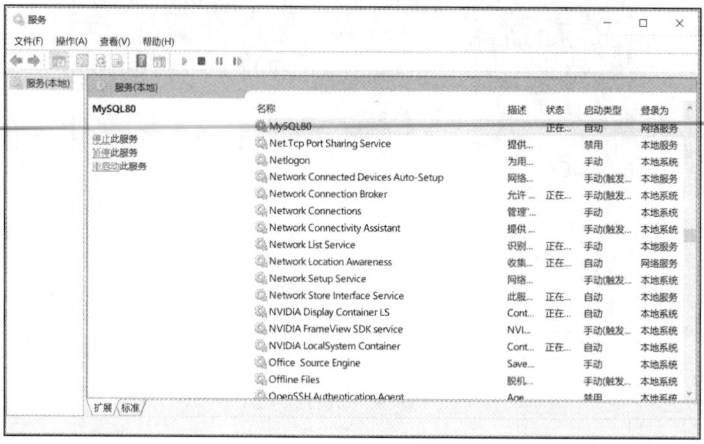

图 2-16　服务窗口

在配置 MySQL 的过程中，已经设置 MySQL 服务作为 Windows 系统的服务，服务名为 MySQL80，选择 MySQL 服务为开机自启，使 MySQL 服务为自动启动类型，如图 2-17 所示。

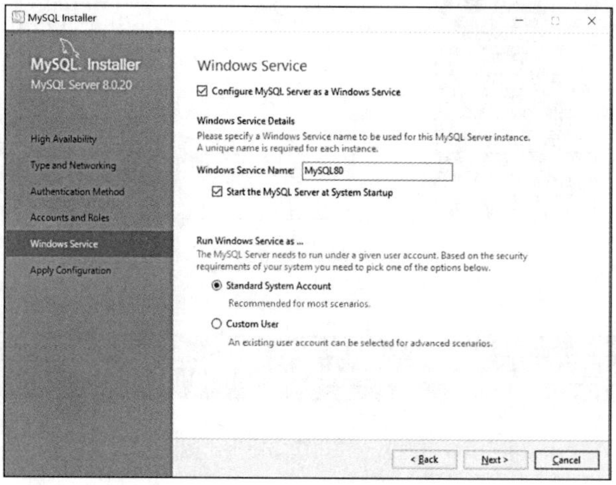

图 2-17　设置 MySQL 服务

由于 Windows 系统的资源非常有限，而每运行一个服务都会消耗一定资源，因此需要关闭一些经常不用的服务，当需要使用时再开启。那么如何启动和关闭 MySQL 服务呢？具体步骤如下。

1）右击“此电脑”图标，在弹出的快捷菜单中选择“管理”命令，打开图 2-18 所示的“计算机管理”窗口。

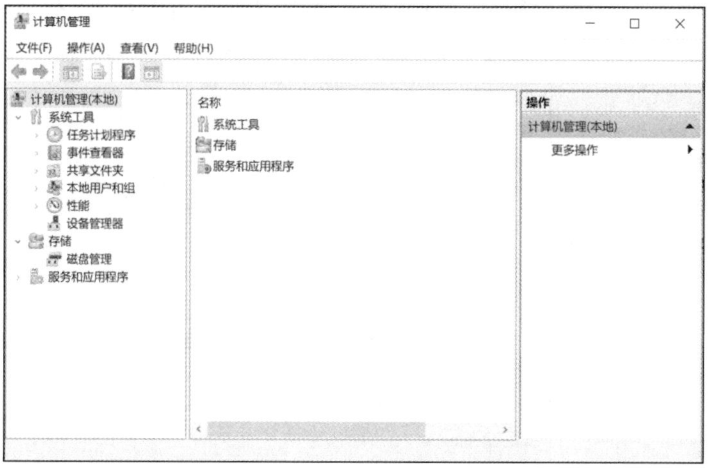

图 2-18　“计算机管理”窗口

2）选择“计算机管理（本地）”→“服务和应用程序”→“服务”命令，在右侧窗口将会显示 Windows 系统的所有服务组件，其中包含 MySQL80 服务，如图 2-19 所示。

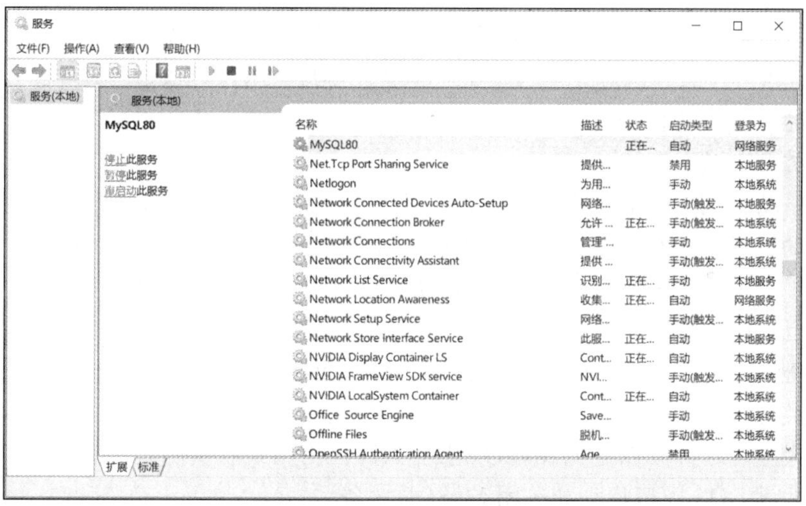

图 2-19　MySQL 服务

注意：对于 Windows 系统的服务也可以在“控制面板”中设置，具体流程为选择“开始”→“控制面板”→“管理工具”→“服务”命令。

3）查看 MySQL 服务可以发现该服务已经处于启动状态，并且该服务的类型为“自动”。如果想修改 MySQL 服务的状态，可以单击“计算机管理”工具栏中的相应按钮。

4）由于 MySQL 服务不是系统自带的服务，因此除在需要时启动外，还需要将启动类型设置为“手动”类型。在具体设置时，需要右击 MySQL 服务，然后在弹出的快捷菜单中选择“属性”命令，弹出“MySQL 的属性（本地计算机）”对话框，如图 2-20 所示。在该对话框中不仅可以设置服务类型，还可以操作服务。

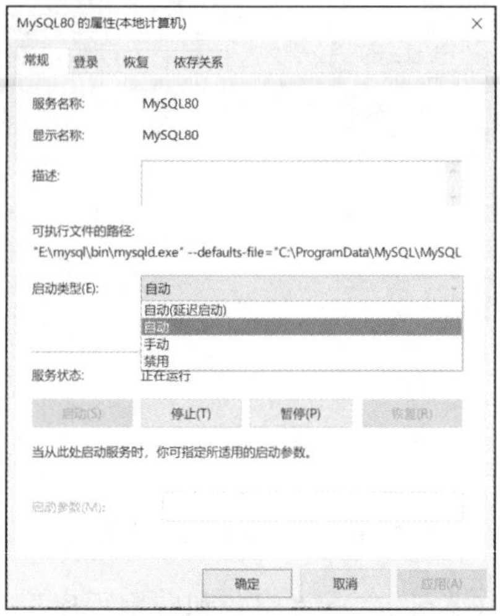

图 2-20　设置 MySQL 服务器

注意：如果修改了“MySQL 的属性（本地计算机）”对话框中的相应内容，一定要先单击“应用”按钮，然后才可以单击“确定”按钮关闭该对话框。只有经过这样的操作，修改的内容才能生效。

服务类型有以下 3 种。

- 自动：Windows 系统每次启动时都会自动启动该类型服务，服务启动后可以手动将状态修改为停止、暂停和重新启动等。
- 手动：该类服务需要手动启动，启动后可以改变服务状态，如停止、暂停等。
- 已禁用：该类服务不能启动，也不能改变服务状态。

对于 MySQL 服务，如果需要经常操作 MySQL 软件，那么应将该服务设置为“自动”启动类型。当然，如果使用 MySQL 的机会比较少，那么该服务就可以设置为“手动”启动类型，这样可以避免 MySQL 服务长时间占用系统资源。

（2）通过 DOS 窗口启动和关闭 MySQL 服务

经常使用 Windows 操作系统的用户都知道，除可以通过图形界面启动和关闭服务外，还可以通过磁盘操作系统（disk operating system，DOS）窗口启动和关闭服务。同理，关于 MySQL 软件的 MySQL 服务，也可以通过 DOS 窗口启动和关闭，具体步骤如下。

1）以管理员身份运行命令提示符，打开 DOS 窗口，如图 2-21 所示。

图 2-21　以管理员身份打开 DOS 窗口

2）在 DOS 窗口中，如果想查看 Windows 系统已经启动的服务，可以通过如下命令实现。

```
net start
```

具体运行过程如图 2-22 所示，可以发现关于 MySQL 软件的 MySQL 服务已经启动。

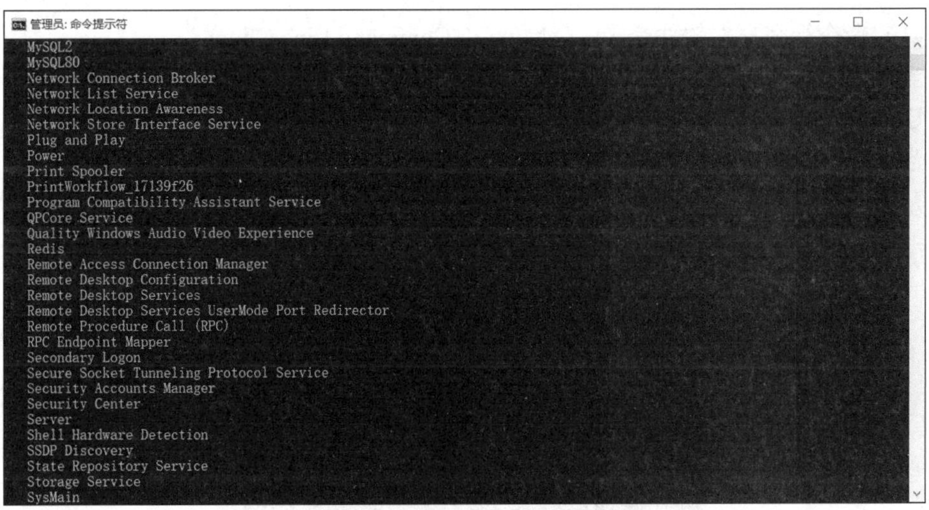

图 2-22　查看已启动的服务

3）如果 MySQL 软件的 MySQL 服务已经启动，可以通过命令关闭 MySQL 服务，具体命令内容如下。

```
net stop MySQL
```

具体运行过程如图 2-23 所示。

4）如果 MySQL 软件的 MySQL 服务处于关闭状态，可以通过命令启动 MySQL 服务，具体命令内容如下。

```
net start MySQL
```

具体运行过程如图 2-24 所示。

图 2-23　关闭 MySQL 服务

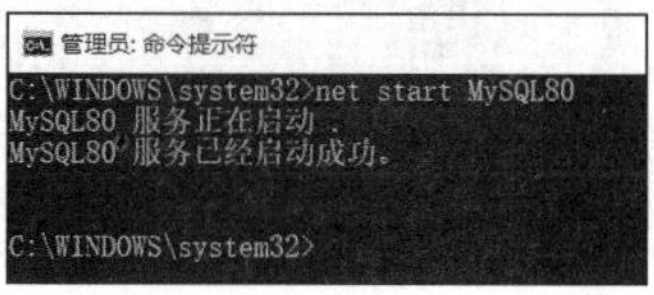

图 2-24　启动 MySQL 服务

当MySQL软件的服务启动后，除了可以在图形界面的服务窗口和DOS窗口中查看，还可以通过 Windows 系统的任务管理器查看。打开任务管理器，如果存在“mysql.exe”进程，则表示 MySQL 软件的服务已经启动。

2. 登录 MySQL

（1）命令行客户端软件登录——MySQL Command Line Client

当 MySQL 软件安装完后，一般会安装一个简单命令行实用程序（MySQL Command Line Client）。该客户端没有下拉菜单、没有用户界面、不支持鼠标等任何类似的东西。

当选择“开始”→“程序”→“MySQL”→“MySQL 8.0 Command Line Client”命令时，就会打开“MySQL 8.0 Command Line Client”程序，如图 2-25 所示。

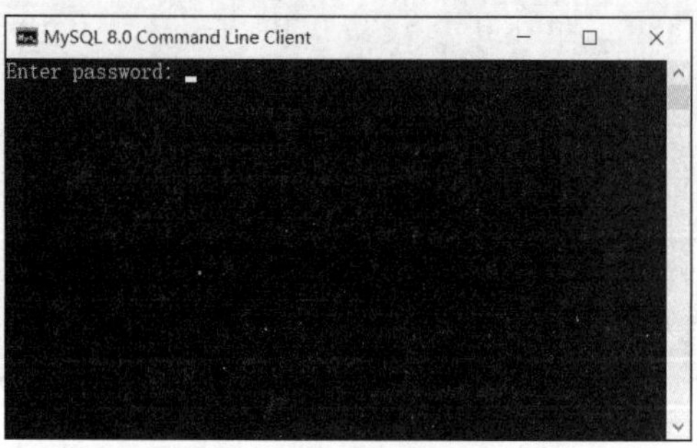

图 2-25　运行“MySQL Command Line Client”程序

在输入正确的密码后，登录 MySQL 软件，如果要使用该种方式登录 MySQL 软件，则需要保证 MySQL 软件的服务处于启动状态。通过“MySQL 8.0 Command Line Client”程序登录到服务器，如图 2-26 所示。

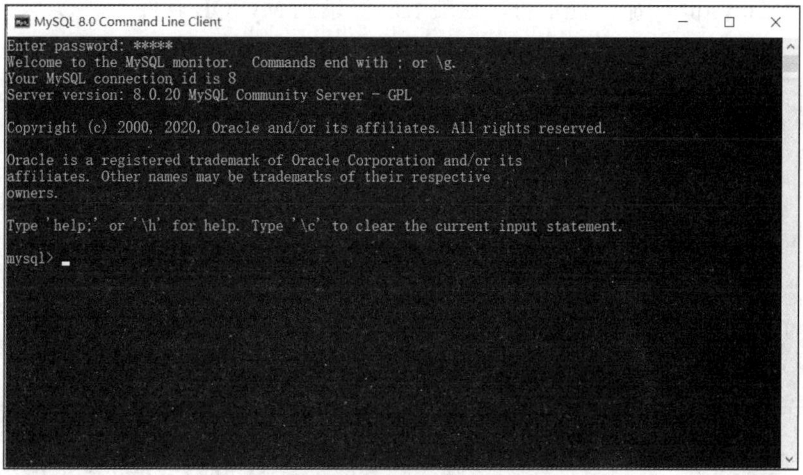

图 2-26　登录到 MySQL 数据库

（2）通过 DOS 窗口连接 MySQL 软件

在 Windows 系统中还可以通过 DOS 窗口登录 MySQL 软件，以解决没有安装 MySQL Command Line Client 的情况。用该种方式登录 MySQL 软件的具体步骤如下。

1）选择“Windows 系统”→“命令提示符”，打开 DOS 窗口，如图 2-27 所示。

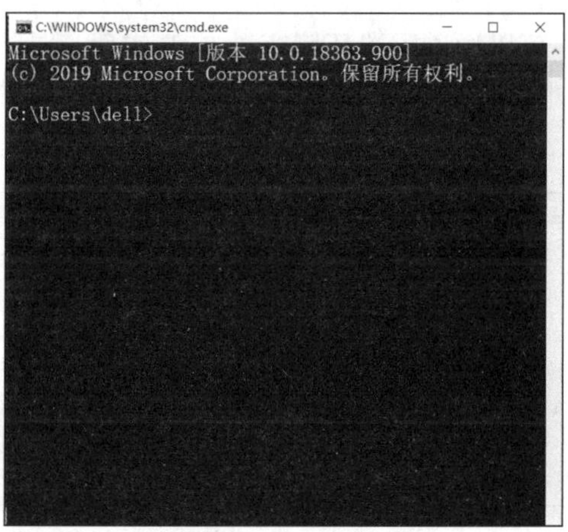

图 2-27　DOS 窗口

2）在 DOS 窗口中，可以通过 mysql 命令登录 MySQL 软件，具体命令内容如下。

```
mysql -u root -p
```

在上述命令中，mysql 表示登录 MySQL 软件的命令，-u 表示登录 MySQL 软件的用户名，-p 表示登录 MySQL 软件的密码。

具体运行过程如图 2-28 所示，当提示输入密码时，输入正确密码会输出一段欢迎内容和一个“mysql>”命令提示符，这就表示登录到 MySQL 软件了。

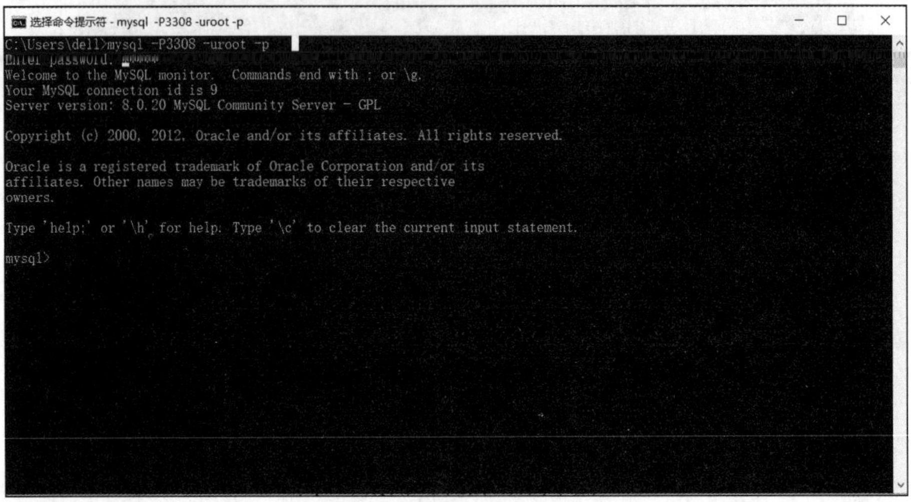

图 2-28　登录 MySQL 软件

通过上述步骤就可以成功连接到 MySQL 软件了。

3. 配置 Path 变量

配置 MySQL 软件还可以通过配置环境变量 Path 实现，具体步骤如下。

1）右击“此电脑”图标，在弹出的快捷菜单中选择“属性”命令，弹出“系统”对话框，如图 2-29 所示。单击“高级系统设置”，弹出“系统属性”对话框。

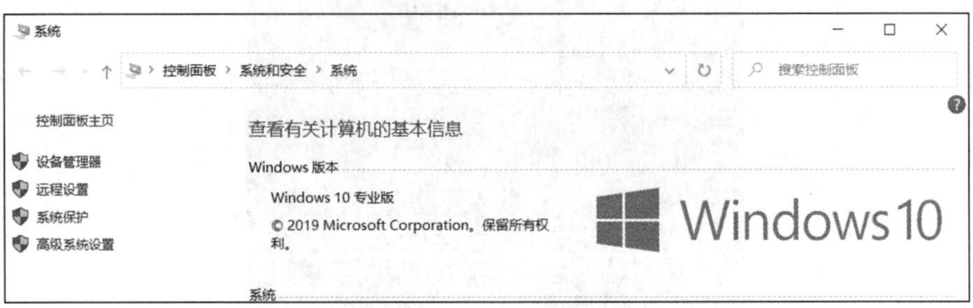

图 2-29　“系统”对话框

2）在“系统属性”对话框中选择“高级”选项卡，如图 2-30 所示；然后单击“环境变量”按钮，弹出“环境变量”对话框。

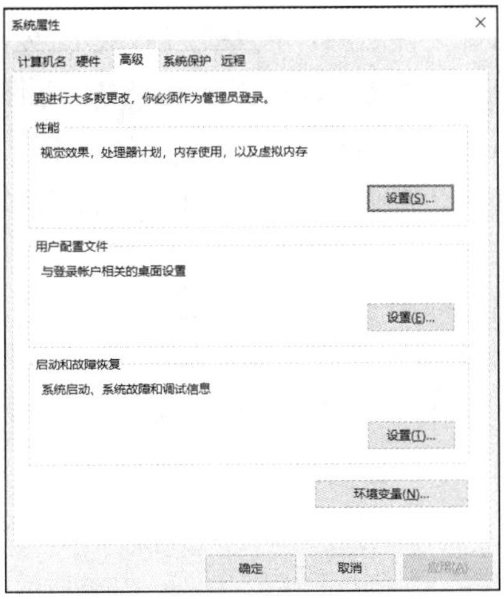

图 2-30　打开环境变量

3）在“环境变量”对话框中，在“系统变量”选区中选中“Path”环境变量（图 2-31），然后单击“编辑”按钮，弹出关于名为 Path 的“编辑环境变量”对话框，在该对话框的“变量值”文本框中添加 MySQL 软件的“C:\ProgramFiles\MySQL\ MySQLServer8.0\bin”目录，如图 2-32 所示。

图 2-31　选中“Path”环境变量

图 2-32　设置环境变量

4. 更改 MySQL 的配置

通过图形化的实例配置向导实现参数的设置，虽然简捷高效，但是实现起来不够灵活。下面介绍一种比较灵活的配置方式——手动修改 MySQL 软件配置文件。

在手动修改 MySQL 配置文件之前，需要对 MySQL 安装后的文件有所了解。在安装 MySQL 软件时，选择 Typical 类型，该类型下 MySQL 软件的安装文件在“C:\Program Files\MySQL\MySQL Server 8.0 ”目录下。在 MySQL 软件的安装文件夹下存放着许多文件夹和文件，具体内容如图 2-33 所示，其中 4 个文件夹比较重要，其作用分别如下。

- bin 文件夹，在该文件夹下存放着可执行文件。
- include 文件夹，在该文件夹下存放着头文件。
- lib 文件夹，在该文件夹下存放着库文件。
- share 文件夹，在该文件夹下存放着字符集、语言等信息。

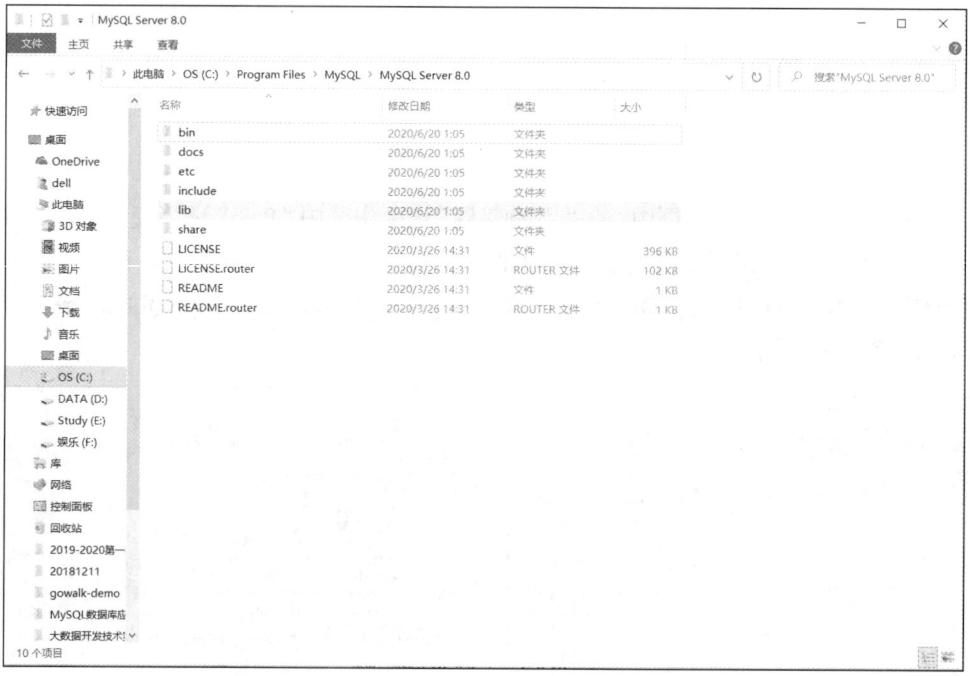

图 2-33　MySQL 软件安装文件夹

了解关于 MySQL 软件的安装文件夹和文件后，只需修改 my.ini 配置文件中的内容（详见附录）即可实现修改数据库实例的参数。在通过修改 MySQL 配置文件手动配置数据库服务器 MySQL 时，经常需要修改的参数如下。

- default-character-set：客户端字符集。
- character-set-serve：服务器端字符集。
- port：客户端和服务器端的端口号。
- default-storage-engin:：MySQL 软件的存储引擎。

注意：如果修改了 MySQL 软件的配置文件，则必须重新启动 MySQL 服务，修改的内容才能生效。

2.2.2 MySQL 常用图形化管理软件——Navicat for MySQL

1. 下载 Navicat 软件

Navicat 可以通过下面的步骤实现该平台的下载。

1）首先访问 Navicat 官方网站（https://www.navicat.com.cn/），如图 2-34 所示。

图 2-34　Navicat 官方网站

2）进入 Navicat 网站首页后，单击“产品”导航栏，单击 Navicat 15 for MySQL“试用”按钮进入下载 Navicat for MySQL 产品页面，并进行相应版本的下载，如图 2-35 所示。

图 2-35　下载 Navicat 软件

3）在下载 Navicat 产品页面中，可免费试用全功能的 Navicat 共 14 天。

4）下载完 navicat150_mysql_cs_x64.exe 后，即可安装 Navicat 客户端软件。

2. 安装 Navicat 客户端软件

下载完安装程序后，开始安装该软件。具体安装步骤如下。

1）双击 Navicat 安装程序（navicat150_mysql_cs_x64.exe），使用 Windows Installer 开始安装，打开安装界面，如图 2-36 所示。

图 2-36　Navicat 安装界面

2）单击“下一步”按钮并选择“我同意”单选按钮，如图 2-37 所示。

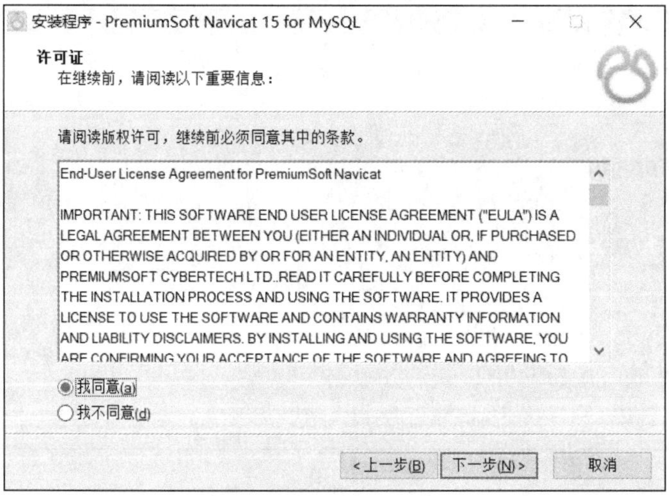

图 2-37　Navicat 许可证

3）单击“下一步”按钮并选择安装文件夹，如图 2-38 所示。

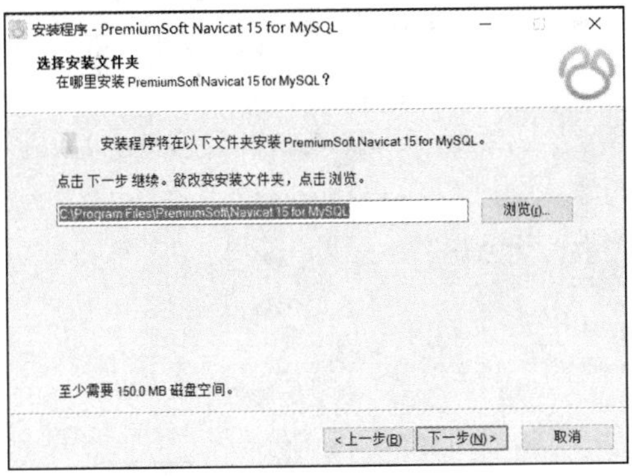

图 2-38　Navicat 安装文件夹

4）单击“下一步”按钮并选择是否创建桌面快捷键，如图 2-39 所示。

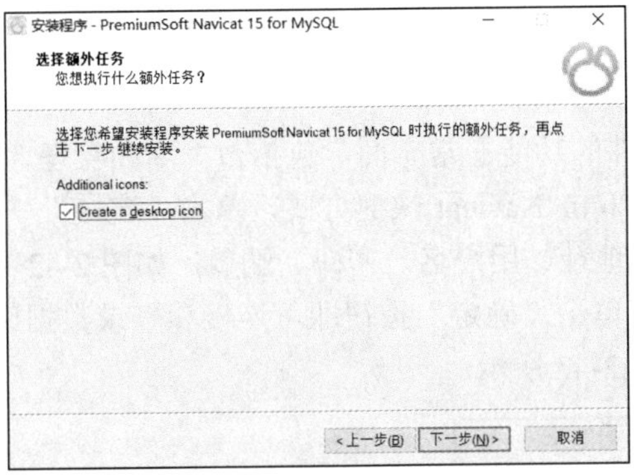

图 2-39　创建 Navicat 桌面快捷键

5）单击“下一步”按钮并开始安装，如图 2-40 所示。

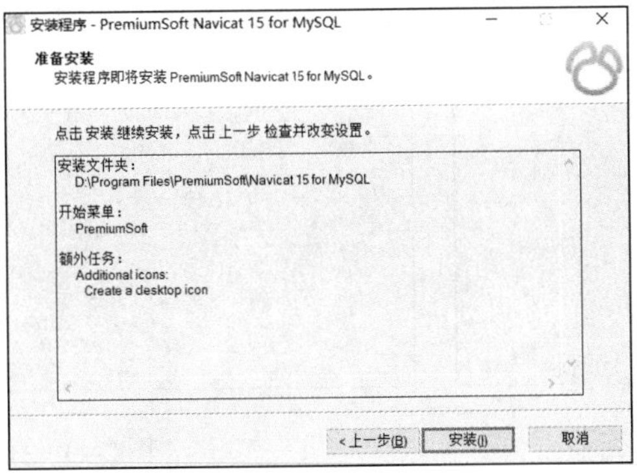

图 2-40　进行 Navicat 安装

6）单击“完成”按钮，即 Navicat 客户端软件安装完毕，如图 2-41 所示。

图 2-41　Navicat 完成安装

经过上述步骤，已经成功安装 Navicat 客户端软件。

3. 通过 Navicat 客户端软件登录 MySQL 软件

Navicat 客户端软件的功能非常全面，包括数据库的管理、数据对象管理、数据导入和导出、数据管理。双击 Navicat 快捷方式，单击“连接”→“Mysql”，自定义连接名并正确输入服务器的地址、用户名、密码、端口，如图 2-42 所示，单击“连接测试”按钮，如果连接成功，单击“确定”按钮即可连接和登录数据库服务器，打开 Navicat 软件的操作界面，如图 2-43 所示。

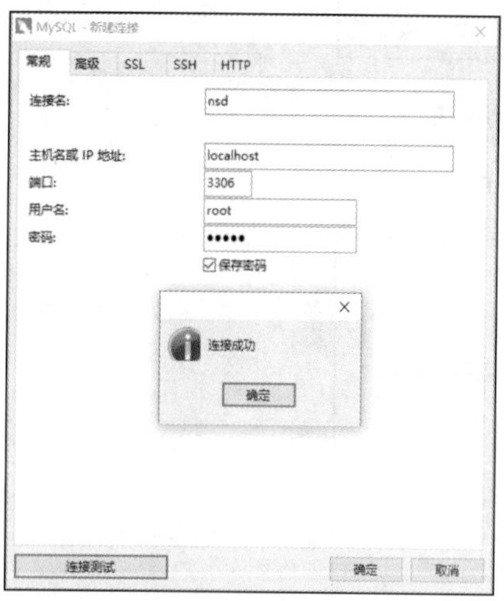

图 2-42　登录界面

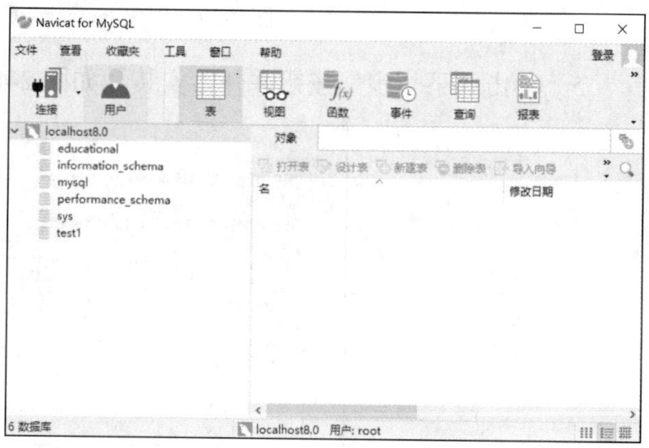

图 2-43　操作界面

2.3 创建与维护 MySQL 数据库

2.3.1 认识 SQL

SQL，其发音为字母 SQL 或 sequel，是目前广泛使用的关系数据库标准语言。该语言由 IBM 在 20 世纪 70 年代开发出来，被作为 IBM 关系数据库 System R 的原型关系语言，实现关系数据库中信息的检索。

由于 SQL 简单易学、功能丰富和使用灵活，因此受到大力追捧。经过不断地发展、完善和扩充，SQL 被美国国家标准局（American National Standards Institute，ANSI）确定为关系数据库语言的美国标准，后来又被国际标准化组织（International Organization for Standardization，ISO）采纳为关系数据库语言的国际标准。各种 SQL 标准的出台，使得所有数据库生产厂家都推出了各自支持 SQL 的数据库管理系统，MySQL 数据库也实现了对 SQL 的支持。SQL 具有数据库管理系统的所有功能，主要功能包括数据定义、数据查询、数据更新和数据控制。

SQL 具有如下优点。

- SQL 不是某个特定数据库供应商专有的语言。几乎所有重要的数据库管理系统都支持 SQL，所以只要学习了 SQL 就能与数据库进行交互。
- SQL 简单易学，该语言的语句由描述性很强的英语单词组成，而且这些单词的数目不多。
- SQL 高度非过程化，即用 SQL 进行数据库操作，只需指出“做什么”，不需要指明“怎么做”，存取路径的选择和操作的执行由数据库管理系统自动完成。

2.3.2 了解 MySQL 数据库

当连接上 MySQL 服务器后，即可操作在数据库中存储到数据库对象里的数据。数据库是存储数据库对象的容器。在 MySQL 软件中，数据库可以分为系统数据库和用户数据库两类。

1. 系统数据库

系统数据库是指安装完 MySQL 服务器后，会附带的一些数据库，如图 2-44 所示。系统数据库会记录一些必需的信息，用户不能直接修改这些系统数据库。各个系统数据库的作用如下。

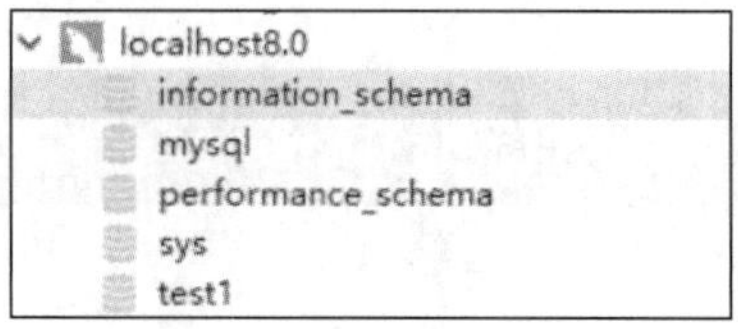

图 2-44　系统数据库

- information-schema：主要存储系统中的一些数据库对象信息、列信息、权限信息、字符集信息和分区信息等。
- mysql：主要存储系统的用户权限信息。
- performance_schema：主要存储数据库服务器性能参数。
- test1：该数据库为 MySQL 数据库管理系统自动创建的测试数据库，任何用户都可以使用。

2. 用户数据库

用户数据库是用户根据实际需求创建的数据库，如图 2-45 所示，其中 educational 数据库属于用户数据库。既然数据库是存储数据库对象的容器，那么什么是数据库对象呢？数据库可以存储哪些数据库对象呢？所谓数据库对象，是指存储、管理和使用数据的不同结构形式，主要包含表、视图、存储过程、函数、触发器和事件等。

在 Navicat 客户端软件的“对象资源管理器”窗口中，每个数据库节点下都拥有一个树形路径结构，如图 2-46 所示。其实树形路径结构中的每个具体子节点都是数据库对象。关于数据库对象，后面章节将逐步介绍。

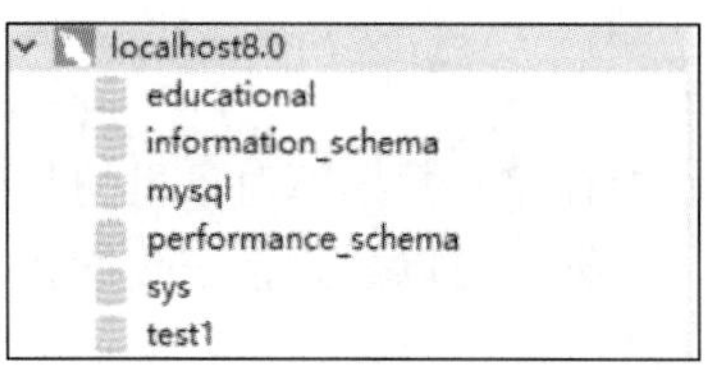

图 2-45　用户数据库

图 2-46　数据库对象

2.3.3 数据库基本操作

数据库这个概念的用法很多，但针对本书而言，数据库是一种可以通过某种方式存储数据库对象的容器。简而言之，数据库就是一个拥有特定排放顺序的文件柜，而数据库对象是存放在文件柜中的各种文件。

1. 创建数据库

数据库的操作包括创建数据库、查看数据库、选择数据库，以及删除数据库。创建数据库实际上就是在数据库服务器中划分一块空间，用来存储相应的数据库对象。

（1）使用 Navicat 工具创建信息管理数据库

通过 MySQL 服务器自带的工具 MySQL Command Line Client 创建数据库，虽然高效、灵活，但是对于初级用户比较困难，需要他们掌握 SQL 语句。在具体实践中，用户可以通过客户端软件 Navicat 创建数据库。下面通过一个具体的实例说明如何通过客户端软件 Navicat 创建数据库。

【例 2-1】 在数据库管理系统中创建名为“educational”的数据库。

首先连接数据库服务器，在“对象资源管理器”窗口中将显示 MySQL 数据库管理系统中所有的数据库，如图 2-47 所示。

右击“对象资源管理器”窗口中的空白处，在弹出的快捷菜单中选择“新建数据库”命令，如图 2-48 所示。

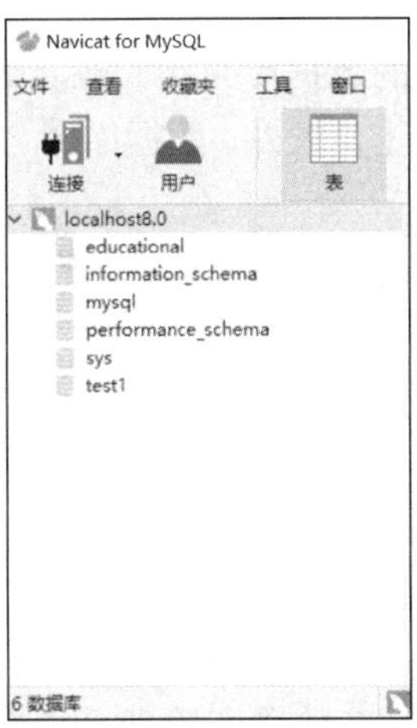

图 2-47　连接 MySQL 数据库管理系统

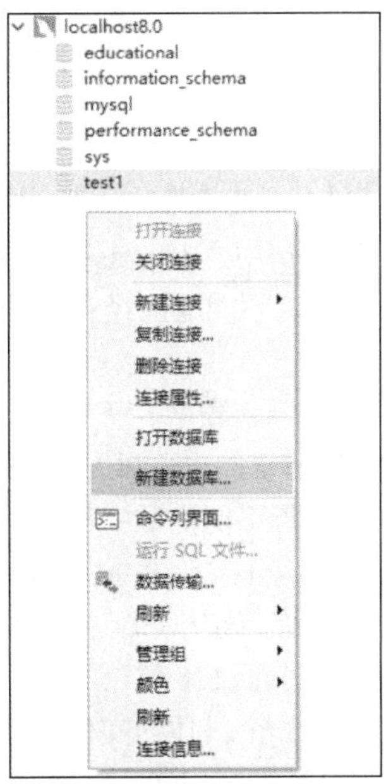

图 2-48　选择“新建数据库”命令

弹出“新建数据库”对话框，在“数据库名”文本框中输入“educational”，然后单击“确定”按钮，创建 educational 数据库，具体设置信息如图 2-49 所示。

在“新建数据库”对话框中，除了必须输入数据库的标识符，还可以设置该数据库的字符集和排序规则，关于字符集和排序规则，后面章节将逐步介绍。当 educational

数据库创建成功后，“对象资源管理器”窗口中就会显示出名为“educational”的数据库，如图 2-50 所示。

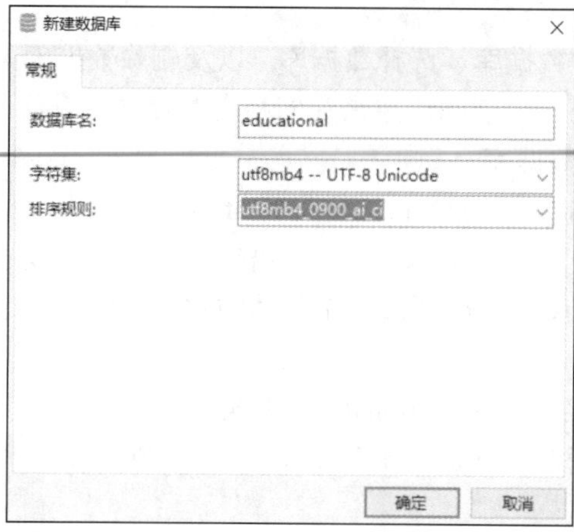

图 2-49　创建数据库

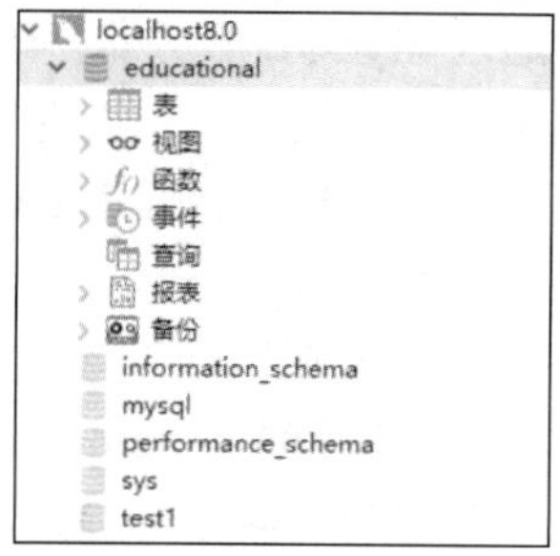

图 2-50　数据库创建成功

（2）使用 CREATE DATABASE 语句创建信息管理数据库

在 MySQL 中创建数据库可以通过 SQL 语句 CREATE DATABASE 实现，其语法形式如下。

```
CREATE DATABASE database_name;
```

在上述语句中，database_name 参数表示所要创建的数据库名字，在具体创建数据库时，数据库名不能与已经存在的数据库名相同。除上述要求外，数据库命名（标识符）规则如下。

- 由字母、数字、下画线、@、#和$符号组成，其中字母可以是英文字符 a～z 或 A～Z，也可以是其他语言的字母字符。
- 首字母不能是数字和$符号。
- 标识符不允许是 MySQL 的保留字。
- 不允许有空格和特殊字符。
- 长度小于 128 位。

下面通过一个具体的实例说明如何创建数据库。

【例 2-2】执行 SQL 语句 CREATE DATABASE，在数据库管理系统中创建名为“educational”的数据库。具体 SQL 语句如下。

```
CREATE DATABASE educational;
```

在上述 SQL 语句中，数据库名的标识符一定要有实际意义。

【运行效果】执行上面的 SQL 语句，其结果如图 2-51 所示。

```
mysql> CREATE DATABASE educational;
Query OK, 1 row affected (0.52 sec)

mysql>
```

图 2-51　执行 SQL 语句的结果

通过执行结果可以发现，执行完 SQL 语句后，下面有一行提示“Query OK, 1 row affected (0.52 sec)”，这段提示可以分为 3 部分，含义如下。

- Query OK 表示 SQL 语句执行成功。
- 1 row affected 表示操作只影响了数据库中一行的记录。
- 0.52 sec 表示操作执行的时间。

注意：查看帮助文档发现，创建数据库的 SQL 语句不属于查询操作，那么为什么显示结果却是“Query OK”呢？上述问题是 MySQL 软件的一个特点，即所有 SQL 语句中的 DDL 和 DML（不包含 SELECT）语句执行成功后都会显示“Query OK”。

2. 打开数据库

在实现查看和打开数据库操作之前，首先需要确定所操作的数据库对象已经存在。对于初级用户，当创建数据库时，经常会发生图 2-52 所示的错误。之所以不能正确创建 educational 数据库，是因为该数据库已经存在。因此在创建数据库之前，需要查看在数据库管理系统中是否已经存在相同名字的数据库。

```
mysql> CREATE DATABASE educational;
ERROR 1007 (HY000): Can't create database 'educational'; database exists
mysql>
```

图 2-52　创建数据库出错

在 MySQL 中查看已经存在的数据库通过 SQL 语句 SHOW DATABASES 来实现，其语法形式如下。

```
SHOW DATABASES;
```

上述 SQL 语句主要用来实现显示 MySQL 软件中所有的数据库。执行上面的 SQL 语句，其结果如图 2-53 所示。通过执行 SQL 语句的结果可以发现，执行完 SHOW DATABASES 语句后，会显示一个列表。在该列表中，除显示 educational 用户数据库外，还有另外 5 个系统数据库。

对于客户端软件 Navicat，如果想查看数据库管理系统中已经存在的数据库，除了可以在“查询”窗口中执行 SHOW DATABASES 语句外，还可以单击工具栏中的“刷新对象浏览器”按钮，这时就会在“对象资源管理器”窗口中显示出所有的数据库，如图 2-54 所示。

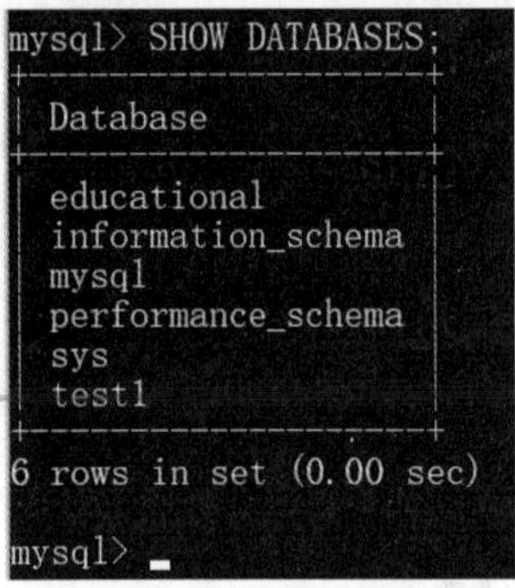

图 2-53　通过 SQL 语句显示数据库

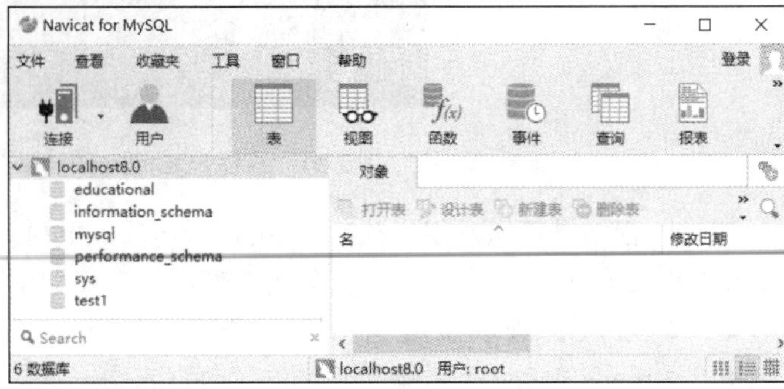

图 2-54　通过客户端软件显示数据库

既然数据库是数据库对象的容器，而在数据库管理系统中一般又会存在许多数据库，那么在操作数据库对象之前，首先需要确定是哪一个数据库，即在对数据库对象进行操作时，需要先打开一个数据库。在 MySQL 中选择数据库通过 SQL 语句 USE 来实现，其语法形式如下。

```
USE database_name;
```

在上述语句中，database_name 参数表示所要选择的数据库名字。在打开具体数据库之前，首先需要查看数据库管理系统中已经存在的数据库，然后才能从这些已经存在的数据库中进行选择；如果选择一个不存在的数据库，则会出现图 2-55 所示的错误。

图 2-55　选择不存在的数据库

【例 2-3】执行 SQL 语句 USE，选择名为“educational”的数据库。具体 SQL 语句如下。

```
SHOW DATABASES;
USE educational;
```

在上述 SQL 语句中，首先查看 MySQL 软件中所有的数据库，然后选择 educational 数据库。

【运行效果】执行上面的查询语句，其结果如图 2-56 所示。

注意：*在执行选择数据库语句时，如果出现“Database changed”提示，则表示选择数据库成功。*

对于客户端软件 Navicat，如果想选择数据库管理系统中已经存在的数据库，可以在“对象资源管理器”窗口中双击所要选的 educational 数据库，如图 2-50 所示。

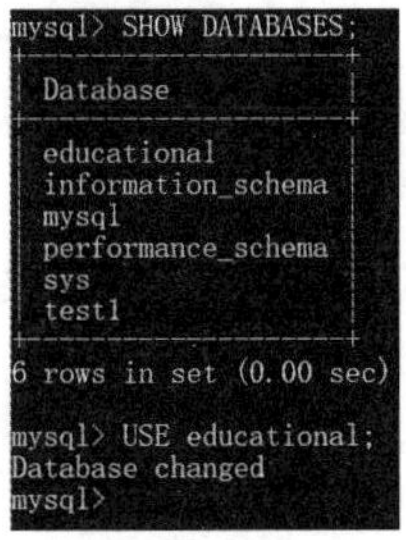

图 2-56　执行查询语句的结果

3. 删除数据库

在实现删除数据库操作之前，首先需要确定所操作的数据库对象已经存在。

（1）使用 Navicat 删除数据库

通过 MySQL 数据库服务器自带的工具 MySQL Command Line Client 删除数据库，虽然高效、灵活，但这需要掌握 SQL 语句，对初级用户来说比较困难。在具体实践中，用户可以通过客户端软件 Navicat 来删除数据库。

下面通过一个具体的实例说明如何通过客户端软件 Navicat 删除数据库。

【例 2-4】 删除数据库管理系统中名为“educational1”的数据库。

1）连接数据库服务器，在“对象资源管理器”窗口中将显示 MySQL 数据库管理系统中所有的数据库，如图 2-50 所示。

2）右击“对象资源管理器”窗口中的空白处，在弹出的快捷菜单中选择“新建数据库”命令，如图 2-57 所示。

图 2-57　选择“新建数据库”命令

3）弹出“新建数据库”对话框，在“数据库名”文本框中输入“educational1”，然后单击“确定”按钮，创建 educational1 数据库，具体设置信息如图 2-58 所示。这时会在“对象资源管理器”窗口中显示出新建的数据库，如图 2-59 所示。

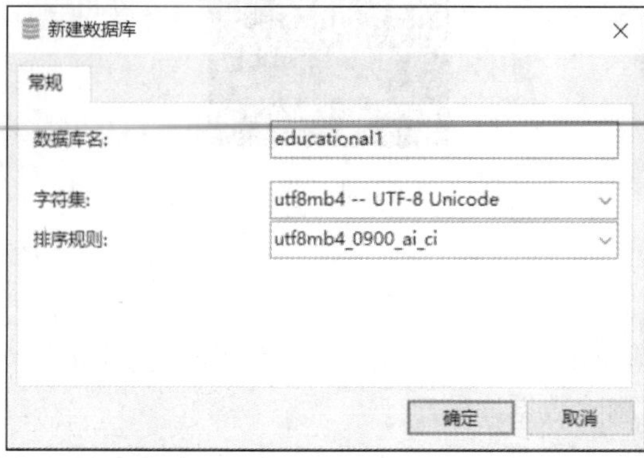

图 2-58　创建 educational1 数据库

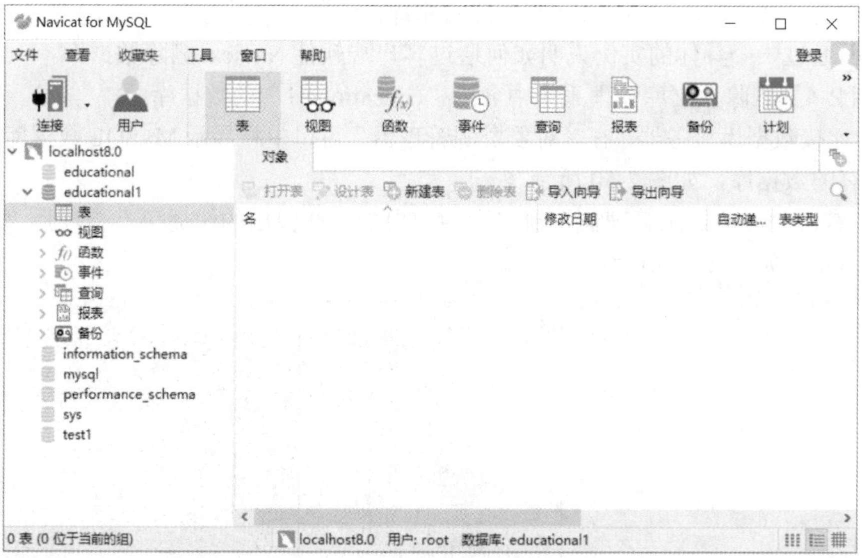

图 2-59　成功创建 educational1 数据库

4）如果要删除刚创建的 educational1 数据库，只要右击“对象资源管理器”窗口中的 educational1 数据库，然后在弹出的快捷菜单中选择“删除数据库”命令即可，如图 2-60 所示。

5）在弹出的“确认删除”警告对话框中，单击“删除”按钮，如图 2-61 所示，这时“对象资源管理器”窗口中就没有 educational1 数据库了，如图 2-62 所示。

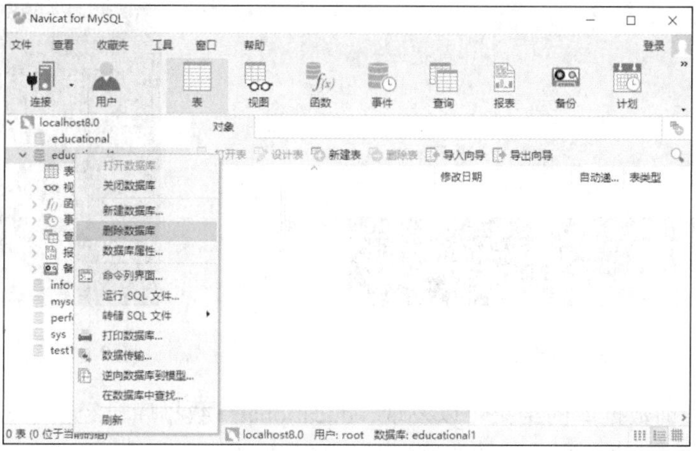

图 2-60 选择“删除数据库”命令

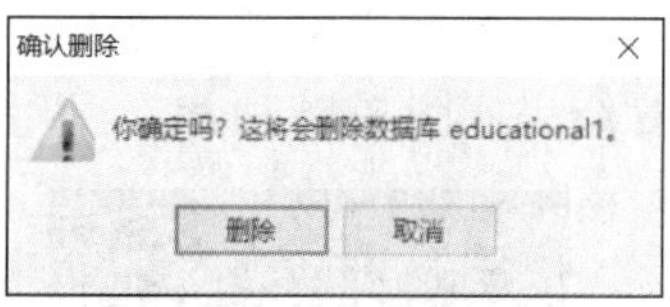

图 2-61 “确认删除”对话框

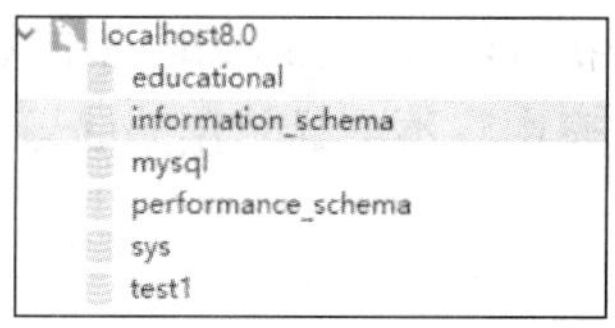

图 2-62 成功删除 educational1 数据库

（2）使用 DROP DATABASE 语句删除信息管理数据库

在 MySQL 中通过 SQL 语句 DROP DATABASE 来实现删除数据库，其语法形式如下。

```
DROP DATABASE database_name;
```

在上述语句中，database_name 参数表示所要删除的数据库名字。

【例 2-5】 首先创建一个名为“educational1”的数据库，然后执行 SQL 语句 DROP DATABASE 删除 educational1 数据库。具体步骤如下。

1）创建 educational1 数据库，语句如下。

```
CREATE DATABASE educational1;
```

【运行效果】执行上面的 SQL 语句，其结果如图 2-63 所示。

2）查看 MySQL 数据库管理系统中是否已经存在名为“educational1”的数据库，具体语句如下。

```
SHOW DATABASES;
```

【运行效果】执行上面的 SQL 语句，其结果如图 2-64 所示。

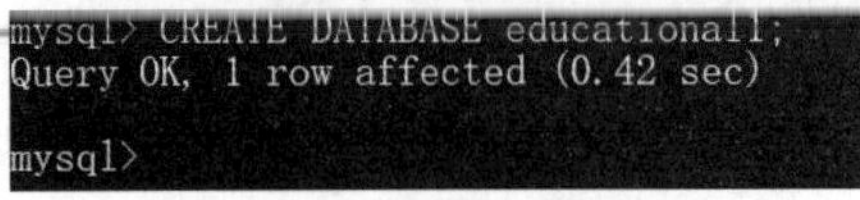

图 2-63　创建数据库

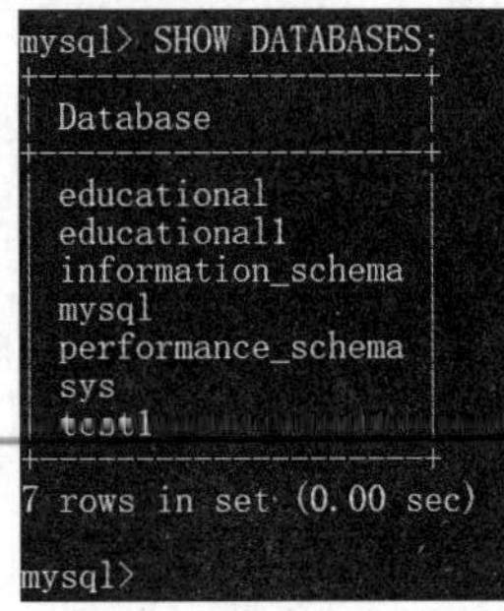

图 2-64　查看数据库

3）根据查询数据库的结果可以发现 educational1 数据库已经创建成功，接着通过 DROP DATABASE 语句删除该数据库，具体语句如下。

```
DROP DATABASE educational1;
```

【运行效果】执行上面的 SQL 语句，其结果如图 2-65 所示。

根据执行结果，educational1 数据库已经删除成功。这时如果再次查询数据库，则数据库列表中将不会显示出 educational1 数据库，执行结果如图 2-66 所示。

图 2-65　实现删除数据库（1）

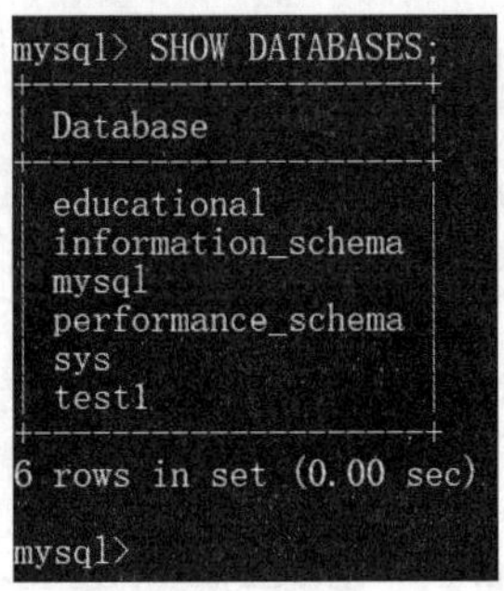

图 2-66　实现删除数据库（2）

注意：删除数据库后，该数据库容器里的数据库对象也会被全部删除，所以删除数据库之前一定要仔细、小心。

2.4　MySQL 数据库的存储引擎

与其他数据库软件不同，MySQL 数据库软件提供了一个名为存储引擎的概念。由于存储引擎是以插件的形式被 MySQL 数据库软件引入，因此可以根据实际应用、实际的领域来选择相应的存储引擎。在 MySQL 数据库软件中，虽然通过存储引擎决定数据库对象表的类型，但是如果想创建表，还需要了解数据类型，因为其决定了表中可以存储数据的类型。

2.4.1 存储引擎的特征

1. MyISAM 存储引擎

1）MyISAM 存储引擎提供了压缩功能。它使用某种压缩算法来保存连续的、相似的字符串索引值。此外，MyISAM 存储引擎还可以压缩相似的数值索引值，因为数值都是按照高位字节优先的办法来保存的（低位字节的索引值的检索速度非常快，所以高位字节很容易压缩）。如果要激活数值压缩功能，在创建 MyISAM 数据表时应使用 PACK_KEYS=1 选项。

2）MyISAM 存储引擎是 MySQL 默认使用的存储引擎，与其他存储引擎相比，MyISAM 存储引擎为 AUTO_INCREATMENT 数据列提供了更多的功能。

3）每张 MyISAM 数据表都有一个标志，服务器或 myisamchk 程序在检查 MyISAM 数据表时会对这个标志进行设置。MyISAM 数据表还有一个标志用来表明该数据表在上次使用后是不是被正常地关闭了。如果服务器意外死机或机器崩溃，这个标志可以用来判断数据表是否需要检查和修复。如果想让这种检查自动进行，则需要在启动服务器时使用 myisam-recover 选项。这会让服务器在每次打开一张 MyISAM 数据表时自动检查该数据表的标志并进行必要的数据表修复处理。

4）MyISAM 存储引擎支持全文检索，但这需要通过 FULLTEXT 索引来实现。

5）MyISAM 支持空间数据类型和 SPATIAL 索引。

2. MERGE 存储引擎

MERGE 数据表提供了一种把多张 MyISAM 数据表合并为一个逻辑单元的手段。查询一张 MERGE 数据表相当于查询其所有的成员数据表。这种安排的好处之一是可以绕开文件系统对各张 MyISAM 数据表的最大长度的限制。

用来构成 MERGE 数据表的所有数据表必须有同样的结构。这意味着必须为各成员数据表里的数据列定义同样的名字、同样的类型和同样的顺序，索引也必须以同样的办法按同样的顺序定义。可以把经过压缩和未经过压缩的数据表混杂在一起而构成一张 MERGE 数据表（myisamchk 程序可以用来创建压缩数据表）。

另外，分区数据表（partitioned table）可以作为除 MERGE 数据表外的另一种选择，而且其成员不限于 MyISAM 数据表。

3. MEMORY 存储引擎

MEMORY 存储引擎把数据表保存在内存里，这些数据表有着长度固定不变的数据行，这两个特点使数据表的检索速度非常快。从某种意义上讲，MEMORY 数据表是临时性的，当服务器断电时，表中的内容将会消失——MEMORY 数据表在服务器重启之后仍会存在，只是内容是一片空白。MEMORY 数据表的另一个特点是其内容对其他用户来说是可见的，这与用 CREATE TEMPORARY TABLE 语句创建出来的临时数据表形成了对照。

MEMORY 数据表的如下特点使其比其他类型的数据表更容易处理，所以检索速度非常快。

1）在默认的情况下，MEMORY 数据表使用 HASH 索引，利用这种索引进行“相等比较”的速度非常快，但进行“范围比较”的速度就慢多了。因此，HASH 索引只适合用在使用“=”和“<=>”操作符进行的比较操作里，不适合用在使用“<”或“>”操作符进行的比较操作里。出于同样的考虑，HASH 索引也不适合用在 ORDER BY 子句里。

2）存储在 MEMORY 数据表里的数据行使用的是长度固定不变的格式，以此加快处理速度，这意味着不能使用 BLOB 和 TEXT 这样的长度可变的数据类型。VARCHAR 是一种长度可变的类型，但因为其在 MySQL 内部被当作一种长度固定不变的 CHAR 类型，所以可以在 MEMORY 数据表里使用 VARCHAR 类型。

如果确实需要使用 MEMORY 数据表和“>”或 BETWEEN 操作符进行某种比较以判断某个值是否落在某个范围内，可以使用 BTREE 索引来加快速度。

4. InnoDB 存储引擎

InnoDB 存储引擎最早是由 Innobase OY 公司开发的，该公司后来被 Oracle 公司收购。InnoDB 存储引擎有以下几种功能。

1）支持提交和回滚操作，确保数据在事务处理过程中万无一失。还可以通过创建保存点（savepoint）的办法来实现部分回滚（partial rollback）。

2）在系统崩溃后可以自动恢复。

3）外码和引用完整性支持，包括递归式删除和更新。

4）数据行级别的锁定和多版本共存，这使 InnoDB 数据表在需要同时进行检索和更新操作的复杂查询里表现出非常好的并发性能。

5）在默认的情况下，InnoDB 存储引擎会把数据表集中存储在一个共享的表空间里，而不是像大多数其他存储引擎那样为不同的数据表创建不同的文件。InnoDB 表空间可以由多个文件构成，还可以包括多个原始分区。实际上，InnoDB 表空间就像是一个虚拟的文件系统，它存储和管理所有 InnoDB 数据表的内容。这样一来，数据表的长度就可以超过文件系统对各个文件的最大长度的限制。也可以把 InnoDB 存储引擎配置成会为每张数据表分别创建一个表空间的样子，此时，每张数据表在它的数据库子目录里都有一个对应的 IBD 文件。

5. Falcon 存储引擎

MySQL 从 MySQL 6.0 版本开始具备 Falcon 存储引擎，它具有以下功能。

1）支持提交和回滚操作，确保数据在事务处理过程中万无一失，还可以通过创建保存点来实现部分回滚。

2）在系统崩溃后可以自动恢复。

3）灵活的锁定级别和多版本共存，这使得 Falcon 数据表在需要同时进行检索和更新操作的复杂查询里表现出非常好的并发性能。

4）在存储时对数据行进行压缩，在检索时对数据行进行解压缩以节省空间。

5）日常管理和维护方面的开销低。

6. FEDREATED 存储引擎

FEDREATED 存储引擎的用途是访问其他 MySQL 服务器管理下的数据表，换句话说，FEDREATED 数据表的内容不是存放在本地主机里的。当创建一张 FEDREATED 数据表时，需要指定一台运行着其他服务器程序的主机，并提供那个服务器的合法账户的用户名和口令。当访问 FEDREATED 数据表时，本地服务器将使用这个账户连接该远程服务器。

7. NDB 存储引擎

NDB 是 MySQL 的集群存储引擎。在这个存储引擎工作时，MySQL 服务器的作用是帮助其他进程访问 NDB 数据表，从整个集群的高度看，其行为像是一个用户。各集群节点上的进程通过彼此通信来管理内存中的数据表。为了减少冗余，数据表在集群进程中被复制。内存存储提供了高性能，集群机制提供了高度可用性，即使个别节点发生故障，系统也不会崩溃。

8. 其他存储引擎

1）ARCHIVE 存储引擎对数据进行归档，适合用来大批量地保存那些“写了就不改”的数据行。因此，ARCHIVE 存储引擎只支持有限的几条 SQL 语句。INSERT 和 SELECT 语句没问题，但 REPLACE 语句的行为却只像 INSERT 语句，而 DELETE 或 UPDATE 语句无法使用。为了节省空间，在存储时会对数据行进行压缩，在检索时再对其进行解压缩。在 MySQL 5.1.6 之前的版本里，ARCHIVE 存储引擎不支持索引，即使是在 MySQL 5.1.6 版本里，每张 ARCHIVE 数据表最多也只能有 1 个带索引的 AUTO_INCREMENT 数据列；其他数据列不能带索引。

2）BLACKHOLE 存储引擎创建的数据表的行为特点：写操作为删除数据，而读操作是返回空白记录。

3）CSV 存储引擎在存储数据时以逗号作为数据项之间的分隔符，会在数据库子目录里为每张数据表创建一个 CSV 文件。这是一种普通文本文件，每个数据行占用 1 个文本行。CSV 存储引擎不支持索引。

4）EXAMPLE 存储引擎是用来演示如何编写存储引擎的最小化样板。它的存在价值在于让开发人员通过查看其源代码学习怎样才能正确地把存储引擎加载到服务器里。

9. 存储引擎的可移植性

从某种意义上讲，任何一个 MySQL 服务器所管理的任何数据表都可以移植到另一台服务器上去，先用 MySQLDUMP 工具将其备份，然后把备份文本文件放到另一台服务器主机上，并通过加载备份文件的办法重新创建该数据表。可移植性概念还有另一层含义，即二进制可移植性（binary portablity），指的是可以直接把代表某张数据表的硬盘文件复制到另一台机器上，并把它们安装到数据子目录下的相应地点，然后那台机器上的 MySQL 服务器就可以使用该数据表了。

数据表具备二进制可移植性的一个基本条件是源服务器和目标服务器的有关功能必须兼容，比如说，目标服务器必须支持用来管理数据表的存储引擎。如果目标服务器上没有适用的存储引擎，则它将无法访问在源服务器上使用那种存储引擎创建的数据表。有些存储引擎创建的数据表具备良好的二进制可移植性，有些存储引擎则不然。

1）在两台机器之间移植 MyISAM 和 InnoDB 数据表，在二进制可移植性方面需要满足的前提条件是：将被移植的数据表不包含任何浮点数据列，或者两台机器使用的浮点数存储格式是一样的。这里所说的“浮点数”指的是 FLOAT 和 DOUBLE 类型，不包括 DECIMAL 类型。DECIMAL 数据列里的数据值的小数点位置是固定的，这种存储格式是可移植的。一般来说，只要使用的机器不是古怪少见的品牌，这两个前提条件就不会构成真正的问题。

2）MERGE 数据表的可移植性取决于其成员 MyISAM 数据表，只要 MyISAM 数据表是可移植的，MERGE 数据表就是可移植的。

3）MEMORY 数据表不具备二进制可移植性，因为它们的内容都存储在内存里而不是硬盘上。

4）CSV 数据表是二进制可移植的，因为 CSV 文件在本质上都是普通的文本文件。

5）BLACKHOLE 数据表是二进制可移植的，因为它们根本不包含任何内容。

6）对于 FEDERATED 存储引擎，可移植性概念与之无关，因为 FEDERATED 数据表的内容都存储在另一个服务器上。

7）Falcon 日志和表空间文件的存储格式与机器有关，它们只有在两台机器的硬件特性完全相同时才具有二进制可移植性。比如，不能把一台低字节优先的机器里的 Falcon 文件移植到一台高字节优先的机器上。

8）对 hmoDB 存储引擎而言，二进制可移植性还有另外一个条件：数据库和数据表的名字应该由小写字母构成。hmoDB 存储引擎在其数据字典里把这些名字统一保存为小写字母格式，但.firn 文件名里的字母却与在 CREATE TABLE 语句里使用的大小写情况完全一样。如果创建数据库或数据表时使用的是大写字母，而现在想把它们移植到一个对文件名区分大小写的平台上去，就有可能因为字母的大小写情况不匹配而遇到问题。

9）对 InnoDB 存储引擎而言，必须把所有 InnoDB 数据表作为一个整体来评估二进制可移植性，而不是只考虑某一张或某几张特定的 InnoDB 数据表。在默认的情况下，InnoDB 存储引擎会把由它负责管理的所有数据表集中存储在一个共享的表空间里，而不是为各数据表分别创建一个文件。因此，不应该只考虑某一张或某几张 InnoDB 数据表是不是可移植的，必须考虑 InnoDB 表空间文件是不是可移植的。这意味着关于浮点数的可移植性规则必须针对所有包含浮点数的 InnoDB 数据表进行考虑。要知道，即使把 InnoDB 存储引擎配置成把每张数据表分别存储在一个表空间里的样子，它也会把其数据字典里的数据项集中保存在那个共享的表空间里。

无论存储引擎的可移植性怎样，都要注意：不要在服务器关闭之后把数据表或表空间文件复制到另一台机器上，除非能确定服务器的关机操作没有任何问题。这是因为，如果服务器意外关闭，在它关闭后得到的副本将无法确保数据的完整性不受影响。打算复制的数据表有可能需要修复，也有可能还有一些事务信息仍保存在存储引擎的日志文件里，必须等它们被提交或回滚之后才能更新数据表。在某些情况下，可以让一个运行中的服务器在复制数据表文件时不要使用有关的数据表。但一般而言，只要服务器正在运行并在刷新数据表，或者还有一些改动缓存在内存里，硬盘上的数据表内容就仍有可能发生变化，而数据表副本就有可能没有任何实用价值。

2.4.2 配置存储引擎

1. 存储引擎操作

存储引擎是 MySQL 数据库管理系统的一个重要特征，在具体开发时，为了提高 MySQL 数据库管理系统的使用效率和灵活性，可以根据实际需要来选择存储引擎。因为存储引擎指定了表的类型，即如何存储和索引数据、是否支持事务等，同时存储引擎也决定了表在计算机中的存储方式。本节将详细介绍 MySQL 8.0.20 所支持的存储引擎，以及如何选择合适的存储引擎。

用户在选择存储引擎之前，首先需要确定数据库管理系统支持哪些存储引擎。查看帮助文档发现，在 MySQL 数据库管理系统中查看支持的存储引擎通过 SQL 语句 SHOW ENGINES 来实现，其语法形式如下。

```
SHOW ENGINES
```

上述语句可以实现查看当前 MySQL 数据库管理系统所支持的存储引擎。

【例 2-6】执行 SQL 语句 SHOW ENGINES，查看 MySQL8.0.20 所支持的存储引擎和默认存储引擎。具体步骤如下。

1）执行 SQL 语句 SHOW ENGINES，查看存储引擎，具体 SQL 语句如下。

```
SHOW ENGINES \G;
```

上述 SQL 语句主要用来实现显示存储引擎。

【运行效果】执行上面的 SQL 语句，其结果如图 2-67 所示。

```
mysql> show engines \G
*************************** 1. row ***************************
      Engine: MEMORY
     Support: YES
     Comment: Hash based, stored in memory, useful for temporary tables

Transactions: NO
          XA: NO
  Savepoints: NO
*************************** 2. row ***************************
      Engine: MRG_MYISAM
     Support: YES
     Comment: Collection of identical MyISAM tables
Transactions: NO
          XA: NO
  Savepoints: NO
*************************** 3. row ***************************
      Engine: CSV
     Support: YES
     Comment: CSV storage engine
Transactions: NO
          XA: NO
  Savepoints: NO
*************************** 4. row ***************************
      Engine: FEDERATED
     Support: NO
     Comment: Federated MySQL storage engine
Transactions: NULL
          XA: NULL
  Savepoints: NULL
*************************** 5. row ***************************
      Engine: PERFORMANCE_SCHEMA
     Support: YES
     Comment: Performance Schema
Transactions: NO
          XA: NO
  Savepoints: NO
*************************** 6. row ***************************
      Engine: MyISAM
     Support: YES
     Comment: MyISAM storage engine
Transactions: NO
          XA: NO
  Savepoints: NO
*************************** 7. row ***************************
      Engine: InnoDB
     Support: DEFAULT
     Comment: Supports transactions, row-level locking, and foreign key
s
Transactions: YES
          XA: YES
  Savepoints: YES
*************************** 8. row ***************************
      Engine: BLACKHOLE
     Support: YES
     Comment: /dev/null storage engine (anything you write to it disapp
ears)
Transactions: NO
          XA: NO
  Savepoints: NO
*************************** 9. row ***************************
      Engine: ARCHIVE
     Support: YES
     Comment: Archive storage engine
Transactions: NO
          XA: NO
  Savepoints: NO
9 rows in set (0.00 sec)
```

图 2-67　显示存储引擎

执行结果显示，MySQL8.0.20 支持 9 种存储引擎，分别为 MEMORY、MRG_MYISAM、CSV、FEDERATED、PERFORMANCE_SCHEMA、MyISAM、InnoDB、BLACKHOLE 和 ARCHIVE。其中 Engine 参数表示存储引擎名称；Support 参数表示 MySQL 数据库管理系统是否支持该存储引擎，YES 表示支持，NO 表示不支持，值 DEFAULT 表示该存储引擎是数据库管理系统默认支持的存储引擎；Comment 参数表示关于存储引擎的评论；Transactions 参数表示存储引擎是否支持事务，YES 表示支持，NO 表示不支持；XA 参数表示存储引擎所支持的分布式是否符合 XA 规范，YES 表示符合，NO 表示不符合；Savepoints 参数表示存储引擎是否支持事务处理中的保存点，YES 表示支持，NO 表示不支持。

注意： 通过执行结果可以发现，MySQL8.0.20 数据库管理系统默认的存储引擎为 InnoDB 存储引擎。

2）在具体执行 SQL 语句中，可以用“;”“\g”“\G”符号表示语句结束。其中前两个符号的作用一样，而最后一个符号除表示语句结束外，还可以使结果显示得更加美观。执行 SQL 语句 SHOW ENGINES，以“;”或“\g”作为结束符号查看存储引擎，具体 SQL 语句如下。

```
SHOW ENGINES;
```

或者

```
SHOW ENGINES\g
```

【运行结果】在上述命令中，虽然语句内容一致，但是前者以“;”符号结束，而后者以“\g”符号结束。执行上面的 SQL 语句，其结果如图 2-68 和图 2-69 所示。

```
mysql> SHOW ENGINES;
+--------------------+---------+----------------------------------------------------------------+--------------+------+------------+
| Engine             | Support | Comment                                                        | Transactions | XA   | Savepoints |
+--------------------+---------+----------------------------------------------------------------+--------------+------+------------+
| MEMORY             | YES     | Hash based, stored in memory, useful for temporary tables      | NO           | NO   | NO         |
| MRG_MYISAM         | YES     | Collection of identical MyISAM tables                          | NO           | NO   | NO         |
| CSV                | YES     | CSV storage engine                                             | NO           | NO   | NO         |
| FEDERATED          | NO      | Federated MySQL storage engine                                 | NULL         | NULL | NULL       |
| PERFORMANCE_SCHEMA | YES     | Performance Schema                                             | NO           | NO   | NO         |
| MyISAM             | YES     | MyISAM storage engine                                          | NO           | NO   | NO         |
| InnoDB             | DEFAULT | Supports transactions, row-level locking, and foreign keys     | YES          | YES  | YES        |
| BLACKHOLE          | YES     | /dev/null storage engine (anything you write to it disappears) | NO           | NO   | NO         |
| ARCHIVE            | YES     | Archive storage engine                                         | NO           | NO   | NO         |
+--------------------+---------+----------------------------------------------------------------+--------------+------+------------+
9 rows in set (0.00 sec)
```

图 2-68 “SHOW ENGINES;”显示效果

```
mysql> SHOW ENGINES\g
+--------------------+---------+----------------------------------------------------------------
+--------------+------+------------+
| Engine             | Support | Comment
       | Transactions | XA   | Savepoints |
+--------------------+---------+----------------------------------------------------------------
+--------------+------+------------+
| MEMORY             | YES     | Hash based, stored in memory, useful f
or temporary tables       | NO           | NO   | NO         |
| MRG_MYISAM         | YES     | Collection of identical MyISAM tables
       | NO           | NO   | NO         |
| CSV                | YES     | CSV storage engine
       | NO           | NO   | NO         |
| FEDERATED          | NO      | Federated MySQL storage engine
       | NULL         | NULL | NULL       |
| PERFORMANCE_SCHEMA | YES     | Performance Schema
       | NO           | NO   | NO         |
| MyISAM             | YES     | MyISAM storage engine
       | NO           | NO   | NO         |
| InnoDB             | DEFAULT | Supports transactions, row-level locki
ng, and foreign keys      | YES          | YES  | YES        |
| BLACKHOLE          | YES     | /dev/null storage engine (anything you
 write to it disappears)  | NO           | NO   | NO         |
| ARCHIVE            | YES     | Archive storage engine
       | NO           | NO   | NO         |
+--------------------+---------+----------------------------------------------------------------
+--------------+------+------------+
9 rows in set (0.00 sec)
```

图 2-69 “SHOW ENGINES\g”显示效果

执行结果显示，MySQL8.0.20 支持 9 种存储引擎，但是显示效果不便于用户查看，所以以“;”和“\g”符号结束方式不常用。

3）在 MySQL 数据库管理系统中，除了可以通过 SQL 语句 SHOW ENGINES 查看所支持的存储引擎，还可以通过 SQL 语句 SHOW VARIABLES 来查看所支持的存储引擎，具体 SQL 语句如下。

```
SHOW VARIABLES LIKE 'have%';
```

【运行效果】执行上面的 SQL 语句，其结果如图 2-70 所示。

```
mysql> SHOW VARIABLES LIKE 'have%';
+------------------------+----------+
| Variable_name          | Value    |
+------------------------+----------+
| have_compress          | YES      |
| have_dynamic_loading   | YES      |
| have_geometry          | YES      |
| have_openssl           | YES      |
| have_profiling         | YES      |
| have_query_cache       | NO       |
| have_rtree_keys        | YES      |
| have_ssl               | YES      |
| have_statement_timeout | YES      |
| have_symlink           | DISABLED |
+------------------------+----------+
10 rows in set, 1 warning (0.00 sec)
```

图 2-70 查看存储引擎

在显示结果中，Variable_name 参数表示存储引擎的名字；Value 参数表示 MySQL 数据库管理系统是否支持存储引擎，YES 表示支持，NO 表示不支持，值 DISABLED 表示支持但是还没开启。

2. 操作默认存储引擎

安装版 MySQL8.0.20 数据库管理系统的默认存储引擎为 InnoDB，免安装版 MySQL8.0.20 数据库管理系统的默认存储引擎为 MyISAM。

（1）查询默认存储引擎

如果需要操作默认存储引擎，首先需要查看默认存储引擎。那么如何查看默认存储引擎呢？查看帮助文档发现，可以通过执行 SQL 语句 SHOW VARIABLES 来查看默认的存储引擎，具体 SQL 语句如下。

```
SHOW VARIABLES LIKE '%storage_engine%';
```

在上述命令中，设置 LIKE 的关键字为“%storage_engine%”，表示查询默认存储引擎。执行上面的 SQL 语句，其结果如图 2-71 所示。

```
mysql> SHOW VARIABLES LIKE '%storage_engine%';
+----------------------------------+-----------+
| Variable_name                    | Value     |
+----------------------------------+-----------+
| default_storage_engine           | InnoDB    |
| default_tmp_storage_engine       | InnoDB    |
| disabled_storage_engines         |           |
| internal_tmp_mem_storage_engine  | TempTable |
+----------------------------------+-----------+
4 rows in set, 1 warning (0.00 sec)
```

图 2-71　查看默认存储引擎

执行结果显示，InnoDB 存储引擎为默认存储引擎。

（2）修改默认存储引擎

在 MySQL 数据库管理系统中，如果需要修改默认存储引擎，可以通过两种方式来实现：一种方式为向导方式，另一种方式为手动修改配置文件方式。

通过手动方式修改默认存储引擎时，需要修改 MySQL 数据库管理系统的配置文件 my.ini，具体步骤如下。

1）首先打开 my.ini 配置文件，关于“[mysqld]”组的内容如下。

```
#服务器端参数配置
# SERVER SECTION
……
[mysqld]
#服务器端的端口号
port=3306
#MySQL 数据库服务器的安装目录
basedir="C:/Program Files/MySQL/MySQL Server 8.0.19/"
#MySQL 数据库数据文件的目录
datadir="C:/Documents and Settings/All Users/Application Data/MySQL/
```

```
MySQL Server 5.8/Data/"
        #MySQL 服务器端的字符集
        character-set-server=gbk
        #MySQL 服务器的存储引擎
        default-storage-engine=INNODB
        ......
```

如果想修改默认存储引擎，只需修改[mysqld]组中的 default-storage-engine 参数，即如果想设置默认存储引擎为 MyISAM，只需修改成“default-storage-engine=MyISAM”即可实现。

注意： 如果想使修改后的参数生效，则须重新启动 MySQL 服务。

2）重启 MySQL 服务后，这时再次执行 SQL 语句 SHOW VARIABLES 来查看默认的存储引擎，具体 SQL 语句如下。

```
SHOW VARIABLES LIKE'%storage_engine%';
```

【运行效果】执行上面的 SQL 语句，其结果如图 2-72 所示。

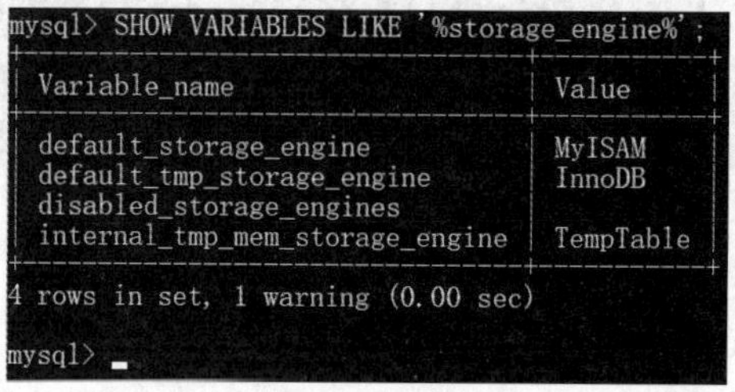

```
mysql> SHOW VARIABLES LIKE '%storage_engine%';
+----------------------------------+-----------+
| Variable_name                    | Value     |
+----------------------------------+-----------+
| default_storage_engine           | MyISAM    |
| default_tmp_storage_engine       | InnoDB    |
| disabled_storage_engines         |           |
| internal_tmp_mem_storage_engine  | TempTable |
+----------------------------------+-----------+
4 rows in set, 1 warning (0.00 sec)

mysql> _
```

图 2-72　默认存储引擎为 MyISAM

执行结果显示，默认存储引擎已经修改为 MyISAM。

3. 选择存储引擎

在具体使用 MySQL 数据库管理系统时，选择一个合适的存储引擎是一个非常复杂的过程。因为每种存储引擎都有自己的特性、优势和应用场合，所以不能随便选择存储引擎。为了能够正确地选择存储引擎，必须掌握各种存储引擎的特性。常用存储引擎对各种特性的支持如表 2-1 所示。

表 2-1　常用存储引擎对各种特性的支持

特性	MyISAM	InnoDB	MEMORY
存储限制	有	64TB	有
事务安全	不支持	支持	不支持
锁机制	表锁	行锁	表锁
BTREE 索引	支持	支持	支持

续表

特性	MyISAM	InnoDB	MEMORY
HASH 索引	不支持	不支持	支持
全文索引	支持	不支持	不支持
集群索引	不支持	支持	不支持
数据缓存	不支持	支持	支持
索引缓存	支持	支持	支持
数据可压缩	支持	不支持	不支持
空间使用	低	高	N/A
内存使用	低	高	中等
批量插入的速度	高	低	高
支持外码	不支持	支持	不支持

- MyISAM 存储引擎：由于该存储引擎不支持事务、也不支持外码，访问速度比较快，因此对事务完整性没有要求并以访问为主的应用适合使用该存储引擎。
- InnoDB 存储引擎：由于该存储引擎在事务上具有优势，即支持具有提交、回滚和崩溃恢复能力的事务安装，比 MyISAM 存储引擎占用更多的磁盘空间，因此需要进行频繁的更新、删除操作，同时对事务的完整性要求比较高，需要实现并发控制，此时适合使用该存储引擎。
- MEMORY 存储引擎：该存储引擎使用内存来存储数据，因此该存储引擎的数据访问速度快，但是安全上没有保障。如果应用中涉及数据比较小，需要进行快速访问，则适合使用该存储引擎。

本 章 小 结

本章着重介绍了 MySQL 数据库的下载、安装及配置方式等，图文并茂地展示了如何配置使用 MySQL 数据库，由浅入深、简明扼要地阐述了操作过程及实现机理；还介绍了 MySQL 数据库软件中存储引擎的概念。存储引擎以插件的形式被 MySQL 数据库软件引入，可以根据实际应用、实际领域来选择相应的存储引擎。

习　题

操作题

1．下载并安装 MySQL 软件。

2．使用配置向导配置 MySQL 为系统服务，在系统服务对话框中，手动启动或关闭 MySQL 服务。

3．使用 net 命令启动或关闭 MySQL 服务。

4．使用免安装软件包安装 MySQL。

5．查看当前系统中的数据库。

6．创建 educational 数据库，使用 SHOW CREATE DATABASE 语句查看数据库定义信息。

7．删除 educational 数据库。

第3章

数据库设计

在对计算机软件进行设计时，数据库设计是核心部分，其设计质量对软件运行具有十分重要的影响。高质量的数据库设计会提高计算机软件的相关性能，使系统在提出操作指令后能够迅速地提供相关信息，加快计算机软件的运行速度。数据库设计时要充分考虑软件的业务需求，明确具体的功能用途，要具有长远意识，为功能的扩展提供可能，为后期的维护提供便利，发挥软件的最优性能，使其安全稳定。本章详细介绍了数据库设计各个阶段的目标、方法及应注意的事项，其中重点是概念结构的设计和逻辑结构的设计，这也是数据库设计过程中最重要的两个环节，概念结构的设计着重介绍了E-R模型的基本概念和图示方法，应重点掌握实体型、属性和联系的概念，理解实体型之间的一对一、一对多和多对多联系、掌握E-R模型的设计，以及把E-R模型转换为关系模型的方法。

学习目标

- 掌握数据库设计的含义、步骤。
- 掌握数据库需求分析的任务及目标、方法。
- 掌握数据库概念设计的方法和步骤。
- 掌握数据库逻辑设计过程、关系模式的规范化。
- 掌握数据库的物理设计中的存储结构和存取方法及评价。
- 了解数据载入过程、应用程序的编码和调试过程。
- 了解数据库的转储和恢复、重组织和重构建的作用。

3.1 数据库设计概述

良好的数据库既能节省存储空间，又能保证数据的完整性；而糟糕的数据库既产生数据冗余、浪费存储空间，又会造成数据的不完整性。数据库设计就是要针对现实问题，提供一个较优的数据模型与处理模式的逻辑设计，以及一个确定数据库存储结构与存取方法的物理设计，建立一个既能反映现实世界信息、满足用户数据要求和加工处理要求，又能被某个数据库管理系统接受并有效存取数据的数据库。

3.1.1 数据库设计的含义

数据库设计是指对于一个给定的应用环境，构造最优的数据库模式和物理结构，建立数据库及其应用系统，使之能够有效地存储数据，满足各种用户的应用需求（信息要求和处理要求）。数据库设计的基本任务是：根据一个用户组织的信息需求、处理需求和数据库支撑环境，设计出数据库模式，包括概念模式、逻辑模式和物理模式。对于数据库设计人员来说，数据库设计具体的任务就是将用户的要求转化成有效的数据结构，并使数据结构易于适应用户新的要求。数据库设计的结构不是唯一的，针对同一应用环境，不同的设计人员可能得出不同的数据库模式。

早期数据库设计主要采用手工试凑法，这种方法与设计人员的经验和水平有直接关系，因为缺乏科学理论和工程方法的支持，设计质量难以保证，常常是数据库投入使用后设计人员才发现问题，不得不进行修改甚至重新设计，加大了系统的维护成本。通过不断地探索和实践，人们提出了各种数据库设计方法，包括直观设计法、计算机辅助设计法、自动化设计法和规范设计法。这些方法运用软件工程的思想和方法，并提出各种设计准则和规程，其中使用较多的方法是规范化设计方法，具体方法包括如下。

1）新奥尔良方法。该方法把数据库设计分为 4 个阶段：需求分析、概念设计、逻辑设计和物理设计。其后，S.B.Yao 等又将数据库设计分为 5 个步骤，I.R.Painler 等把数据库设计看成一步接一步的过程，并采用一些辅助手段实现每一个过程。

2）基于 E-R 模型的数据库设计方法。该方法用 E-R 模型设计数据库的概念模型，是数据库概念设计阶段所采用的常用方法。

3）基于第三范式（3NF）的设计方法。该方法用关系理论指导数据库逻辑模型的设计，是数据库逻辑设计阶段所采用的方法。

4）对象定义语言（object definition language，ODL）方法。这是面向对象的数据库设计方法，该方法用面向对象的概念和术语来说明数据库结构。用 ODL 描述面向对象数据库结构设计，可以将其直接转换为面向对象的数据库。

3.1.2 数据库设计过程

数据库设计过程可以使用软件工程中的生存周期的概念来说明，称为“数据库设计的生存期”，它是指从数据库开始研制到不再使用它的整个时期。按照规范设计法可将数据库设计分为 6 个阶段：需求分析阶段、概念设计阶段、逻辑设计阶段、物理设计阶段、数据库实施阶段和数据库运行与维护阶段，如图 3-1 所示。

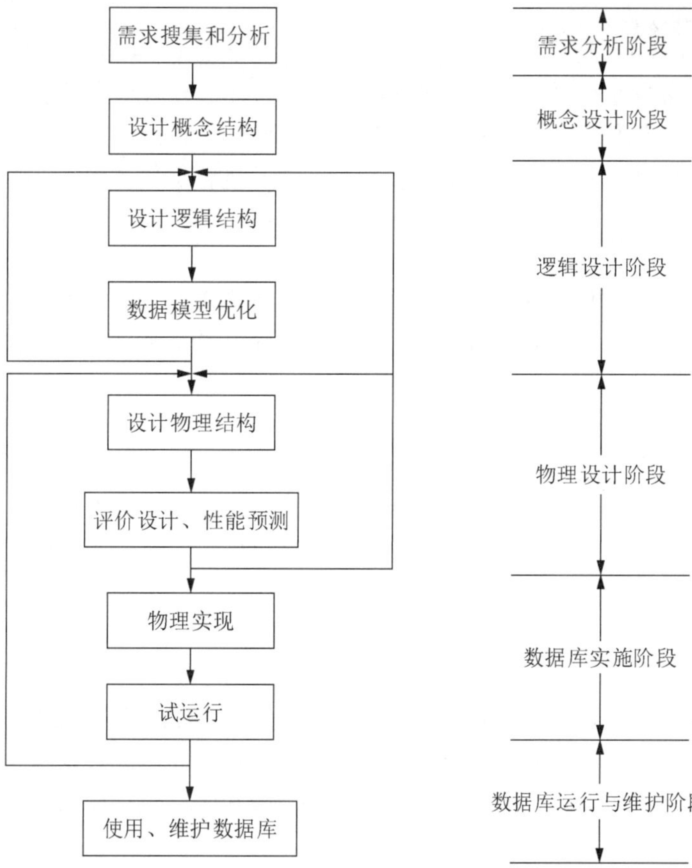

图 3-1 数据库设计过程

1. 需求分析阶段

需求分析是整个数据库设计过程的基础，需要收集数据库所有用户的信息内容和处理要求，并加以规格化和分析。这是最费时、最复杂的一个阶段，但也是最重要的一个阶段，相当于构建的数据库大厦的地基，它决定了以后各个设计阶段的速度与质量。需求分析做得不好，可能导致整个数据库设计返工重做。同时，在分析用户需求时，还要确保用户目标的一致性。

2. 概念设计阶段

概念设计是在需求分析的基础上，通过对用户需求进行综合、归纳与抽象，形成一个独立于具体数据库管理系统的概念模型。概念设计是把用户的信息要求统一到一个整体逻辑结构中，此结构能够表达用户的要求，是一个独立于任何数据库管理系统软件和硬件的概念模型。

3. 逻辑设计阶段

逻辑设计将独立于软件、硬件的概念结构转换为某个数据库管理系统所支持的数据模型（逻辑数据库结构），并对其进行优化。逻辑设计将上一阶段所得到的概念模型转换为某个数据库管理系统所支持的数据模型，并对其进行优化。

4. 物理设计阶段

物理设计为逻辑数据库结构选取一个最适合应用环境的物理数据库结构。物理设计为逻辑数据模型（logical data model）建立一个完整的能实现的数据库结构，包括存储结构和存取方法。

5. 数据库实施阶段

根据物理设计的结果把原始数据装入数据库，建立一个具体的数据库并编写和调试相应的应用程序。应用程序的开发目标是开发一个可依赖的有效的数据库存取程序，来满足用户的处理要求。

6. 数据库运行与维护阶段

这一阶段主要收集和记录实际系统运行的数据，数据库运行的记录用来提高用户要求的有效信息，用来评价数据库系统的性能，进一步调整和修改数据库。在运行中，必须保持数据库的完整性，并能有效地处理数据库故障和进行数据库恢复。在运行与维护阶段，可能要对数据库结构进行修改或扩充。

3.2 数据库的需求分析

3.2.1 需求分析的主要任务及目标

需求分析是数据库设计的基础，它通过调查和分析，了解用户的信息需求和处理需求，以数据流图、数据字典等形式加以描述，并给出应用领域中数据项、数据项之间的关系和数据操作任务的详细定义，为数据库的概念设计、逻辑设计和物理设计奠定基础，为优化数据库的逻辑结构和物理结构提供可靠依据。

1. 需求分析的主要任务

需求分析的主要任务，是通过详细调查现实世界要处理的对象（组织、部门、企业等），充分了解用户的组织机构、应用环境、业务规则及源系统（手工系统或计算机系统）的工作概况和发展前景，明确用户的各种需求，收集支持系统目标的基础数据及其处理方法，在此基础上确定新系统的功能和边界，新系统还得充分考虑今后可能的扩充与改变，并把这些要求写成用户和数据库设计人员都能够接受的文档。

需求分析的重点是调查、收集与分析用户在数据管理中的信息要求、处理要求、安全性与完整性要求。难点是用户缺少计算机知识，在开始时无法确定计算机究竟能为自己做什么、不能做什么，因此无法准确地表达自己的需求，他们所提出的需求往往不断变化，设计人员缺少用户的专业知识，不易理解用户的真正需求，甚至误解用户的需求，同样新的硬件、软件技术的出现也会使用户需求发生变化。

2. 需求分析的目标

需求分析的目标是把用户对开发系统提出的“要求”或“需要”进行分析与整理，确认后形成描述完整、清晰与规范的文档，确定系统需要实现哪些功能，还需要确定一些非功能性需求（如软件性能、可靠性、响应时间、可扩展性等）和系统设计的约束条件，以及运行时与其他系统的关系等。

3.2.2 需求分析的方法

需求分析的方法主要包括需求获取的方法、系统需求分析方法。

1. 需求获取的方法

需求获取的方法是一项烦琐而艰巨的工作，要求在最短的时间、用最少的返工获得全面、准确的资料。在一般情况下，在需求分析开始阶段，需求分析员处于不利地位，虽然熟悉信息技术，有丰富的系统开发经验，但是不熟悉企业的具体业务。企业的管理人员熟悉企业的业务，但不十分了解信息系统的工作原理。两者结合，取长补短，能加快调查进程。需求获取的方法主要有以下几种。

1）会议或访谈。会议或访谈是指需求分析员通过口头提问的方式收集信息，面谈的对象是系统的用户，如企业领导或业务人员。为了取得较好的面谈效果，应尽量选择精通本职工作、经验丰富、善于表达的业务人员，面谈前应列出调查提纲、预约面谈时间、让面谈对象了解谈什么，以便事先做好充分准备，了解相关部门的组织机构情况和业务活动情况。

2）问卷调查。设计科学合理的问卷，了解现行系统的概况及存在的问题，包括功能、人员、管理方式、基础数据、工作效率、规章制度等的内容，各类人员对新系统持有的态度，信息系统开发所需的资源情况等内容进行调查。

3）跟班作业。亲身参加业务工作、了解业务活动的情况能比较准确地理解用户的需求，观察业务能为系统分析员提供一些用其他方法不能获取的事实，而亲自参加业务实践更能搞清自己所不熟悉的工作。例如，分析员观察柜台开票过程，了解销售员每一个动作和决策过程，便可了解到销售员是如何确定物资价格的，是如何确定销售数量的，每联发货票是怎样流转的；分析员还可以在现场查看和收集数据。跟班作业虽然是获得第一手资料的主要方法，但这种方法效率低、难度大，一般作为辅助调查的手段。

4）相关文档。查阅各种工作规程和有关资料。企业的管理工作常常以各种规章制度、流程规定、历史资料、工作标准等形式形成文件，作为企业工作的依据和准则，如公司编制的经营管理业务工作规程，统计局下达的统计员手册等。需求分析员可以在需求分析开始或进行时收集并阅读这些资料，事先了解企业活动的各种规定和需要调查的内容，但必须注意这些资料是否是最新的、与实际工作有无出入等问题。

5）快速原型法。在限定的时间内，用最经济的方法开发出一个可实际运行的系统模型，用户在运行使用整个原型的基础上，通过对其评价，提出改进意见，对原型进行修改，统一使用，评价过程反复进行，使原型逐步完善，直到完全满足用户的需求为止。

2. 系统需求分析方法

从系统分析出发，可将需求分析方法大致分为功能分解方法、结构化分析方法、信息建模法和面向对象的分析方法。

1）功能分解方法。将新系统作为多功能模块的组合；各功能可分解为若干子功能及接口，子功能再继续分解，便可得到系统的雏形，即功能分解——功能、子功能、功能接口。

2）结构化分析方法。结构化分析方法是一种从问题空间到某种表示的映射方法，是结构化方法中重要且被普遍接受的表示系统，由数据流图和数据词典构成并表示。此分析法又称为数据流法。其基本策略是跟踪数据流，即研究问题域中数据流动方式及在各个环节上所进行的处理，从而发现数据流和数据处理或加工。结构化分析可定义为数据流、数据处理或加工、数据存储、端点、处理说明和数据字典。

3）信息建模方法。它从数据角度对现实世界建立模型。大型的软件比较复杂，很难直接对其分析和设计，常常需要借助模型。模型是开发中的常用工具，系统包括数据处理、事务管理和决策支持。实质上，它也可看成由一系列有序模型构成，有序模型通常为功能模型、信息模型、数据模型、控制模型和决策模型。有序是指这些模型是分别在系统的不同开发阶段及开发层次建立的，经过改进后称为信息建模方法，后来又发展为语义数据建模方法，并引入了许多面向对象的特点。信息建模可定义为实体或对象、属性、关系、父类型/子类型和关联对象。此方法的核心概念是实体和关系，基本工具是E-R 图，其基本要素由实体、属性和联系构成。该方法的基本策略是从现实中找出实体，然后用属性进行描述。

4）面向对象的分析方法。面向对象的分析方法的关键是识别问题域内的对象，分析它们之间的关系，并建立 3 类模型，即对象模型、动态模型和功能模型。面向对象主要考虑类或对象、结构与连接、继承和封装、消息通信，只表示面向对象的分析中几项最重要特征。类的对象是对问题域中事物的完整映射，包括事物的数据特征（即属性）和行为特征（即服务）。

3.3 数据库的概念设计

3.3.1 概念模型

概念模型按不同的应用层次分为概念数据模型（conceptual data model）、逻辑数据模型、物理数据模型（physical data model）3 种类型。

1. 概念数据模型

概念数据模型简称概念模型，主要用来描述数据的概念化结构，供设计人员在数据库设计的初始阶段使用，它摆脱了计算机系统及数据库管理信息系统的具体技术问题，主要分析数据以及数据之间的联系等，与具体的数据管理系统无关。概念数据模型必须换成逻辑数据模型，才能在 DBMS 中实现。

概念数据模型是最终用户对数据存储的看法，反映了最终用户综合性的信息需求，它以数据类的方式描述企业级的数据需求，数据类代表了在业务环境中自然聚集成的几个主要类别数据。概念数据模型的内容包括重要的实体及实体之间的关系。在概念数据模型中不包括实体的属性，也不用定义实体的主码。这是概念数据模型和逻辑数据模型的主要区别。概念数据模型的目标是统一业务概念，作为业务人员和技术人员之间沟通的桥梁，确定不同实体之间的最高层次的关系。在有些数据模型的设计过程中，概念数据模型是和逻辑数据模型合在一起进行设计的。概念数据模型中最常用的是 E-R 模型、扩充的 E-R 模型、面向对象模型及谓词模型。

2. 逻辑数据模型

逻辑数据模型简称数据模型，这是用户从数据库所看到的模型，是具体的数据库管理系统所支持的数据模型，如网状模型、层次模型等。逻辑数据模型既要面向用户，又要面向系统，主要用于数据库管理系统的实现。逻辑数据模型反映的是系统分析设计人员对数据存储的观点，是对概念数据模型进一步的分解和细化。逻辑数据模型是根据业务规则确定的，如关于业务对象、业务对象的数据项及业务对象之间关系的基本蓝图。逻辑数据模型的内容包括所有的实体和关系，确定每个实体的属性，定义每个实体的主码，指定实体的外码，需要进行范式（normal formula，NF）化处理。逻辑数据模型的目标是尽可能详细地描述数据，但并不考虑数据在物理上如何实现。

逻辑数据模型不仅会影响数据库设计的方向，还会间接影响数据库的最终性能和管理。如果在实现逻辑数据模型时投入得足够多，那么在物理数据模型设计时就可以有许多可供选择的方法。在逻辑数据模型中最常用的是层次模型、网状模型、关系模型。

3. 物理数据模型

面向计算机物理表示的模型，描述了数据在存储介质上的组织结构，它不但与具体的数据库管理系统有关，还与操作系统和硬件有关。每一种逻辑数据模型在实现时都有对应的物理数据模型。为了保证数据库管理系统的独立性与可移植性，大部分物理数据模型的实现工作是系统自动完成的，而设计人员只设计索引、聚集等特殊结构。物理数据模型是在逻辑数据模型的基础上，考虑各种具体的技术实现因素，进行数据库体系结构设计，真正实现数据在数据库中的存放。物理数据模型的内容包括确定所有的表和列，定义外码用于确定表之间的关系，基于用户的需求可能进行范式化等内容。在物理实现上的考虑，可能会导致物理数据模型和逻辑数据模型有较大的不同。物理数据模型的目标是指定如何用数据库模式来实现逻辑数据模型，以及真正地保存数据。

3.3.2 概念设计的方法和步骤

在早期的数据库设计中，概念设计并不是一个独立的设计阶段。当时的设计方式是在需求分析之后就进行逻辑设计。这样概念设计人员在进行逻辑设计时，考虑的因素太多，既要考虑用户的信息，又要考虑具体数据库管理系统的限制，使设计过程复杂化，难以控制。为了改善这种状况，P.P.Chen 设计了基于 E-R 模型的数据库设计方法，即在需求分析和逻辑设计之间增加了一个概念设计阶段。在这个阶段，概念设计人员从用户角度看待数据及处理要求和约束，产生一个反映用户观点的概念模型，然后把概念模型转换成逻辑模型。设计概念模型的过程称为概念设计。概念模型作为概念设计的表达工具，为数据库提供一个说明性结构，是设计数据库逻辑结构（逻辑模型）的基础。因此，概念设计必须具备以下特点。

1）语义表达能力丰富。概念设计能够表达用户的各种需求，充分反映现实世界，包括事物和事物之间的联系、用户对数据的处理要求，它是现实世界的一个真实模型。

2）易于交流和理解。概念设计是数据库管理员、应用开发人员和用户之间的主要界面，因此，概念设计要表达自然、直观和容易理解，以便数据库管理员、应用开发人员和不熟悉计算机的用户交换意见，用户的积极参与是保证数据库设计和成功的关键。

3）易于修改和扩充。概念设计要能灵活地改变，以反映用户需求和现实环境的变化。

4）易于向各种数据模型转换。概念设计独立于特定的数据库管理系统，因而更加稳定，能方便地向关系模型、网状模型或层次模型等各种数据模型转换。

1. 概念设计的方法

概念设计的方法通常有以下4种。

1）自顶向下方法。首先定义全局概念模式的框架，然后逐步细化。在自顶向下过程中，一个复杂的问题（系统）被分解为若干个较小、较简单的问题（子系统），对子系统的功能模块和数据进行进一步分析与分解。

2）自底向上方法。首先定义各局部应用的概念模式，然后将它们集中起来，得到全局概念模式。由于在子系统的具体开发中难以全面考虑系统的总目标和总功能，因此在进行上层分析与设计时，反过来又要对下层子系统的功能和数据进行较大的调整。

3）逐步扩张方法。首先定义核心概念模式，然后向外扩充，以滚雪球的方式逐步生成其他概念模式，直到生成全局概念模式。

4）混合策略。首先用自顶向下方法设计一个全局概念模式的框架，然后在此基础上集成在自底向上方法中设计的各局部概念模式，这样，通过全面分析、协调和调整之后，能得到一个比较理想的，耗费人力、物力、时间较少的，用户满意的新系统。

2. 概念设计的步骤

概念结构的设计可分为以下3步。

1）进行数据抽象，设计局部概念模式。首先要从个别用户的需求出发，为每个用户建立一个相应的局部概念模式。在建立局部概念模式时，要对需求分析的结果进行细化、补充和修改。

2）将局部概念模式综合成全局概念模式。综合各局部概念模式就可以得到反映所有用户需求的全局概念模式。

3）评审。评审分为用户评审与数据库管理员及应用开发人员评审。用户评审的目的是确认全局概念模式是否准确完整地反映了用户的信息需求；数据库管理员及应用开发人员评审的目的是确认全局概念模式是否完整、信息是否合理、是否存在不一致性，各种文档是否齐全等。

3.3.3 E-R模型

在概念设计阶段，所用的代表工具主要是E-R图。E-R方法的基本思想是在构造一个给定的数据库管理系统所接受的数据模型之前，建立一个过渡的数据模型，即E-R模型。基于 E-R 模型的概念设计过程主要包括两个步骤，首先进行数据抽象，设计局部E-R模型；然后集成各个局部E-R模型，形成全局E-R模型，返回用户征求意见，直到满意为止。

1. 局部 E-R 模型设计

局部概念设计的任务是根据需求分析阶段产生的各个部门的相关数据，设计出各应用的局部 E-R 图。设计局部 E-R 图的步骤如下。

（1）选择局部应用

要设计各个局部 E-R 图，必须先确定局部结构的范围划分。划分的方式一般有两种：一种是依据系统的当前用户进行自然划分；另一种是按用户要求数据库提供的服务进行划分。范围划分以便更准确地模仿现实世界，减少统一系统所带来的复杂性，使每一应用访问的数据显著地不同于其他应用访问，然后为每个应用设计一个局部 E-R 图。例如，对教师教学情况数据库可以按提供的服务进行分类。

- 查询教师的基本信息，如姓名、所在系、课程等。
- 查询教师的教学内容，如教案、讲稿、实验等。
- 查询分析教师的教学效果，如学生的考试成绩、学生的动手能力、学生的比赛获奖情况等。

（2）设计局部 E-R 图

1）确定实体和属性。E-R 模型有 3 个基本元素，即实体、实体之间的联系和属性，它们分别用矩形框、菱形框和椭圆形框表示，将对应的名字填入框内进行标识，用无向边把实体与其属性连接起来，将参与联系的实体用线段连接起来，并标上联系的数量，例如，图 3-2 所示为学校和校长的 E-R 图，图 3-3 所示为学生和班级的 E-R 图，图 3-4 所示为图书和学生的 E-R 图。基本 E-R 图由一个或多个实体，以及它们之间的联系构成，是不可再细分的。

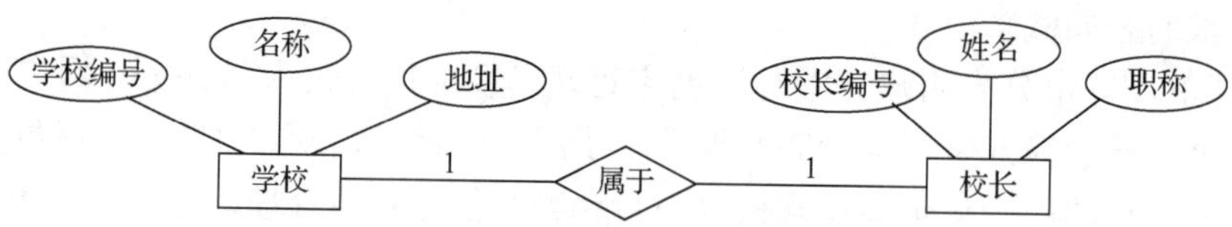

图 3-2　学校和校长的 E-R 图

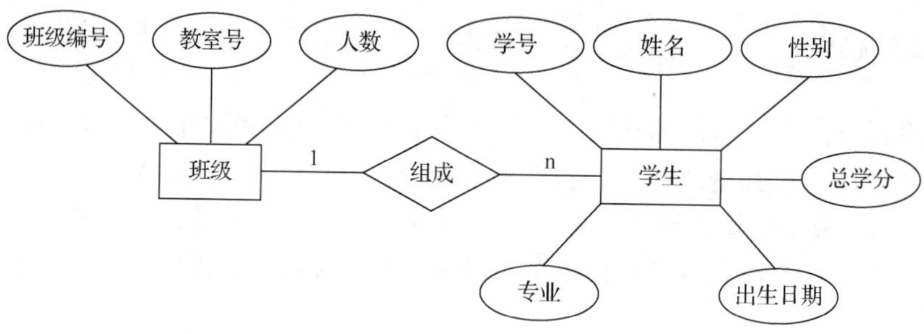

图 3-3　学生和班级的 E-R 图

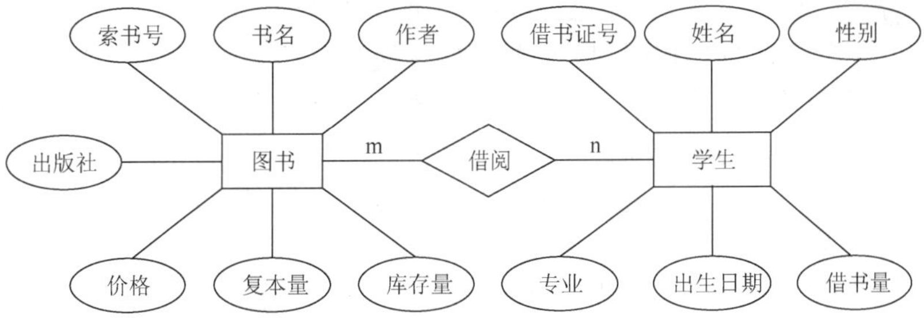

图 3-4 图书和学生的 E-R 图

确定实体的任务就是从信息需求和局部范围出发，确定每一个实体类型的属性和码。属性应该是不可再分解的数据项，不能再由另一些属性组成；属性不能与其他实体具有联系。如果某属性需要进一步描述，或者存在与其他实体的联系，则应把它定义为实体。为了简化 E-R 图的描述，应尽量减少实体个数，能够定义为属性的数据不要定义为实体。实体的类型确定之后，它的属性也随之确定。为一个实体类型命名并确定其码就十分重要。命名应反映实体的语义性质，在一个局部结构中应是唯一的。码可以是单个属性，也可以是属性的组合。

2）确定联系类型。E-R 模型的“联系”用于刻画实体之间的关联。在确定联系类型时，首先依据需求分析结果，考查局部结构中任意两个实体类型之间是否存在联系，若有联系，则应进一步确定联系的类型（如 1∶1、1∶n 或 m∶n）。还要考查一个实体类型内部是否存在联系、多个实体类型之间是否存在联系等。在确定联系时应特别注意的是，既不要丢掉联系的属性，又应尽量取消冗余的联系，即取消可以从其他联系导出的联系。联系类型确定后，应给联系命名使其反映联系的语义性质，一般用某个动词命名，如“评定”“分配”“选修”“借阅”“订购”等。

3）画出局部 E-R 图。

确定了实体和实体间的联系之后，就可以用 E-R 图将其描述出来。形成局部 E-R 图之后，仍需返回用户征求意见，以求改进和完善，使其如实地反映现实世界。

4）E-R 模型转换关系模型。

- （1∶1）联系的 E-R 图到关系模式的转换。

这里用学校和校长之间的联系为例，1 个学校只有 1 个校长，1 个校长只在 1 个学校任校长，属于一对一关系。为每个实体设计一张表（用下画线“__”表示该字段为主码）。

校长（校长编号，姓名，职称）

学校（学校编号，名称，地址）

- （1∶n）联系的 E-R 图到关系模式的转换。

这里以班级和学生之间的联系为例，1 个班级中有若干名学生，每名学生只在 1 个班级中学习，属于一对多关系。

班级（班级编号，教室号，人数）

学生（学号，姓名，性别，出生日期，专业，总学分）

- （m：n）联系的 E-R 图到关系模式的转换。

这里以图书和学生之间的联系为例，1 名学生可以借阅多本图书，1 本图书可以由多个学生借阅，属于多对多关系。

学生（借书证号，姓名，性别，出生日期，专业，借书量）

图书（索书号，书名，作者，出版社，价格，复本量，库存量）

借阅（借书证号，索书号，借书时间）

2. 全局 E-R 模型设计

局部 E-R 图设计完成之后，要进行 E-R 图集成。这一工作包括以下 3 个步骤。

（1）局部 E-R 图的合并

在局部 E-R 图绘制完成后，需要将所有的局部 E-R 图合并成全局 E-R 图。合并过程不仅要支持所有的局部 E-R 模式，而且必须合理地表示一个完整的、一致的数据库概念结构，合并的顺序有时会影响处理效率和结果。

（2）消除冲突

E-R 模型中常见的冲突主要包括属性冲突、命名冲突和结构冲突 3 种。

1）属性冲突。

属性冲突又分为属性值域冲突和属性的取值单位冲突。

- 属性值域冲突，即属性值的类型、取值范围或取值集合不同。比如学号，有些部门将其定义为数值型，而有些部门将其定义为字符型；又如年龄，有的可能用出生日期表示，有的则用整数表示。
- 属性的取值单位冲突。比如，零件的质量，有的以公斤为单位，有的以斤为单位，有的则以克为单位。

属性冲突属于用户业务上的约定，必须与用户协商后解决。

2）命名冲突。

命名不一致可能发生在实体名、属性名或联系名之间，其中属性的命名冲突较为常见。一般表现为同名异义或异名同义（实体、属性、联系名）。

- 同名异义，即同一名字的对象在不同的部门中具有不同的意义。比如，“单位”在某些部门表示人员所在的部门，而在某些部门可能表示物品的质量、长度等属性。
- 异名同义，即同一意义的对象在不同的部门中具有不同的名称。比如，“房间”这个名称，可以是“寝室”“学生宿舍”。命名冲突的解决方法同属性冲突，需要与各部门协商、讨论后加以解决。

3）结构冲突。

- 同一对象在不同应用中有不同的抽象，可能为实体，也可能为属性。例如，教师的职称在某一局部应用中被当作实体，而在另一局部应用中被当作属性。在解决这类冲突时，就是使同一对象在不同应用中具有相同的抽象，或把实体转换为属性，或把属性转换为实体。

- 同一实体在不同应用中属性组成不同，可能是属性个数或属性次序不同。解决办法是，合并后实体的属性组成为各局部 E-R 图中的同名实体属性的并集，然后适当调整属性的次序。
- 同一联系在不同应用中呈现不同的类型。比如 E1 与 E2 在某一应用中可能是一对一联系，而在另一应用中可能是一对多或多对多联系，也可能是在 E1、E2、E3 之间有联系。例如，一人担任两个系的主任这种情况应该根据应用的语义对实体联系的类型进行综合或调整。

建立综合性的全局 E-R 图并非简单地将各个局部 E-R 图从形式上合并起来，而是化解各种冲突，产生一个能够被全系统所有用户共同理解和接受的统一概念模式。因此，消除冲突过程就是统一概念的过程。

3. 优化 E-R 图

优化 E-R 图的原则包括合并实体类型、消除冗余属性和消除冗余联系等。

1）合并实体类型，是指合并相关实体的类型。

2）消除冗余属性，是指各局部 E-R 图在综合生成全局 E-R 图后，可能产生全局范围内的冗余属性，需要将这些冗余属性从全局 E-R 图中去掉。

3）消除冗余联系，是指通过其他实体间的联系推导出来的间接联系。通常利用规范化理论中函数依赖的概念来消除冗余联系。

3.4 数据库的逻辑设计

逻辑设计就是把概念设计阶段产生的概念模式转换为逻辑模式，是一个将用户角度上的概念结构转换为在数据库管理系统支持下的数据组织模式的过程，从此开始便进入了实现设计阶段，需要考虑具体数据库管理系统的性能、具体的数据模型特点。数据库的逻辑设计过程可分为初始关系模式设计、关系模式的规范化处理、模式的优化 3 个步骤。

3.4.1 初始关系模式设计

初始关系模式设计的任务是：从综合 E-R 图及有关说明出发，导出初始关系模式，无论是实体还是实体间的联系都用关系来表示。把实体类型、联系类型转换成关系模式时的规则如下。

1）实体类型的转换。1 个实体转换成 1 个关系模式时，实体的属性就是关系模式的属性，实体标识符就是关系模式的码。

2）联系类型的转换。对于联系类型的转换，可根据不同的情况进行不同的处理。

- 若实体间的联系是 1∶1，可以在 2 个实体类型转换成的 2 个关系模式中的任意一个模式的属性中加入另一个关系模式的码和联系类型的属性。
- 若实体间的联系是 1∶n，则在 1 个实体类型转换成的关系模式中加入 n 个实体类型转换成的关系模式的码和联系类型的属性。
- 若实体间的联系是 m∶n，则将联系类型也转换成 1 个关系模式，其属性为 2 个实体类型的码和联系类型的属性，而码为 2 个实体键的组合。

应注意，若将 3 个或 3 个以上实体间的 1 个多元联系转换为 1 个关系模式，则与该多元联系相连的各实体的码及联系本身的属性均转换为关系的属性，而关系的码为各实体码的组合；具有相同码的关系模式可合并。

3.4.2 关系模式的规范化

数据冗余会使数据库中的数据量剧增，系统负担过重，并会浪费大量的存储空间，会导致数据的不完整、增加数据维护的代价；数据冗余还会造成数据查询和统计的困难。关系模式设计得不好，会导致不必要的数据冗余，当执行数据修改时可能会出现冗余数据被部分修改，从而导致数据更新异常；还会导致同一关系中出现多种信息混合存储。因此，对于有问题的关系模式，可以通过模式分解的方法使之规范化。

关系模式的规范化就是把 1 个存在数据冗余、插入异常、更新异常和删除异常等情况的关系模式通过模式分解，转换为符合设计要求的多个关系模式的集合。关系数据库的设计，主要是关系模式的设计，而关系模式设计的关键在于关系模式的规范化，如表 3-1～表 3-4 所示。

表 3-1　不规范关系的实例（教学关系）

学号	姓名	年龄	性别	系名	系主任	课程名	成绩
03001	董琦	20	男	计算机系	郭杰胜	程序设计	88
03001	董琦	20	男	计算机系	郭杰胜	数据结构	74
03001	董琦	20	男	计算机系	郭杰胜	数据库	82
03001	董琦	20	男	计算机系	郭杰胜	电路	65
03002	刘红	21	女	计算机系	郭杰胜	程序设计	92
03002	刘红	21	女	计算机系	郭杰胜	数据结构	82
03002	刘红	21	女	计算机系	郭杰胜	数据库	78
03002	刘红	21	女	计算机系	郭杰胜	电路	83
03003	张新	20	男	数学系	李玉萍	高等数学	72
03003	张新	20	男	数学系	李玉萍	数据结构	94
03003	张新	20	男	数学系	李玉萍	数据库	83
03003	张新	20	男	数学系	李玉萍	离散数学	87

表 3-2 教学关系分解后形成的学生实例（学生）

学号	姓名	年龄	性别	系名
03001	董琦	20	男	计算机系
03002	刘红	21	女	计算机系
03003	张新	20	男	数学系

表 3-3 教学关系分解后形成的教学系实例（教学系）

系名	系主任
计算机系	郭杰胜
数学系	李玉萍

表 3-4 教学关系分解后形成的教学系实例（选课）

学号	课程名	成绩	学号	课程名	成绩
03001	程序设计	88	03002	数据库	78
03001	数据结构	74	03002	电路	83
03001	数据库	82	03003	高等数学	72
03001	电路	65	03003	数据结构	94
03002	程序设计	92	03003	数据库	83
03002	数据结构	82	03003	离散数学	87

关系分解后，数据冗余度降到最小，且不会再出现插入异常、删除异常和更新异常问题。关系模型的优化通常以规范化理论为指导，方法如下。

1）确定数据依赖：写出各关系模式内部各属性之间的数据依赖，以及不同关系模式属性之间数据依赖。函数依赖的定义如下。

已知：X 和 Y 是关系 R 中的 2 个属性（或属性组）。

则：若对于 X 的任何一个值，只有一个 Y 的值与之对应，则称 Y 函数依赖于 X。记为：X→Y，X 被称为决定因子。

任何属性的函数都依赖于候选码，所有候选码都是决定因子。

2）对于各个关系模式之间的数据依赖进行极小化处理，消除冗余的联系。

3）按照数据依赖的理论对关系模式逐一进行分析，考查是否存在部分函数依赖、传递函数依赖、多值依赖等，确定各关系模式分别属于第几范式。

范式是指利用规范化理论，使关系模式的函数依赖集满足特定的要求，满足特定要求的关系模式。关系按其规范化程度从低到高可分为第一范式（1NF）、第二范式（2NF）、第三范式，Boyce-Code 范式（BCNF）等，规范化程度较高者必须是较低者的子集，如图 3-5 所示。

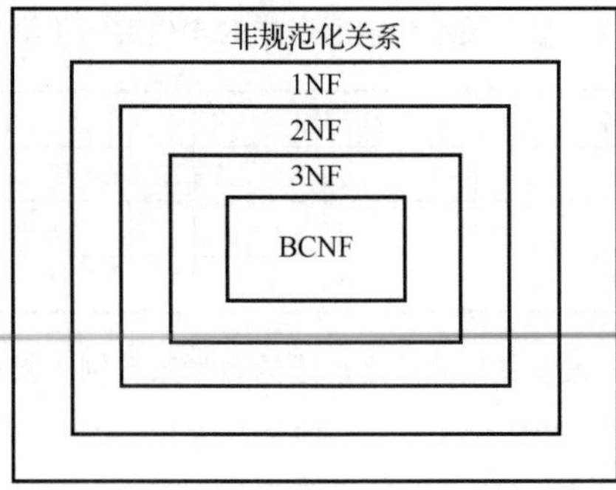

图 3-5　范式

4）按照需求分析阶段得到的各种应用对数据处理的要求，分析对于这样的应用环境，这些模式是否合适，确定是否要对它们进行合并或分解。并不是规范化程度越高的关系就越优，对于一个具体应用来说，到底规范化进行到什么程度，需要权衡响应时间和潜在问题两者的利弊才能决定。一般来说，第三范式就能够满足要求。

当一个应用的查询中经常涉及两个或多个关系模式的属性时，系统必须经常地进行连接运算，而连接运算的代价是相当高的，可以说关系模型低效的主要原因就是进行连接运算，因此在这种情况下，第二范式甚至第一范式也许是最好的。非 BCNF 的关系模式虽然从理论上分析会存在不同程度的更新异常，但如果在实际应用中对此关系模式只是查询，并不执行更新操作，则就不会产生实际影响。

例如，在关系模式学生成绩单（学号，英语，数学，语文，平均成绩）中存在下列函数依赖：

学号→英语　　　　学号→数学

学号→语文　　　　学号→平均成绩

（英语，数学，语文）→平均成绩

显然有：学号→（英语，数学，语文）。

因此该关系模式中存在传递函数信赖，是第二范式关系。虽然平均成绩可以由其他属性推算出来，但如果应用中需要经常查询学生的平均成绩，为提高效率，仍然可保留该冗余数据，对关系模式不再作进一步分解。

3.5　数据库的物理设计

数据库的物理设计就是根据特定的计算机系统，为给定的逻辑数据模型选择一个最合适的存取方法和存储结构的过程。在物理设计阶段，以逻辑设计的结果作为输入，根据数据库的逻辑模式和概念模式，结合具体数据库管理系统的特点及存储设备特性来设计数据库文件的物理存储结构、各种存取路径、存储空间的分配、记录的存储格式等。

数据库的物理模式虽不直接面向用户，但对数据库的性能影响较大，它实现了从逻辑结构到物理结构的转换。

数据库的物理设计可分为两步。

1）确定数据库的物理结构，在关系数据库中主要指存储结构和存取方法。

2）对物理结构进行评价，评价的重点是时间和空间效率。

如果评价结果满足原设计要求，则可进入物理实施阶段；否则需要重新设计或修改物理结构，有时甚至要返回逻辑设计阶段修改数据模型。

3.5.1 关系模式存取方法选择

数据库系统是多用户共享的系统，对同一个关系要建立多条存取路径才能满足多用户的多种应用要求。物理设计的任务之一就是要确定选择哪些存取方法，即建立哪些存取路径。存取方法是快速存取数据库中数据的技术。数据库管理系统一般提供多种存取方法，常用的存取方法有3类：索引方法、聚簇方法和HASH存取方法。

1. 索引

在关系数据库中，索引是一个单独的、物理的数据结构，它是某张表中一列或若干列集合和相应指向表中物理标识这些值的数据页的逻辑指针清单。在关系数据库中，索引是与基本表相关联的一种数据结构，它提供了另外的存取路径，可以加快对表中元组的检索速度，进而提高表之间的连接速度，提高对表中数据的修改和删除速度。索引就是根据应用要求确定对关系的哪些属性列建立索引、哪些属性建立组合索引、哪些索引要设计为唯一索引等。

索引是使用最普遍的存取方法，选择索引存取方法的一般规则如下。

1）如果一个（或一组）属性经常在查询条件中出现，则考虑在这个（或这组）属性上建立索引（或组合索引）。

2）如果一个属性经常作为最大值或最小值等聚集函数的参数，则考虑在这个属性上建立索引。

3）如果一个（或一组）属性经常在连接操作的连接条件中出现，则考虑在这个（或这组）属性上建立索引，但关系上定义的索引数过多会增加维护索引和查找索引的开销。

2. 聚簇

为了提高某个属性（或属性组）的查询速度，把这个（或这些）属性（称为聚簇码）上具有相同值的元组集中存放在连续的物理块称为聚簇。许多关系数据库管理系统都提供了聚簇功能。建立聚簇索引后，基表中的数据也需要按指定的聚簇属性值的升序或降序存放，即聚簇索引的索引项顺序与表中元组的物理顺序一致。例如，CREATE CLUSTER INDEX Stusname ON Student(Sname); 在Student表的Sname列上建立一个聚簇索引，表中的记录将按Sname值的升序存放。1个数据库可以建立多个聚簇，但1个基本表上最多只能建立 1 个聚簇索引。

聚簇对于某些类型的查询，可以提高查询效率、节省空间，既适用于单个关系独立聚簇，也适用于多个关系组合聚簇。

3. HASH 存取

HASH 存取是用 HASH 函数存储和存取关系记录的方法。即指定某个关系上的一个（组）属性 A 作为 HASH 码，对该 HASH 码定义一个函数（称为 HASH 函数），关系记录的存储地址由 HASH(a)决定，a 为 A 上的值。当一个关系满足下列两个条件时，可以选择 HASH 存取方法：

1）该关系的属性主要出现在等值连接条件中或主要出现在相等比较选择条件中。

2）该关系的大小可预知，而且不变，或者该关系的大小动态改变，但所选用的数据库管理系统提供了动态 HASH 存取方法。

3.5.2 确定数据库的存储结构

确定数据库的物理结构主要是指确定数据的存放位置和存储结构，包括确定关系、索引、聚簇、日志、复制等的存储安排和存储结构，确定系统配置等。

1. 确定数据的存放位置

为了提高系统性能，应该根据实际应用情况将数据的易变部分与稳定部分、经常存取部分与存取频率较低部分分开存放，以提高系统性能。例如，数据库数据复制、日志文件复制等由于只在故障恢复时才使用，而且数据量很大，因此可以考虑存放在磁带上；如果计算机有多个磁盘，可以考虑将表和索引分别放在不同的磁盘上，查询时由于两个磁盘驱动器分别工作，因此可以保证物理读写速度比较快；可以将比较大的表分别放在两个磁盘上，以加快存取速度，这在多用户环境下特别有效；可以将日志文件与数据库对象（表、索引等）放在不同的磁盘以改善系统的性能。

2. 确定系统配置

数据库管理系统产品一般会提供一些系统配置变量、存储分配参数，以供设计人员和数据库管理员对数据库进行物理优化。在初始情况下，系统为这些变量赋予了合理的默认值。这些初始值并不一定适合每种应用环境，在进行物理设计时，需要重新对这些变量赋值，以改善系统的性能。系统配置变量很多，例如，同时使用数据库的用户数、同时打开数据库的对象数、内存分配参数、缓冲区分配参数（使用的缓冲区长度和个数）、存储分配参数、物理块的大小、物理块装填因子、时间片大小、数据库的大小、锁的数目等。这些参数值会影响存取时间和时间的分配，因此在进行物理设计时，要根据应用环境确定这些参数值，以使系统性能更佳。

3.6 数据库的实施、运行和维护

3.6.1 数据库的实施

完成数据库的物理设计之后，设计人员就要用关系数据库管理系统提供的数据定义语言和其他实用程序将数据库逻辑设计和物理设计的结果严格地描述出来，使其成为数据库管理系统可以接受的代码，再经过调试产生目标模式，然后就可以组织数据入库了，这就是数据库实施阶段。

1. 数据的载入

数据库实施阶段包括两项重要的工作：一项是数据载入，另一项是应用程序的编码和调试。一般在数据库系统中，数据量都很大，而且数据来源于部门中的各个不同的单位，数据的组织方式、结构和格式都与新设计的数据库系统有相当的差距。组织数据录入就是将各类源数据从各个局部应用中抽取出来，输入计算机，再分类转换，最后综合成新设计的数据库结构的形式，输入数据库。因此这样的数据转换、组织入库的工作是相当费力费时的。

由于各个不同的应用环境差异很大，不可能有通用的转换器，数据库管理系统产品也不提供通用的转换工具。为提高数据输入工作的效率和质量，应该针对具体的应用环境设计一个数据录入子系统，由计算机来完成数据入库的任务。由于要入库的数据在原来系统中的格式结构与新系统中的不完全一样，有的差别可能比较大，不仅向计算机输入数据时容易发生错误，而且在转换过程中也有可能出错，因此在源数据入库之前要采用多种方法对它们进行检查，以防止不正确的数据入库，这部分的工作在整个数据输入子系统中是非常重要的。数据库应用程序的设计应该与数据库设计同时进行，因此在组织数据入库的同时，还要调试应用程序。应用程序的设计、编码和调试的方法、步骤在程序设计语言中有详细讲解，这里就不再赘述了。

2. 数据库试运行

在部分数据输入数据库后，就可以开始对数据库系统进行联合调试，这称为数据库试运行。这一阶段要实际运行数据库应用程序，执行对数据库的各种操作，测试应用程序的功能是否满足设计要求。如果不满足，则要对应用程序部分进行修改、调整，直到达到设计要求为止。在数据库试运行时，还要测试系统的性能指标，分析其是否达到了设计目标。在对数据库进行物理设计时已初步确定了系统的物理参数值，但在一般情况下，设计时的考虑在许多方面只是近似估计，和实际系统运行有一定的差距，因此必须在试运行阶段实际测量和评价系统性能指标。事实上，有些参数的最佳值往往是经过运行调试后找到的。如果测试的结果与设计的目标不符，则要返回物理设计阶段，重新调整物理结构、修改系统参数，在某些情况下甚至要返回逻辑设计阶段，修改逻辑结构。

这里要特别强调两点。第一，由于数据入库的工作量太大，费时又费力，如果试运行后还要修改物理结构甚至逻辑结构，就会导致数据重新入库，因此应分期、分批地组织数据入库，先输入小批量数据供调试用，试运行基本合格后，再大批量输入数据，逐步增加数据量，逐步完成运行评价。第二，在数据库试运行阶段，由于系统还不稳定，软、硬件故障随时都可能发生，并且系统的操作人员对新系统还不熟悉，误操作也不可避免，因此必须首先调试运行数据库管理系统的恢复功能，做好数据库的转储和恢复工作。一旦故障发生，就能使数据库尽快恢复，尽量减少对数据库的破坏。

3.6.2 数据库的运行与维护

数据库试运行合格后，数据库开发工作就基本完成了，可正式投入运行。但是，由于应用环境在不断变化，在数据库运行过程中物理存储也会不断变化，对数据库设计进行评价、调整、修改等维护工作是一项长期的任务，也是设计工作的继续和提高。在数据库运行阶段，对数据库的维护工作主要是由数据库管理员完成的，主要包括以下几个方面。

1）数据库的转储和恢复。数据库的转储和恢复是系统正式运行后最重要的维护工作之一。数据库管理员要针对不同的应用要求制订不同的转储计划，以保证一旦发生故障，就能尽快将数据库恢复到某种一致的状态，并尽可能减少对数据库的破坏。

2）数据库的安全性、完整性控制。在数据库运行过程中，由于应用环境的变化，对安全性的要求也会发生变化。比如有的数据原来是机密的，现在可以公开查询了，而新加入的数据又可能是机密的，系统中用户的级别也会改变。这些都需要数据库管理员根据实际情况修改原有的安全性控制。同样，数据库的完整性约束条件也会变化，也需要数据库管理员不断修改，以满足用户的要求。

3）数据库性能的监督、分析和改进。在数据库运行过程中，监督系统运行、分析监测数据、找出改进系统性能的方法是数据库管理员的又一重要任务。数据库管理员应仔细分析这些数据，判断当前系统运行状况是否最佳，应当做哪些改进。例如，调整系统物理参数、对数据库的运行状况进行重组织或重构造等。

4）数据库的重组织与重构造。数据库运行一段时间后，记录的不断增加、删除、修改，会使数据库的物理存储情况变坏，会降低数据的存取效率，使数据库性能下降，这时数据库管理员就要对数据库进行重组织或部分重组织（只对频繁进行增加、删除操作的表进行重组织），数据库管理系统一般提供数据重组织用的实用程序。在重组织的过程中，按原设计要求重新安排存储位置、回收垃圾、减少指针链等，以提高系统的性能。数据库的重组织并不修改原设计的逻辑结构和物理结构；而数据库的重构造则不同，它是指部分修改数据库的模式和内模式。

3.7 设计学生选课管理数据库

3.7.1 收集数据

为了收集数据库需要的信息，设计人员与教务管理人员和系统的操作者进行了交谈，从最初的谈论中，记录了如下要点。

1）数据库要存储每名学生的基本信息、各系的基本信息、各班级的基本信息、教师的基本信息、教师授课的基本信息。

2）管理人员可以通过数据库管理各系、各班、各教师、全院学生的基本信息。

3）按工作的要求查询数据，如浏览某系、某班级、某年级、某专业等学生的基本信息。

4）能实现对学生学习成绩的管理（录入、修改、查询、统计、打印）。

5）数据库系统的操作人员可以查询数据，管理人员可以修改数据。

6）能查询某学生的选课情况及某课程的选修学生情况。

7）每学期开始前可选课或作选课调整。

8）能统计查询出某学生的成绩单（包括总成绩、平均成绩、不及格门数等）及某门课的选课人数、最高分、最低分、平均成绩等统计信息。

9）使用关系数据库模型。

上述列表中的信息没有固定的顺序，并且有一些信息也可能重复，或者遗漏了某些重要的信息，这里收集到的信息在后面的设计工作中要与用户反复查对，以确保收集到了关于数据库的完整和准确的信息。对于比较大的系统，可能需要召开数次会议，每一次会议会针对系统的一部分进行讨论和研究，即便如此，对于每一部分，设计人员也需要亲自到现场，观察业务活动的实际进行过程，便于收集数据。所有这一切，都是为了尽可能多地收集关于数据库及如何使用数据库的信息。完成了收集数据任务，设计人员就可以进入数据库设计的下一步——概念设计，即创建 E-R 模型。

3.7.2 创建 E-R 模型

1. 进行数据抽象，设计局部 E-R 模型

设计人员对收集到的大量信息进行分析、整理后，确定了数据库系统中应该存储如下一些信息：学生基本信息、系基本信息、班级基本信息、教师基本信息、课程基本信息、学生学习成绩信息、系统用户信息。

设计人员根据这些信息抽象出系统将要使用的实体——学生、系、班级、课程。定

义实体之间的联系及描述这些实体的属性，最后用 E-R 图表示这些实体和实体之间的联系。下面以学生选课为例设计 E-R 图。

1）可随时查询出不同系及各系教师与各系学生情况，系、教师与学生各反映如下情况。

- 系：系代号、系名、系办公室电话。
- 教师：工作证号、姓名、职称、电话。
- 学生：学号、姓名、性别、出生日期。
- 班级：班号、最低总学分。

2）为简单起见，教师与学生区分系别，而课程不分系。课程需反映如下信息。

课程：课序号、课程名、上课时间、名额、学分。

3）1 名学生可选修多门课程，1 门课程可被多名学生选修，因此学生和课程是多对多的联系，如图 3-6 所示。

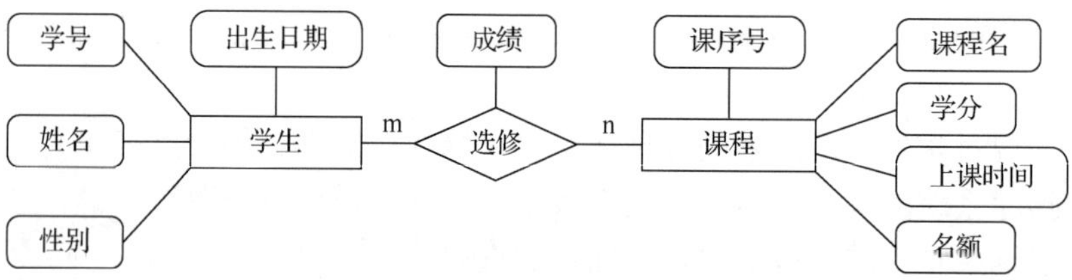

图 3-6　学生选修课程 E-R 图

4）1 个教师可讲授多门课程，1 门课程可被多个教师讲授，因此教师和课程也是多对多的联系，如图 3-7 所示。

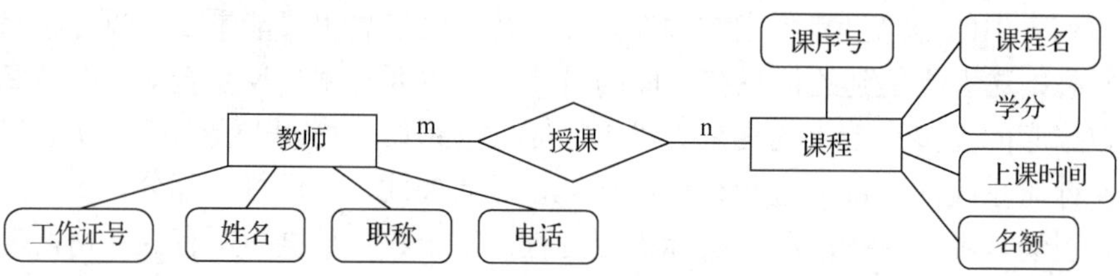

图 3-7　教师授课 E-R 图

5）1 个系可有多个教师，1 个教师只能属于 1 个系，因此系和教师是一对多的联系。同样，系和班级、班级和学生也是一对多的联系，如图 3-8 所示。

2. 全局 E-R 模型设计

各个局部 E-R 图建立好后，接下来的工作是对它们进行合并，集成为一个全局 E-R 图。

1）合并局部 E-R 图，生成初步 E-R 图。合并局部 E-R 图的关键是合理消除各局部 E-R 图中的冲突。

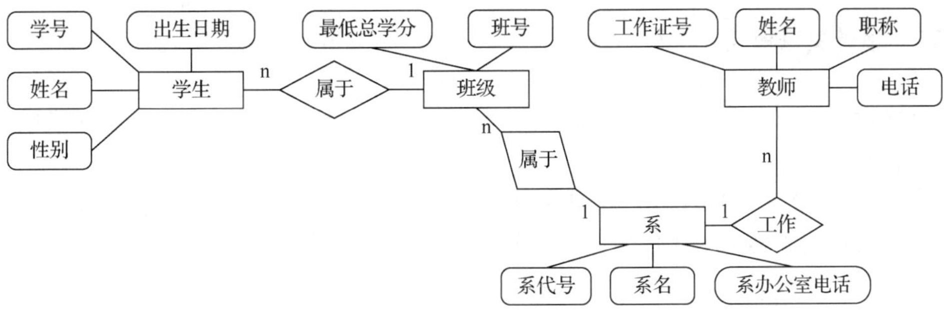

图 3-8 隶属关系 E-R 图

2）消除不必要的冗余，生成全局 E-R 图。在学生选课局部 E-R 图中，因为“系”和“课程”之间的联系——“工作”，可以由“系”和“教师”之间的“工作”联系与“教师”和“课程”之间的“授课”联系推导出来，所以“开课”属于冗余联系。在学生选课局部 E-R 图中，因为“学生”实体的属性“平均成绩”可由“选修”联系中的属性“成绩”计算出来，所以“学生”实体中的“平均成绩”属于冗余数据。

教师授课局部 E-R 图中的“所在系”属性和与之有联系的“系”实体反映的信息是一致的，因此该属性为冗余数据。在消除冗余数据和冗余联系后，得到了该管理系统的全局 E-R 图，如图 3-9 所示。

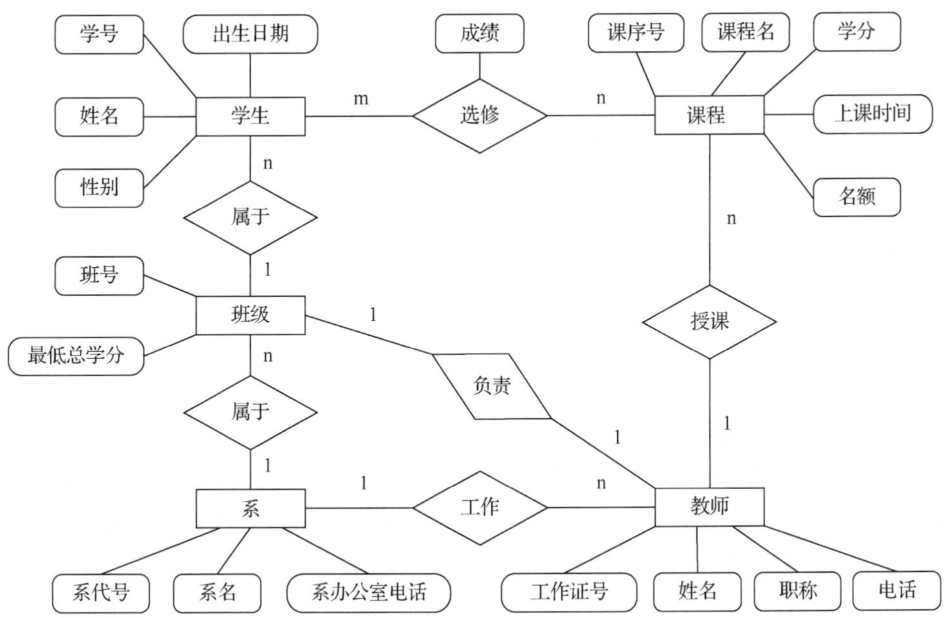

图 3-9 学生选课全局 E-R 图

3.7.3 设计关系模式

根据设计要求，学生选课数据库采用关系模型，按照转换规则将 E-R 图转换成关系模式（表）。

1）处理 E-R 图中的实体。将 E-R 图中的每个实体转成一张表，实体的属性转换为表的列，实体的码转换为表的主码。得到的关系模式如下。

- 系（系代号，系名，系办公室电话）。
- 教师（工作证号，姓名，职称，电话）。
- 学生（学号，姓名，性别，出生日期）。
- 班级（班号，最低总学分）。
- 课程（课序号，课程名，上课时间，名额，学分）。

2）处理 E-R 图中的联系。在 E-R 图中共有两种联系类型：一对多联系和多对多联系。

设计人员经过讨论后决定，对于一对多联系，不创建单独的表，而是通过添加外码的方式建立数据之间的联系。转换后得到的关系模式如下。

- 系（系代号，系名，系办公室电话）。
- 教师（工作证号，姓名，职称，电话）。
- 学生（学号，姓名，性别，出生日期）。
- 班级（班号，最低总学分）。
- 课程（课序号，课程名，上课时间，名额，学分）。
- 选修（学号，课序号，成绩）。
- 授课（教师号，课序号）。

在这些关系模式中，有些关系模式可能不满足规范化的要求，在创建数据库后会导致数据冗余和数据修改的不一致性。因此，需要对关系模式进行优化，对数据进行规范化。

本章小结

本章是本书的核心部分，主要介绍了数据库的设计方法，通过几个方面对数据库的设计方法进行了阐述，主要包括设计概述、需求分析、概念设计、逻辑设计、物理设计、实施，以及一个学生选课管理数据库的设计实例。本章通过实际的数据库设计操作为读者带来了更为清晰的数据库设计流程，同时，基本知识也涵盖其中，主要目的是帮助读者更便捷地了解数据库设计，为其提供理论基础和设计思路。

习　题

一、选择题

1. 下列对数据库（DB）、数据库系统（DBS）和数据库管理系统（DBMS）关系的描述中，正确的是（　　）。

A. DBMS 包括 DBS 和 DB　　B. DBS 包括 DBMS 和 DB
C. DB 包括 DBS 和 DBMS　　D. DBS 就是 DBMS，也就是 DB

2. 下面不属于数据模型要素的是（　　）。

A. 数据结构　　B. 数据操作　　C. 数据控制　　D. 完整性约束

3. E-R 方法的三要素是（　　）。

A. 实体、属性、实体集　　B. 实体、码、联系
C. 实体、属性、联系　　D. 实体、域、候选码

4. 如果采用关系数据库实现应用，则在数据库的逻辑设计阶段需将（　　）转换为关系模型。

A. E-R 模型　　B. 层次模型　　C. 关系模型　　D. 网状模型

5. 数据库设计中概念设计的主要工具是（　　）。

A. E-R 图　　B. 概念模型　　C. 数据模型　　D. 范式分析

6. 数据库设计人员和用户之间沟通信息的桥梁是（　　）。

A. 程序流程图　　B. 模块结构图　　C. 实体联系图　　D. 数据结构图

7. 概念设计阶段得到的结果是（　　）。

A. 数据字典描述的数据需求
B. E-R 图表示的概念模型
C. 某个 DBMS 所支持的数据结构
D. 包括存储结构和存取方法的物理结构

8. 在关系数据库设计中，设计关系模式是（　　）的任务。

A. 需求分析阶段　　B. 概念设计阶段
C. 逻辑设计阶段　　D. 物理设计阶段

9. 生成 DBMS 支持的数据模型是在（　　）阶段完成的。

A. 概念设计　　B. 逻辑设计　　C. 物理设计　　D. 运行和维护

10. 在数据库的物理结构中，将具有相同值的元组集中存放在连续的物理块称为（　　）存储方法。

A. HASH　　B. B+树索引　　C. 聚簇　　D. 其他

11．逻辑设计阶段得到的结果是（　　）。

A．数据字典描述的数据需求

B．E-R 图表示的概念模型

C．某个 DBMS 所支持的数据结构

D．包括存储结构和存取方法的物理结构

12．在数据库设计中，当合并局部 E-R 图时，学生在某一局部应用中被当作实体，而在另一局部应用中被定义为整型，那么这种冲突称为（　　）。

A．属性冲突　　B．命名冲突　　C．联系冲突　　D．结构冲突

13．将 E-R 图转换为关系模型的过程属于（　　）。

A．需求分析阶段　　B．概念设计阶段

C．逻辑设计阶段　　D．物理设计阶段

14．根据需求建立索引是在（　　）阶段完成的。

A．运行与维护　　B．物理设计　　C．逻辑设计　　D．概念设计

15．物理设计阶段得到的结果是（　　）。

A．数据字典描述的数据需求

B．E-R 图表示的概念模型

C．某个 DBMS 所支持的数据结构

D．包括存储结构和存取方法的物理结构

16．在关系数据库设计中，设计视图是（　　）的任务。

A．需求分析阶段　　B．概念设计阶段

C．逻辑设计阶段　　D．物理设计阶段

17．进入数据库实施阶段，下述工作中（　　）不属于实施阶段的工作。

A．建立数据库结构　　B．加载数据

C．系统调试　　D．扩充功能

18．下列关于数据库运行和维护的叙述中，（　　）是不正确的。

A．只要数据库正式投入运行，就标志着数据库设计工作结束

B．数据库的维护工作就是维护数据库系统的正常运行

C．数据库的维护工作就是发现问题、修改问题

D．数据库正式投入运行标志着数据库运行和维护工作开始

二、填空题

1．数据模型由数据结构、数据操作和________组成。

2．数据库设计的 6 个阶段为需求分析阶段、概念设计阶段、________、物理设计阶段、________、数据库运行与维护阶段。

3．数据库系统的逻辑设计主要是将________转化成 DBMS 支持的数据模型。

4．如果采用关系数据库来实现应用，则在数据库的逻辑设计阶段需将________转

化为关系模型。

5. 当将局部E-R图集成为全局E-R时，如果同一对象在一个局部E-R图中作为实体，而在另一个局部E-R图中作为属性，则这种现象称为________冲突。

6. 实体之间的联系分为一对一、一对多和________3类。

7. 数据库在物理设备上的存储结构和________称为数据库的物理结构。

三、问答题

1. 试述数据库设计过程及各阶段的工作。

2. 概念结构有何特点？简述概念设计的方法。

3. 逻辑设计的任务是什么？简述逻辑设计的步骤。

4. 什么是E-R图？构成E-R图的基本要素是什么？

5. 试述数据库物理设计的内容和步骤。

四、综合题

1. 现有一局部应用，包括“出版社”和“作者”2个实体。这2个实体属于多对多联系，设计适当的属性，画出E-R图，再将其转换为关系模型（包括关系名、属性名、码、完整约束条件）。

2. 假设图书借阅系统在需求分析阶段搜集到以下信息：

- 图书信息：书号、书名、作者、价格、复本量、库存量。
- 学生信息：借书证号、姓名、专业、借书量。

该业务系统有以下约束：

- 1个学生可以借阅多种图书，1种图书可被多个学生借阅。
- 学生借阅的图书要在数据库中记录书号、借阅时间。

问题：

1）根据以上信息画出合适的E-R图。

2）将E-R图转换为关系模式，用下画线标出每个关系的主码并说明外码。

第4章 数据表操作

MySQL 是一种关系数据库，关系数据库最基本的数据对象就是表，表用于存储数据库中的数据，具有固定的列数和任意的行数，在数学上称为“关系”二维表，是同类实体的各种属性的集合；每个实体对应于表中的一行，在关系中称为元组，相当于通常的一条记录；表中的列属性相当于通常记录中的一个数据项，也称为字段。本章主要介绍数据表的操作，包括创建数据表和删除、修改数据表，这也是创建数据库之后的操作。创建数据表后，对表中数据的操作包括添加、删除、修改、查询等。

学习目标

- 理解数据表的基本概念。
- 掌握使用 SQL 语句进行数据表的操作。
- 掌握使用 Navicat for MySQL 进行数据表的操作。
- 掌握数据表的修改与删除。

4.1 创建数据表

4.1.1 数据表数据类型

数据库里的数据表是由一个或多个数据列构成的。在用 CREATE TABLE 语句创建数据表时，必须为它的每个数据列定义一个类型。数据列类型要比一般的分类（如“数值”或“字符串”等）更细致。数据列类型是对“数据列里的值有哪些具体特性”这个问题的准确回答，如 SMALLINT 或 VARCHAR(32)等，数据列类型决定了 MySQL 将如何对待这些值。MySQL 既可以把数值类型的值保存在一个数值类型的数据列里，也可以把它们保存在一个字符串类型的数据列里，它会根据这些值选择的存储方式而区别对待。每一种列类型都有以下几种属性。

1）可以把哪些类型的值保存在其中。

2）这种类型的值要占用多少存储空间。

3）值的长度是固定不变的（即该类型的每个值都将占用同样数量的存储空间），还是可变的（不同的值会占用不同的存储空间）。

4）这种类型的值如何进行比较和存储。

5）能否对这种类型编制索引。

MySQL 的数值数据类型包括整数、定点数、浮点数和位值，如表 4-1 所示，除位值外的数据类型既可以带正负符号，也可以不带正负符号。如果想让数据列自动生成一组有序的整数或浮点数，可以使用一种特殊的属性，这特别适用于需要一组独一无二的标识编号的情况。

表 4-1　数值数据类型

数据类型	含义
tinyint	非常小的整数
smallint	小整数
mediumint	中等大小的整数
int	标准的整数
bigint	大整数
decimal	定点数
float	单精度浮点数
double	双精度浮点数
bit	位字段

表 4-2 给出了 MySQL 的字符串数据类型，字符串可以容纳任何东西，包括图像和声音等各种二进制数据。字符串可以互相比较，而比较操作又分为区分字母大小写和不区分字母大小写两种情况。此外，还可以对字符串进行模式匹配。

表 4-2　MySQL 的字符串数据类型

数据类型	含义
char	固定长度的非二进制（字符）字符串
varchar	可变长度的非二进制字符串
binary	固定长度的二进制字符串
varbinary	可变长度的二进制字符串
tinyblob	非常小的 BLOB（二进制大对象）
blob	二进制形式的长文本数据
mediumblob	中等大小的 BLOB
longblob	大的 BLOB
tinytext	非常小的非二进制字符串
text	小文本字符串

续表

数据类型	含义
mediumtext	中等大小的非二进制字符串
lqngtext	大的非二进制字符串
enum	枚举集合。数据列的取值将是这个枚举集合中的某一个元素
set	集合。数据列的取值可以是 0 或这个集合中的多个元素

表 4-3 给出了 MySQL 的日期/时间数据类型，表中的 CC、YY、MM、DD、hh、mm 和 ss 分别代表世纪、年、月、日、时、分、秒。MySQL 提供的时间类列类型有日期与时间（合并表示或分开表示）、时间戳（一种专门用来记载某数据记录最近一次修改时间的类型）。此外，为了方便不需要完整日期而只需要年份数值的场合，MySQL 还准备了一个 year 类型。

表 4-3　MySQL 的日期/时间数据类型

数据类型	含义
date	日期值，格式为'CCYY-MM-DD'
time	时间值，格式为'hh:mm:ss'
datetime	日期加时间值，格式为'CCYY-MM-DD hh:mm:ss'
timestamp	时间戳值，格式为'CCYY-MM-DD hh:mm:ss'
year	年份值，格式为'CCYY 或 YY'

表 4-4 给出了 MySQL 的空间数据类型，包括各种几何值和位置值。

表 4-4　MySQL 的空间数据类型

数据类型	含义
geometry	任何类型的坐标值
point	点（1 对 X、Y 坐标值）
linestring	曲线（1 个或多个 POINT 值）
polygon	多边形
geometrycollection	CEOMETRY 值的集合
multilinestring	LINESTRING 值的集合
multipoint	POINT 值的集合
multipolygon	POLYGON 值的集合

在用 CREATE TABLE 语句创建数据表时，必须把构成该数据表的全体数据列都写出来。

【例 4-1】创建一张名为 mytbl 的数据表，该数据表由 3 个数据列构成，分别叫作 f、c 和 i。

SQL 语句如下。

```
    CREATE TABLE mytbl (
    f FLOAT(10,4),c CHAR(15) NOT NULL DEFAULT 'none', i TINYINT UNSIGNED
NULL);
```

每个数据列都有一个名字和一个类型，而每种类型又都关联有一些属性。

数据列的声明语法如下。

```
col_name col_type [ type_attributes] [general_attributes]
```

其中，col_name 是该数据列的名字，它永远出现在数据列定义的开头，并且必须是合法的标识符；col_type 给出了数据列类型，即表明这个数据列可以用来容纳什么样的数据值。在 col_type 的后面，可以设置可选的、特定于类型的属性，以及普通的属性。这些属性的作用是对该类型做进一步的修饰和限定，会对 MySQL 处理这个数据列的方式产生相应的影响，需要注意以下几点。

- 不同的数据列类型有着不同的属性。例如，只有数值类型才有 UNSIGNED 和 ZEROFILL 属性，只有非二进制文本类型才有 CHARACTER SET 和 COLLATE 属性。
- 有些属性几乎可以用来修饰任何一种数据类型。例如，可以用 NULL 或 NOT NULL 来限定某个数据列是否允许容纳 NULL 值。
- 大多数数据类型可以通过 DEFAULT 子句来为数据列定义默认值。
- 如果需要为数据列设定多项属性，它们的先后顺序就必须遵守一定的规则。一般来说，为减少不必要的麻烦，把某数据类型的唯一属性（如 UNSIGNED 或 ZEROFILL）安排在通用属性（如 NULL 和 NOT NULL）的前面。

4.1.2 使用 CREATE TABLE 语句创建数据表

最简单的 CREATE TABLE 语句只需给出一个数据表的名字和其中数据列的名单，例如：

```
    CREATE TABLE mytbl ( name char(20),borth date not null, weight int,sex
enum('F','M'));
```

在创建数据表时，除了定义各数据列，还可以直接指定如何为它创建索引。另一种做法是先创建一张不带任何索引的数据表，然后再给它加上索引。对 MyISAM 数据表来说，如果在开始对它查询之前需要填充大量的数据，第二种做法往往更好。与把数据加载到一张不带任何索引的 MyISAM 数据表里之后再去创建索引的做法相比，每插入一个数据行都刷新一次索引，这一过程要慢得多。

1. 数据表选项

要想改变某个数据表的存储特性，在 CREATE TABLE 语句中的右括号之后加上 1 个或多个数据表选项即可。数据表 ENGINE 选项用来指定用哪种存储引擎管理将要创建的数据表。比如，如果想创建一张 MEMORY 或 InnoDB 数据表，其语法结构如下。

```
CREATE TABLE mytbl (…) ENGINE = MEMORY;
CREATE TABLE mytbl ( … ) ENGINE = InnoDB;
```

【例 4-2】创建一张 college（学院表）的数据表，该数据表使用 MyISAM 存储引擎，字段包含 college_id，college_name。

SQL 语句如下。

```
CREATE TABLE college(
college_id  INT(11),
college_name VARCHAR(255) NOT NULL DEFAULT 'none'
) ENGINE = MyISAM;
```

存储引擎的名字不区分字母的大小写，如果没有给出 ENGINE 选项，服务器将使用默认的存储引擎来创建数据表。内建的默认存储引擎是 MyISAM，但可以通过使用 --default-storage-engine 选项来启动服务器使用另外一种默认的存储引擎。在服务器运行期间，还可以通过设置系统选项 storage-engine 来改变默认的存储引擎。

如果想知道数据表使用的是哪一种存储引擎，发出一条 SHOW CREATE TABLE 语句并查看其输出内容里的 ENGINE 选项即可，其语法结构如下。

```
mysql> SHOW CREATE TABLE t\G;
```

如果想改变现有数据表的存储特性，在 ALTER TABLE 语句里写出相关的数据表选项即可。例如，如果想把 mytbl 数据表现在使用的存储引擎改成 InnoDB，其语法结构如下。

```
ALTER TABLE mytbl ENGINE = InnoDB;
```

如果只想创建原本没有的数据表，需要使用 CREATE TABLE IF NOT EXIST 语句。这条语句可以让应用程序无须假设它需要用到的数据表是否已经存在，应用程序都将去尝试创建那个数据表；无论它是否已经存在，都不会影响应用程序的正常执行。使用 IF NOT EXIST 短语时有个细节必须注意：MySQL 不会去比较 CREATE TABLE 语句里的数据表的结构与已经存在的那张数据表是否一致，即使已经存在一张名字相同但结构不同的数据表，这条语句也不会报告出错，如果想覆盖原有的数据表，可以先执行一条 DROP TABLE IF EXIST 语句，再执行一条不带 IF NOT EXIST 短语的 CREATE TABLE 语句。

2. 临时数据表

如果在数据表创建语句里加上 TEMPORARY 关键字，服务器将创建出一张临时的数据表，它在与服务器的连接断开时自动消失，其语法结构如下。

```
CREATE TEMPORARY TABLE tbl_name …;
```

临时数据表在使用后无须再使用一条 DROP TABLE 语句来删除该数据表，该临时数据表将在使用完毕后，在与服务器连接断开时自动删除，即使与服务器的连接意外断开了，服务器也将删除由该脚本创建的所有临时数据表。如果想使用某种存储引擎来创建临时数据表，则给 CREATE TEMPORARY TABLE 语句加上 ENGINE 选项即可，服务器会在用户会话结束时自动删除一张 TEMPORARY 数据表，这可以让服务器尽快释放与之相关联的资源。如果与服务器之间的会话还需要持续一段时间，及时释放不再需要的资源是一种良好习惯，尤其是那些临时性的 MEMORY 数据表。一张 TEMOPARY 数据表只对创建该数据表的用户是可见的，因为每个用户只能看到自己创建的数据表，所以不同的用户可以各自创建一张名字相同的 TEMPORARY 数据表而不会发生冲突。

在考虑要不要使用 TEMPORARY 数据表时，需要注意以下几点。

1）如果用户程序在与服务器的连接意外断开时自动重建连接，那么上次创建的 TEMPORARY 数据表在重新连接上服务器时不复存在，发出的 DROP TABLE 语句将会导致那张永久性的数据表被删除。如果想避免这种问题，就应该使用 DROP TEMPORARY TABLE 语句来代替。

2）TEMPORARY 数据表只对创建它们的连接是可见的，如果使用了某种连接池机制，它们就基本没有用处了，这是因为连接池机制不能保证发出的每一条语句使用的都是同一条连接。

3）如果使用了连接池或永久性连接，与 MySQL 服务器之间的连接在应用程序结束时就不一定会被关闭。那些机制可能会让连接保持打开状态供其他用户使用，而这就意味着创建的 TEMPORARY 数据表不一定会在应用程序结束时自动消失。

【例 4-3】创建一个 college（学院表）的临时数据表，字段包含 college_id 和 college_name。

SQL 语句如下。

```
CREATE TEMPORARY TABLE college_new LIKE college;
```

3. 从其他数据表或查询结果创建数据表

MySQL 提供了以下两条语句实现从其他的数据表或从查询结果中创建新的数据表。

（1）CREATE TABLE…LIKE 语句

将创建一张新数据表作为原始数据表的一份空白副本，它将把原始数据表的结构完整地进行复制，各数据列的所有属性及索引结构都会得到保留，但是这张新数据表的内容是空白的，没有记录。

其语法结构如下。

```
CREATE TABLE new_tbl_name LIKE tbl_name;
```

如果要填充数据，则需要使用 INSERT INTO…SELECT 语句，可以表征如下。

```
CREATE TABLE new_ tbl_name LIKE tbl_name;
INSERT INTO new_tbl_name SELECT * FROM tbl_name;
```

如果想创建一张数据表作为它本身的一个临时副本，需要加上TEMPORARY关键字。

```
CREATE TEMPORARY TABLE new_tbl_name LIKE tbl_name;
INSERT INTO new_tbl_name SELECT * FROM tbl_name;
```

创建一张与原始数据表同名的 TEMPORARY 数据表，这在打算使用一些语句去修改该数据表的内容但又不想改变原始数据表的内容时会非常有用。比如，如果在事先编写好的脚本里使用的是原始数据表的名字，则无须改写脚本使用另外一张数据表，只要在脚本的开头加上一条 CREATE TEMPORARY TABLE 语句和一条 INSERT 语句就可以了。该脚本将创建一份临时副本并在该份副本上进行各种操作，当脚本结束时，服务器会自动删除它。

如果只想把原始数据表里的一部分数据行插入新数据表里，可以增加一条 WHERE 子句来选取有关的数据行。

【例 4-4】创建一张名为 student_f 的新数据表，它只包含 student 数据表里的女学生的数据行。

SQL 语句如下。

```
CREATE TABLE student_f LIKE student;
INSERT INTO student_f SELECT * FROM student WHERE sex = 'f';
```

（2）CREATE TABLE…SELECT 语句

可以从任意一条 SELECT 语句的查询结果创建新数据表，在默认的情况下，这条语句不会复制所有的数据列属性，如 AOTO_INCREMENT 等。通过选取数据创建新数据表，它不会自动复制原始数据表里的所有索引，因为结果本身不带索引。CREATE TABLE…SELECT 语句只需一条语句就可以完成创建和填充新数据表两项任务。它可以用原始数据表的一个子集创建一张新数据表，还可以包括来自其他数据表的数据列或作为表达式结果被创建出来的数据列。

如果不关心新数据表是否保留了原始数据表里的数据列的精确定义，CREATE TABLE…SELECT 语句有时要比 CREATE TABLE…LIKE 语句更容易使用，因为前者只需一条语句就可以创建并填充新数据表，其语法结构如下。

```
CREATE TABLE student_f SELECT * FROM student WHERE sex = 'f';
```

用 CREATE TABLE…SELECT 语句创建出来的新数据表并非只能包含来自某一个数据表的数据列，用户随时可以在必要时用它快速创建一张新数据表来容纳任何一次 SELECT 查询的结果。这样做可以非常简便快速地创建一张新数据表，并让该数据表的内容成为想要的数据，供后续使用。CREATE TABLE…SELECT 语句的缺点之一是它不会把原始数据的所有特征全部复制到新数据表的结构里去。比如说，通过复制数据到其中来创建一张数据表不会把原始数据表里的索引复制过去，而且可能失去数据列属性，可以保留下来的属性包括数据列是 NULL 还是 NOT NULL、字符集和排序方式、默认值和数据列注释。

4. 使用 MERGE 数据表

MERGE 存储引擎把一组 MyISAM 数据表当作一个逻辑单元对待，允许同时对它们进行查询，构成一张 MERGE 数据表的各成员 MyISAM 数据表必须具有完全相同的结构。每一张成员数据表里的数据列必须按照同样的顺序定义同样的名字和类型，索引也必须按照同样的顺序和同样的方式定义。

【例 4-5】假设有几张日志数据表，它们的内容分别是这几年来每一年里的日志记录项，它们的定义如下，其中 CC 代表世纪，YY 代表年份。

```
CREATE TABLE log_CCYY(
dt DATETIME NOT NULL,
info VARCHAR(IOO) NOT NULL,
INDEX (dt)
)ENGINE = MyISAM;
```

假设日志数据表的当前集合包括 log_2004、log_2005、log_2006、log_2007 和 log_2008，可以创建一张如下 MERGE 数据表把它们归拢为一个逻辑单元。

```
CREATE TABLE log_merge(
dt DATETIME NOT NULL,
info VARCHAR(IOO) NOT NULL,
INDEX (dt)
)ENGINE = MERGE UNION = (log_2004, log_2005, log_2006, log_2007,log_2008);
```

ENGINE 选项的值必须是 MERGE，UNION 选项列出了将被收录在这张 MERGE 数据表里的各有关数据表。创建出这张 MERGE 数据表，它可以像任何其他的数据表一样进行查询，只是每次查询操作都将同时作用于构成它的每一张成员数据表。

通过以下查询可以查询出上述几张日志数据表中数据行的总数。

```
SELECT COUNT(*) FROM log_merge;
```

通过以下查询可以确定在这几年里每年各有多少条日志记录项。

```
SELECT YEAR(dt) AS y, COUNT(*) AS entries FROM log_merge GROUP BY y;
```

除了便于同时引用多张数据表而无须发出多条查询命令，MERGE 数据表还可以用来创建一个尺寸超过各张 MyISAM 数据表所允许的最大长度的逻辑单元。可以把经过压缩的数据表包括到 MERGE 数据表里。

5. 使用分区数据表

MySQL5.1 及更高版本支持分区数据表。分区在概念上与 MERGE 存储引擎相似，它们都可以用来访问被分别存储在不同地点的多张数据表的内容。这两者之间的区别是：每张分区数据表都是一张“货真价实”的数据表，而不是一个用来列出各成员数据表的逻辑构造；分区数据表可以使用除 MyISAM 外的存储引擎，而 MERGE 数据表只能用 MyISAM 数据表来构成。

在创建一张分区数据表时，首先在 CREATE TABLE 语句中给出数据列和索引的清单，然后用 PARTITION BY 子句定义一个把数据行分配到各个分区的分区函数，最后写出其他必需的分区选项。分区函数的作用类似于在创建 MERGE 数据表时使用的 INSERTKTHOD 选项，只是它更通用，它可以把新数据行分布到所有的分区，而 INSERTHETHOD 选项只能把所有的新数据行插入同一张数据表。分区函数把新数据行分配到不同分区的依据可以是取值范围、值的列表或 HASH 值，以下几点供参考。

1）根据取值范围进行分区。数据行所包含的值可以划分为一系列互不冲突的区间，如日期、收入水平、质量等。

2）根据列表进行分区。每个分区分别对应一个明确的值的列表，如邮政编码表、电话号码区号表、身份证号码中的地区编号表等。

3）根据 HASH 值进行分区。根据数据行的键值计算出一个 HASH 值，再根据这个 HASH 值把数据行分布到各分区。可以自行提供一个 HASH 函数，也可以列出一组数据列让 MySQL 使用一个内建的 HASH 函数去计算那些数据列的 HASH 值。

4）分区函数必须具备这样一种确定性：同样的输入永远会把数据行分配到同一个分区。按照这一要求，RAND 和 NOWO 之类的函数显然不适合用作分区函数。

【例 4-6】创建一个分区表 test_log，并添加分区。

SQL 语句如下。

```
CREATE TABLE test_log
(
  id bigint(20) NOT NULL AUTO_INCREMENT,
  name varchar(20) NULL,
  gmt_create datetime NOT NULL,
  PRIMARY KEY (id,gmt_create),
```

```
  key idx_name (name)
)ENGINE=InnoDB DEFAULT CHARSET=utf8
partition by range(to_days(gmt_create))
(
partition p20141115 values less than (to_days('2014-11-15')),
partition p20141130 values less than (to_days('2014-11-30')),
partition p20141215 values less than (to_days('2014-12-15')),
partition p20141231 values less than (to_days('2014-12-31')),
partition p20150115 values less than (to_days('2015-01-15')),
partition p20150131 values less than (to_days('2015-01-31')),
partition p20150215 values less than (to_days('2015-02-15')),
partition p20150228 values less than (to_days('2015-02-28')),
partition p20150315 values less than (to_days('2015-03-15')),
partition p20150331 values less than (to_days('2015-03-31')),
partition p20150415 values less than (to_days('2015-04-15')),
partition p20150430 values less than (to_days('2015-04-30'))
);
ALTER TABLE test_log ADD partition (partition p20150515 values less than (to_days('2015-05-15')));
ALTER TABLE test_log ADD partition (partition p20150531 values less than (to_days('2015-05-31')));
ALTER TABLE test_log ADD partition (partition p20150615 values less than (to_days('2015-06-15')));
ALTER TABLE test_log ADD partition (partition p20150630 values less than (to_days('2015-06-30')));
ALTER TABLE test_log ADD partition (partition p20150715 values less than (to_days('2015-07-15')));
ALTER TABLE test_log ADD partition (partition p20150731 values less than (to_days('2015-07-31')));
ALTER TABLE test_log ADD partition (partition p20150815 values less than (to_days('2015-08-15')));
ALTER TABLE test_log ADD partition (partition p20150831 values less than (to_days('2015-08-31')));
ALTER TABLE test_log ADD partition (partition p20150915 values less than (to_days('2015-09-15')));
ALTER TABLE test_log ADD partition (partition p20150930 values less than (to_days('2015-09-30')));
ALTER TABLE test_log ADD partition (partition p20151015 values less than (to_days('2015-10-15')));
```

4.1.3 通过 Navicat 软件创建数据表

Navicat for MySQL 是管理和开发 MySQL 或 MariaDB 的理想解决方案。它是一套单一的应用程序，能同时连接 MySQL 和 MariaDB 数据库，并与 Amazon RDS、Amazon Aurora、Oracle Cloud、Microsoft Azure、阿里云、腾讯云和华为云等云数据库兼容。

如果要通过可视化管理界面进行数据表的创建，则首先要进行数据库的创建，创建过程已经在前面章节进行了讲解。双击创建好的数据库，进行数据表的创建。

新建一张 course（课程）的数据表，数据表中的字段及说明如表 4-5 所示。

表 4-5　课程数据表

字段名	类型	长度	注释
course_id	int	11	课程 id
course_name	varchar	255	课程名称
content	text	0	课程简介
outline	text	0	教学大纲
hour	int	100	学时
college_id	int	11	学院 id
pid	int	11	先导课程 id
choose_type	tinyint	1	课程性质：1 必修；2 限选；3 任选
classroom_type	tinyint	2	教室类型

第一步：单击“新建表”按钮，如图 4-1 所示。

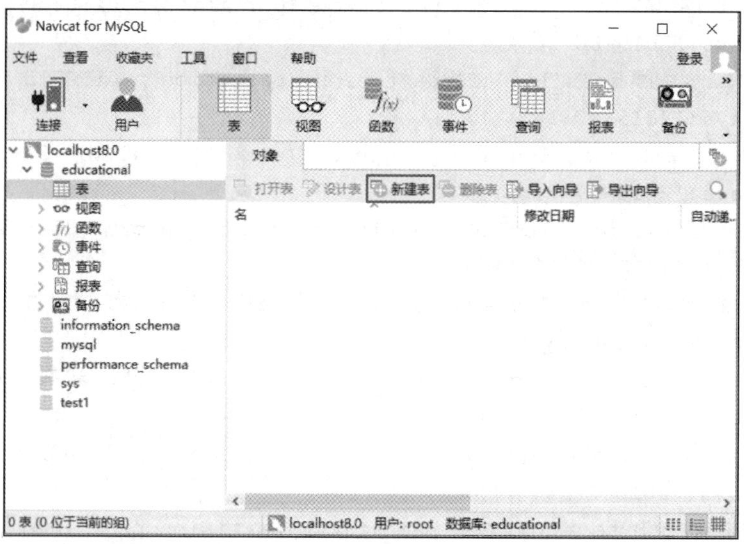

图 4-1　新建表

第二步：在栏位中填写字段信息，通过单击“添加栏位”“插入栏位”“删除栏位”“主键”“上移”“下移”等按钮改变栏位数量及位置，如图 4-2 所示。当输入字段后，单击所需要设置为主码的字段，随后单击“主键”按钮，则该字段被设为主码。

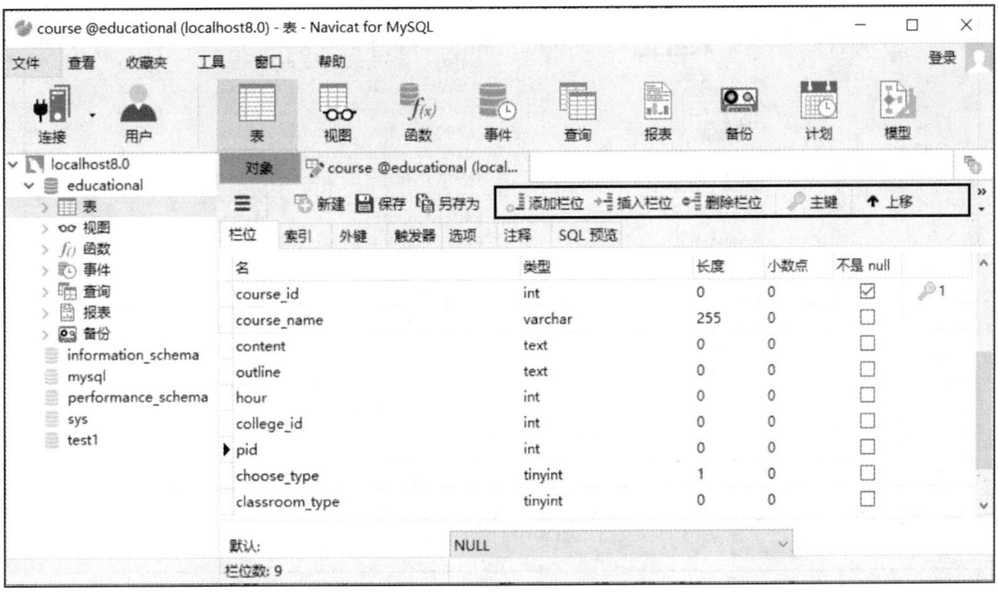

图 4-2 数据表字段编辑

第三步：设置好表字段后单击“保存”按钮，键入表名即完成建表，如图 4-3 所示。

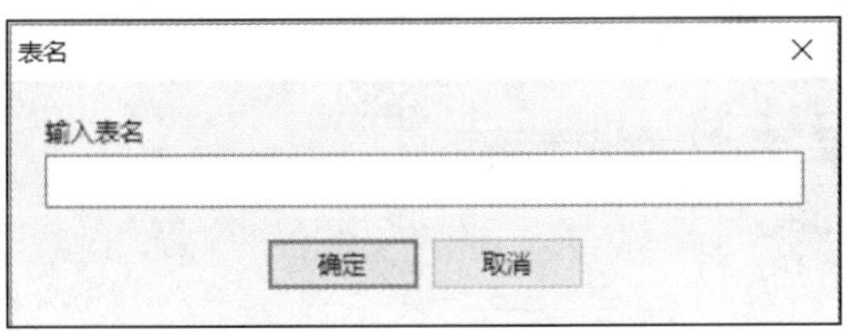

图 4-3 输入表名

第四步：建好表之后，可在所建表上右击或单击工具栏中的“设计表”按钮，如图 4-4 所示，即可查看或修改表结构，如图 4-5 所示，修改完后单击“保存”按钮即可。

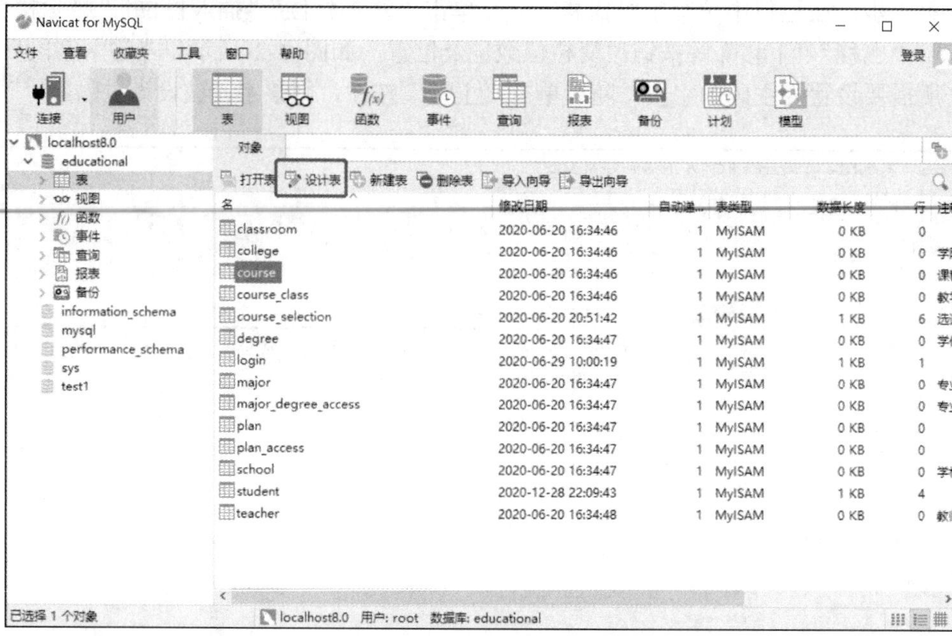

图 4-4 设计表

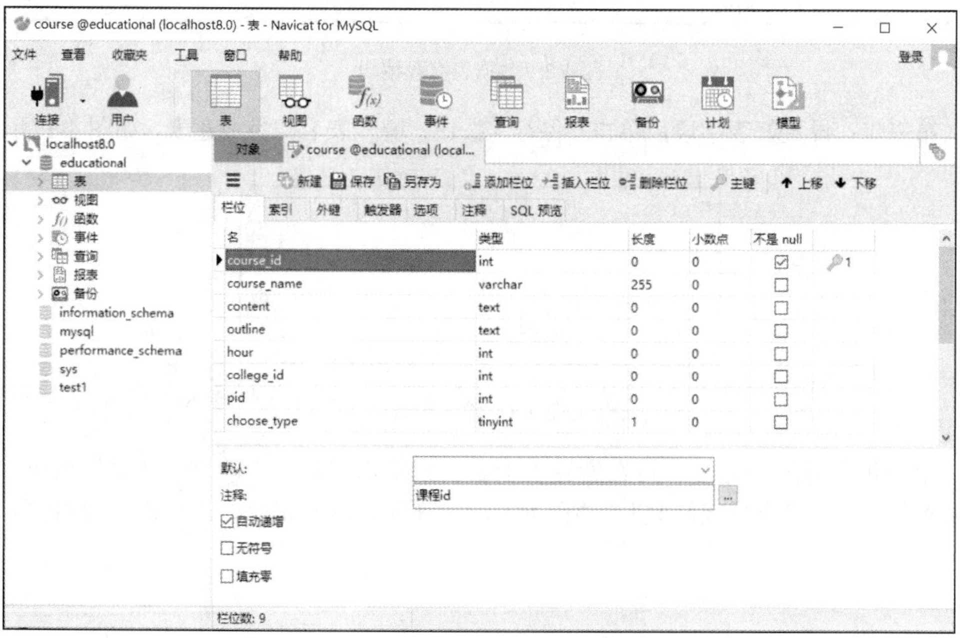

图 4-5 编辑表

4.1.4 设计学生信息管理数据库

1）创建 classroom（班级）的数据表，数据表中的字段及说明如表 4-6 所示，班级表的创建界面如图 4-6 所示。

表 4-6 班级表

字段名	类型	长度	注释
classroom_id	int	11	教室 id
campus	varchar	255	校区
building	varchar	255	楼名
room_num	varchar	100	房间号
type	tinyint	2	教室类型
people_num	int	11	容纳人数

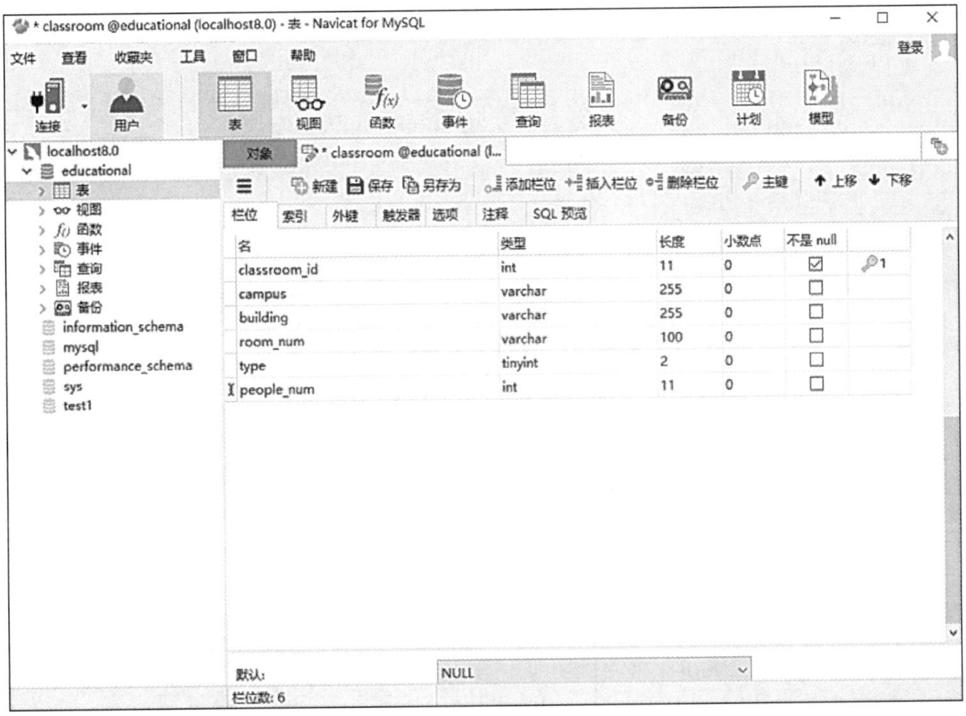

图 4-6 班级表的创建界面

2）college（学院）的数据表如表 4-7 所示，学院表的创建界面如图 4-7 所示。

表 4-7　学院表

字段名	类型	长度	注释
college_id	int	11	学院 id
college_name	varchar	255	学院名称

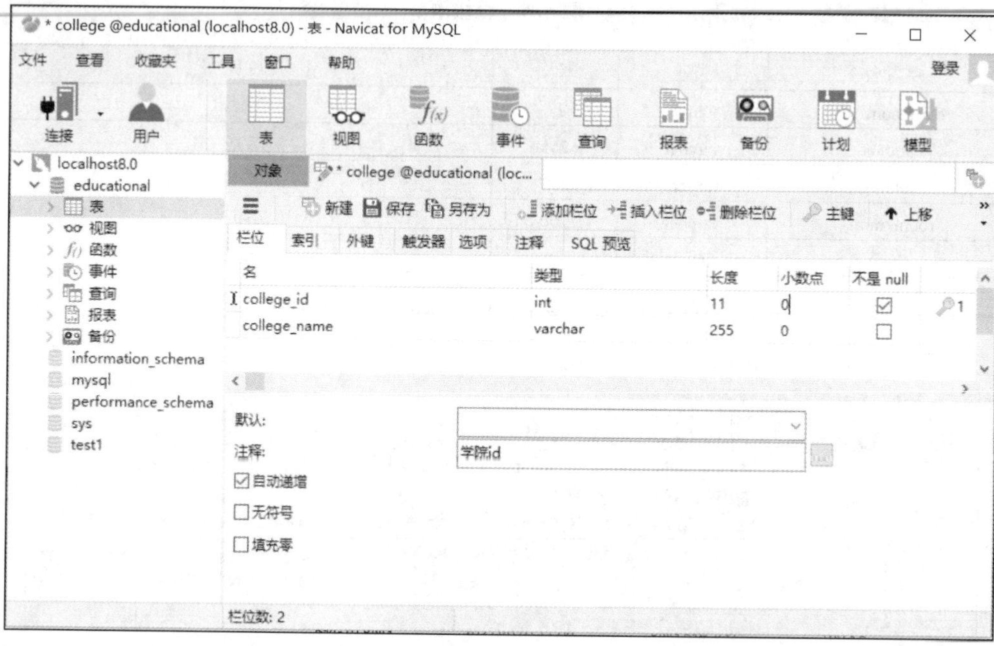

图 4-7　学院表的创建界面

3）course（课程）的数据表如表 4-8 所示，课程表的创建界面如图 4-8 所示。

表 4-8　课程表

字段名	类型	长度	注释
course_id	int	11	课程 id
course_name	varchar	255	课程名称
content	text	0	课程简介
outline	text	0	教学大纲
hour	int	100	学时
college_id	int	11	学院 id
pid	int	11	先导课程 id
choose_type	tinyint	1	课程性质：1 必修；2 限选；3 任选
classroom_type	tinyint	2	教室类型

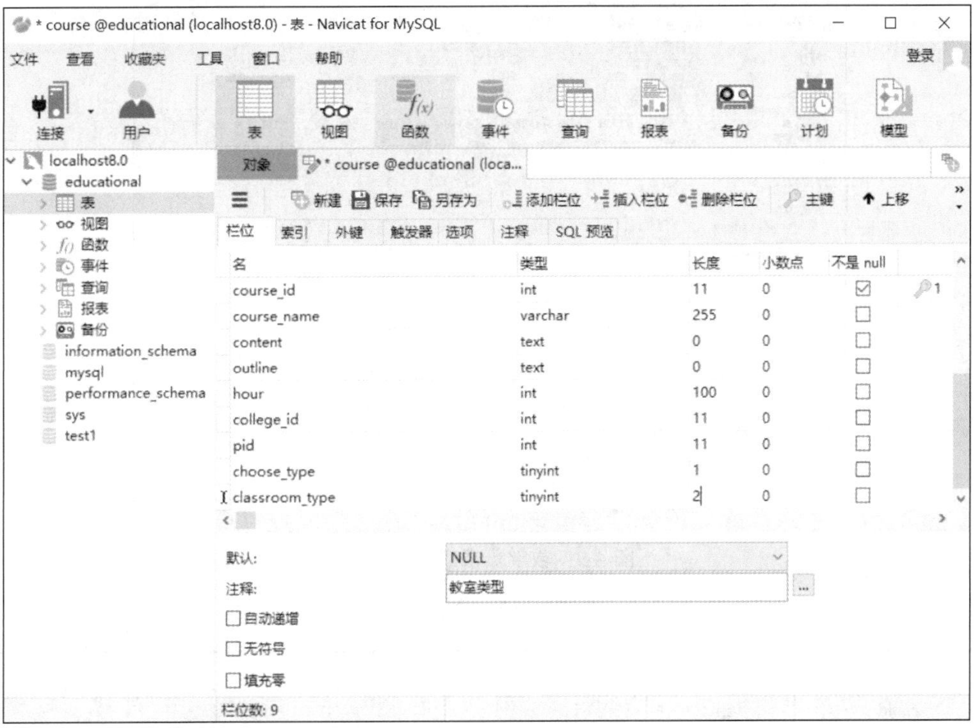

图 4-8 课程表的创建界面

4）course_class（教学班）的数据表如表 4-9 所示，教学班表的创建界面如图 4-9 所示。

表 4-9 教学班表

字段名	类型	长度	注释
cc_id	int	11	教学班 id
course_id	int	11	课程 id
teacher_id	int	11	教师 id
contain_num	int	100	容纳人数
choose_num	int	100	已选人数
time	varchar	100	上课时间
classroom_id	int	11	上课地点 id

5）course_selection（选课）的数据表如表 4-10 所示，选课表的创建界面如图 4-10 所示。

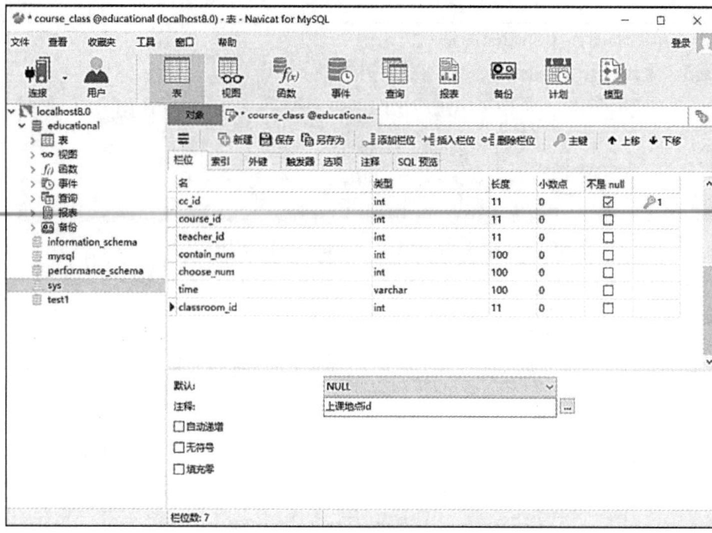

图 4-9　教学班表的创建界面

表 4-10　选课表

字段名	类型	长度	注释
cs_id	int	11	选课 ID
student_id	int	11	学生 ID
cc_id	int	11	教学班 ID
teacher_score	int	100	学生评价教师分数
student_score	int	100	学生该课程期末分数

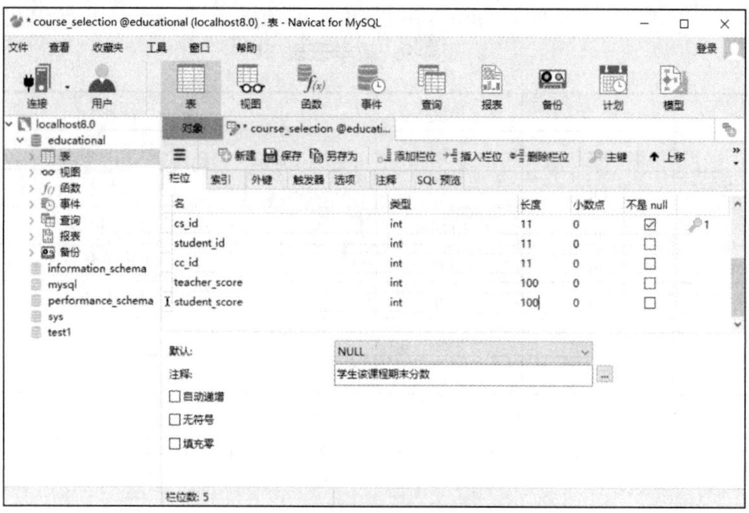

图 4-10　选课表的创建界面

6）degree（学位类型）的数据表如表 4-11 所示，学位类型表的创建界面如 4-11 所示。

表 4-11 学位类型表

字段名	类型	长度	注释
degree_id	int	11	学位类型 ID
degree_name	varchar	255	学位类型名称
school_id	int	11	学校 ID
recruit_num	int	11	该学位招生人数

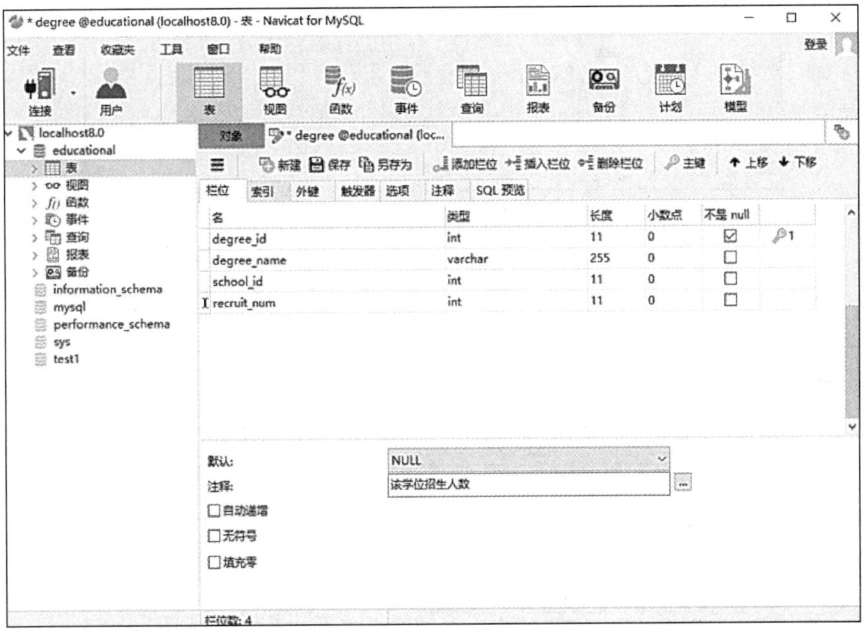

图 4-11 学位类型表的创建界面

7）major（专业）的数据表如表 4-12 所示，专业表创建界面如图 4-12 所示。

表 4-12 专业表

字段名	类型	长度	注释
major_id	int	11	专业 id
major_name	varchar	255	专业名称
college_id	int	11	学院 id
recruit_num	int	11	该专业招生人数

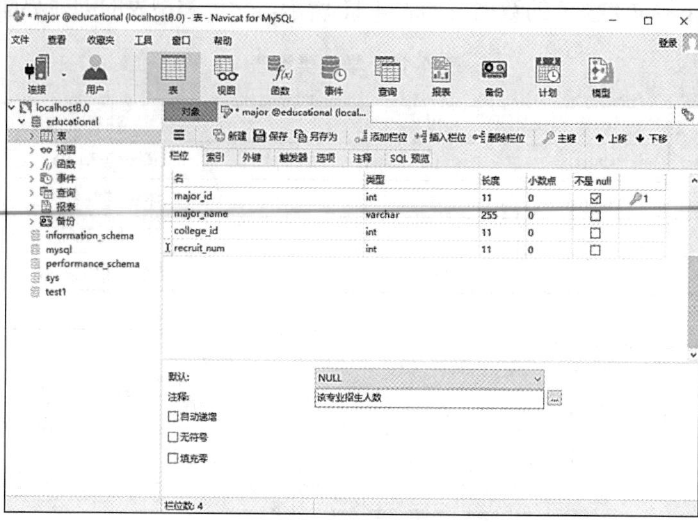

图 4-12　专业表的创建界面

8）major_degree_access（专业类别组合关联计划）的数据表如表 4-13 所示，专业类别组合关联计划表的创建界面如图 4-13 所示。

表 4-13　专业类别组合关联计划表

字段名	类型	长度	注释
major_id	int	11	专业 id
degree_id	int	11	学位类别 id
plan_id	int	11	计划 id

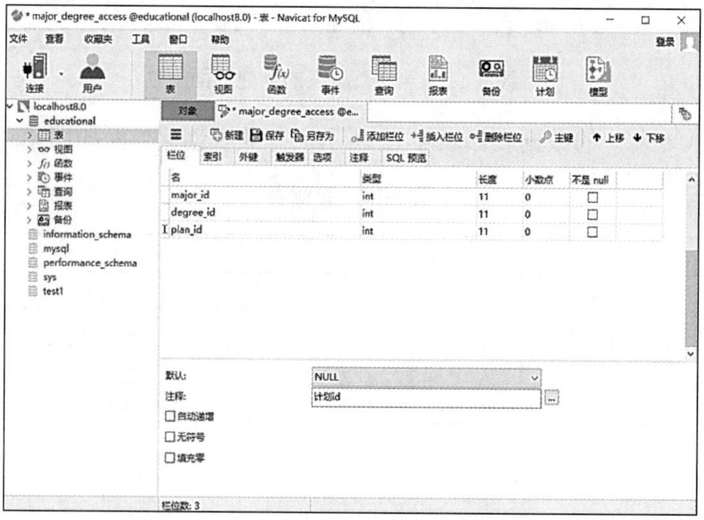

图 4-13　专业类别组合关联计划表的创建界面

9）plan（计划）的数据表如表 4-14 所示，计划表的创建界面如图 4-14 所示。

表 4-14 计划表

字段名	类型	长度	注释
plan_id	int	11	计划 id
plan_name	varchar	255	计划名称
create_date	varchar	255	制订日期
edition	int	100	版本
foreign_language	double	(5,1)	外语必修学分
public_required	double	(5,1)	公共必修分数
public_elective	double	(5,1)	公共选修分数
major_required	double	(5,1)	专业必修分数
major_elective	double	(5,1)	专业选修分数
major_common	double	(5,1)	专业限选分数

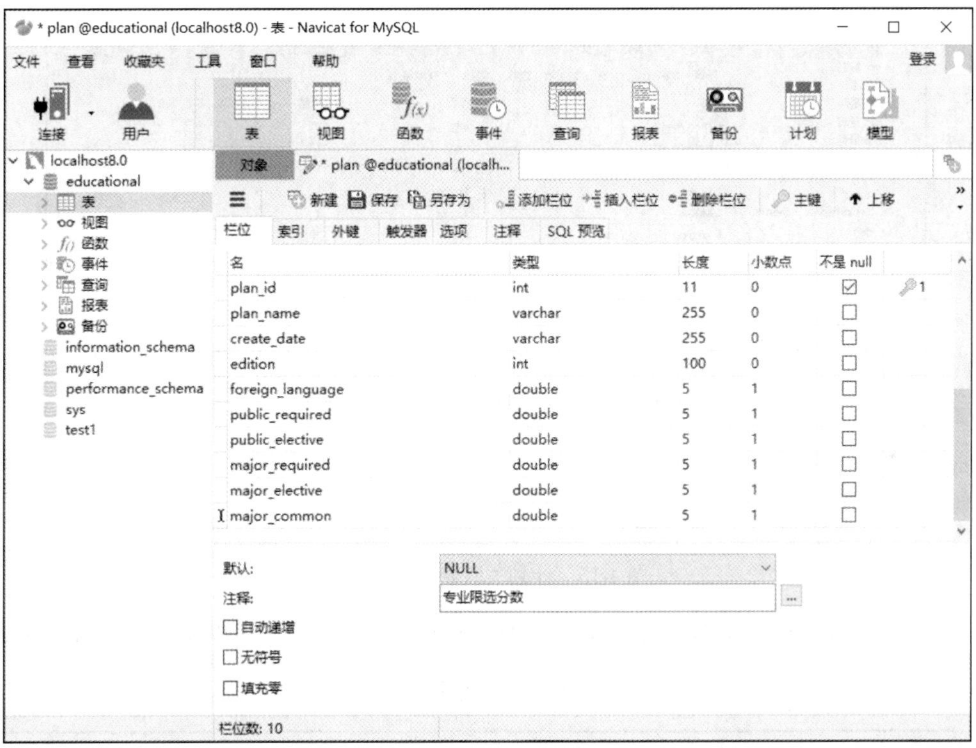

图 4-14 计划表的创建界面

10）plan_access（计划关联）的数据表如表 4-15 所示，计划关联表的创建界面如图 4-15 所示。

表 4-15　计划关联表

字段名	类型	长度	注释
plan_id	int	11	计划 id
course_id	int	11	课程 id
term	tinyint	1	学期：1 一学年上学期；2 一学年下学期；3 二学年上学期；4 二学年下学期，5 三学年上学期；6 三学年下学期；7 四学年上学期；8 四学年下学期
type	tinyint	1	课程类型：1 公共；2 专业
status	tinyint	1	课程性质：1 必修；2 限选；3 任选
score	int	100	学分

图 4-15　计划关联表的创建界面

11）school（学校）的数据表如表 4-16 所示，学校表的创建界面如图 4-16 所示。

表 4-16　学校表

字段名	类型	长度	注释
school_id	int	11	学校 id
school_name	varchar	255	学校名称

图 4-16 学校表的创建界面

12）student（学生）的数据表如表 4-17 所示，学生表的创建界面如图 4-17 所示。

表 4-17 学生表

字段名	类型	长度	注释
student_id	int	11	学生 id
student_name	varchar	255	学生姓名
degree_id	int	11	所属学位类别 id
major_id	int	11	所属专业 id
born_date	datetime		出生日期
sex	char	8	性别

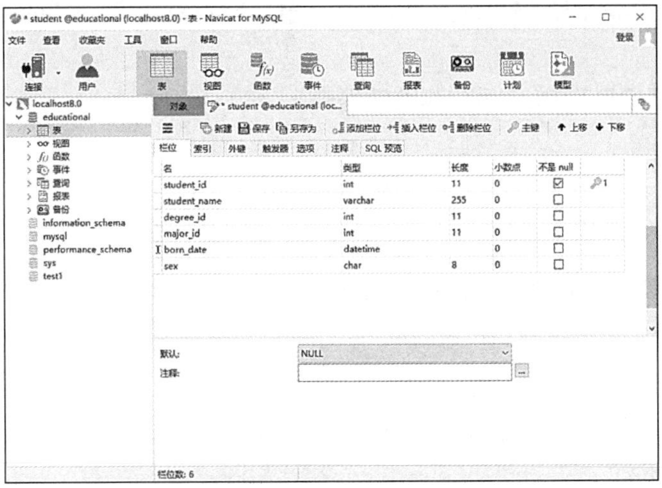

图 4-17 学生表的创建界面

13）teacher（教师）的数据表如表 4-18 所示，教师表的创建界面如图 4-18 所示。

表 4-18 教师表

字段名	类型	长度	注释
teacher_id	int	11	教师 id
teacher_name	varchar	255	教师姓名
college_id	int	11	所属学院 id

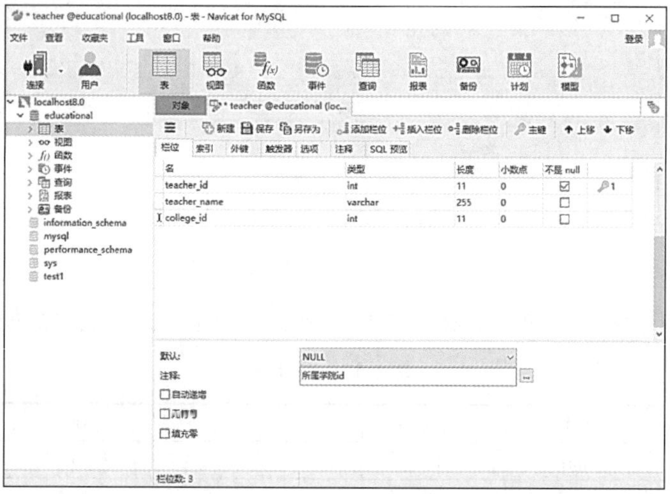

图 4-18 教师表的创建界面

4.2 删除与修改数据表

4.2.1 使用 DROP TABLE 语句删除数据表

删除数据表要比创建数据表容易得多，只需给出表名字即可，其语法结构如下。

```
DROP TABLE tbl_name;
```

MySQL 为 DROP TABLE 语句提供了几种有用的变体，如果需要删除多张数据表，则把它们依次列在同一条语句里即可。

```
DROP TABLE tbl_name1, tbl_name2;
```

如果不能肯定某张数据表是否已经存在，如果存在就要删除它，在这种情况下，需加上 IF EXIST 子句。

```
DROP TABLE IF EXISTS tbl_name;
```

IF EXIST 子句的作用是在给定的数据表不存在时不进行错误报告，但每出现一次这样的情况，就使服务器生成一条警告消息，可以用 SHOW WARNINGS 语句去查看它们，IF EXIST 子句非常适合用在将通过 MySQL 客户工具运行的脚本里。在默认的情况下，MySQL 工具会在有错误发生时退出运行，而删除一张并不存在的数据表是一个错误。例如，假设有一个初始化脚本，它负责创建一些数据表以供其他脚本进一步处理使用，在这种情况下，应该确保初始化脚本在开始运行时有一个干净的环境。如果在这个脚本的开头使用的是普通的 DROP TABLE 语句，它在第一次运行时就会失败，因为它想要删除的数据表还没有被创建出来，此时就需要使用 IF EXIST 子句。如果数据表已经存在，则它们将被删除；如果它们不存在，也不会发生错误，脚本将继续执行。

如果只想删除临时数据表，加上 TEMPORARY 关键字即可。

```
DROP TEMPORARY TABLE tbl_name;
```

【例 4-7】删除 student 的数据表。

SQL 语句如下。

```
DROP TABLE student;
```

4.2.2 通过 Navicat 软件删除数据表

通过 Navicat 数据库管理工具进行数据库删除的操作非常简单，首先在打开的数据库管理工具页面中双击数据库，如图 4-19 所示。

图 4-19 在打开的数据库管理工具页面中双击数据库

然后在右侧找到欲删除的数据表，单击“删除表”按钮即可删除相应的数据表。删除数据表后不可恢复，所以在删除的过程中，一定注意确定好要删除的数据表。

4.2.3 使用 ALTER TABLE 语句修改表结构

ALTER TABLE 语句可以用于改变存储引擎、创建和删除索引、重新命名数据表、添加或删除数据列、改变数据列的数据类型等。ALTER TABLE 语句也可用于修改数据表结构。ALTER TABLE 语句语法结构如下。

```
ALTER TABLE tbl_name action [, action]…;
```

每个 action 代表一个对数据表进行的修改。有些数据库系统只允许 1 条 ALTER TABLE 语句完成 1 个改动，MySQL 允许用 1 条 ALTER TABLE 语句完成多个改动，只要用逗号隔开即可。如果需要在使用 ALTER TABLE 语句之前查看数据表的当前定义，则可以执行一条 SHOW CREATE TABLEA 语句。在执行完 ALTER TABLE 语句之后，用该条语句去验证改动对数据表定义的影响是否符合预期。

如果想改变某个数据列的数据类型，可以使用 CHANGE 或 MODIFY 子句。

【例 4-8】假设数据表里的某个数据列的数据类型是 SMALLINT UNSIGNED，将其改成 MEDIUMINT UNSIGNED。

```
ALTER TABLE mytbl MODIFY i MEDIUMINT UNSIGNED;
ALTER TABLE mytbl CHANGE  i  i  MEDIUMINT UNSIGNED;
```

为什么在使用 CHANGE 子句时需要写两遍数据列的名字呢？因为 CHANGE 子句能够（而 MODIFY 子句不能）在改变其数据类型的同时重新命名一个数据列。如果想在改变其数据类型的同时把数据列 i 重新命名为 k，可以采用如下方法。

```
ALTER TABLE mytbl CHANGE  i  k  MEDIUMINT UNSIGNED;
```

在 CHANGE 子句里，需要先给出想改动的数据列的名字，然后给出它的新名字和新定义。因此，即使不想重新命名这个数据列，也需要再次给出名字。如果只想改变数据列的名字，不改变它的数据类型，则先写出 CHANGE old_name new_name，再写出数据列的当前定义即可。可以为各数据列指定字符集，具体做法是在数据列的定义里使用 CHARACTER SET 属性来改变它的字符集。

```
ALTER TABLE t MODIFY c CHAR (20) CHARACTER SET ucs2;
```

改变数据类型的重要原因之一，是改善涉及多个数据表中的数据列比较关联查询的性能，索引通常可以用来在关联查询里比较两个相似的数据列类型，而如果这两个数据列的类型完全相同的话，比较速度会提升很多。

【例 4-9】假设正在运行一个如下查询。

```
SELECT … FROM tl INNER JOIN t2 WHERE tl.name = t2.name;
```

如果 tl.name 是 CHAR(10)，t2.name 是 CHAR(15)，查询的速度将不如 t2.name 都是 CHAR(15)时快，且差异很多，故我们需要将两者的类型进行统一。

```
ALTER TABLE tl MODIFY name CHAR(15);
ALTER TABLE tl CHANGE name name CHAR(15);
```

如果想让数据表改用另一种存储引擎，则用 ENGINE 子句给出新存储引擎名字即可实现。

```
ALTER TABLE tbl_name ENGINE = engine_name;
```

engine_name 是一个诸如 MyISAM、MEMORY 或 InnoDB 之类的存储引擎名称，不区分字母的大小写。让数据表改用另一种存储引擎的常见原因是为了让它更具备事务安全性。假设有一张 MyISAM 数据表，而一个用到了这张数据表的应用程序需要进行事务操作，包括意外故障发生时的事务回滚机制，但 MyISAM 数据表不支持事务处理，因此需要将它转换为 InnoDB 数据表或 Falcon 数据表，以使其具备事务安全性。

```
ALTER TABLE tbl_name ENGINE = InnoDB;
ALTER TABLE tbl_name ENGINE = Falcon;
```

当将数据表改用另一种存储引擎时，能否达到预期目的还要取决于新老两种存储引擎的功能是否兼容，以下转换是被不允许的。

1）如果有一张数据表包含着一个 BLOB 数据列，则不能把它转换为使用 MEMORY 引擎，因为 MEMORY 引擎不支持 BLOB 数据列。

2）如果有一张 MyISAM 数据表包含着 FULLTEXT 或 SPATIAL 索引，则不能把它转换为使用另一种引擎，因为只有 MyISAM 支持这两种索引。

3）MEMORY 数据表存在于内存中，在服务器退出运行时将消失。因此，如果某张数据表的内容在服务器重新启动后仍需存在，则不应该把它转换为 MEMORY 类型。

4）如果使用了一张 MERGE 数据表来管理一组 MyISAM 数据表，就应该避免使用 ALTER TABLE 语句去改变个别 MyISAM 数据表的结构，除非决定对所有的成员 MyISAM 数据表和与之匹配的 MERGE 数据表做出同样的修改。MERGE 数据表的正常使用需要其全体成员 MyISAM 数据表有着同样的结构。

5）InnoDB 数据表可以被转换为使用另一种存储引擎。因为只有 InnoDB 才支持外码，如果 InnoDB 数据表定义了外码约束条件，那么这些约束条件在转换后将不复存在。

重新命名一张数据表，需要使用 RENAME 子句，其语法结构如下。

```
ALTER TABLE tbl_name RENAME TO new_ tbl_name;
```

也可以使用如下语法结构。

```
RENAME TABLE old_name TO new_name;
```

ALTER TABLE 语句每次只能重新命名一张数据表，而 RENAME TABLE 语句可以一次性重新命名多张数据表。交换两张数据表的名字，可以表征如下。

```
RENAME TABLE tl TO tmpz, t2 TO tl, tmp TO t2;
```

如果在重新命名一张数据表时，在名字前面加上了数据库名前缀，就可以将它从一个数据库移动到另一个数据库。例如，把数据表 t 从 sawdb 数据库移到 test 数据库中，可以表征如下。

```
ALTER TABLE sampdb.t RENAME TO test.t;
RENAME TABLE sampdb.t TO test.t;
```

切记不能把一张数据表重新命名为一个已有的名字，如果重新命名的某张 MyISAM 数据表是某张 MERGE 数据表的成员，则必须重新定义 MERGE 数据表，让它使用 MyISAM 数据表的新名字。

4.2.4 通过 Navicat 软件修改表结构

使用 Navicat 软件修改表结构的方式比使用 SQL 语句修改表结构更直观简便，在数据表界面，右击数据表，在弹出的快捷菜单中选择“设计表”命令，如图 4-20 所示。

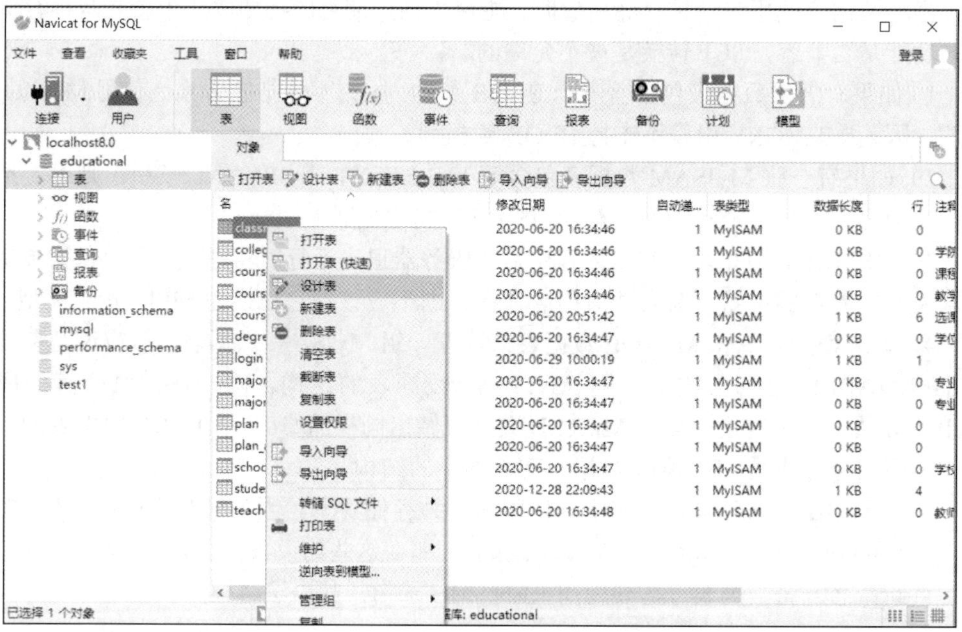

图 4-20　修改表结构

选择“设计表”命令后的显示界面如图 4-21 所示。

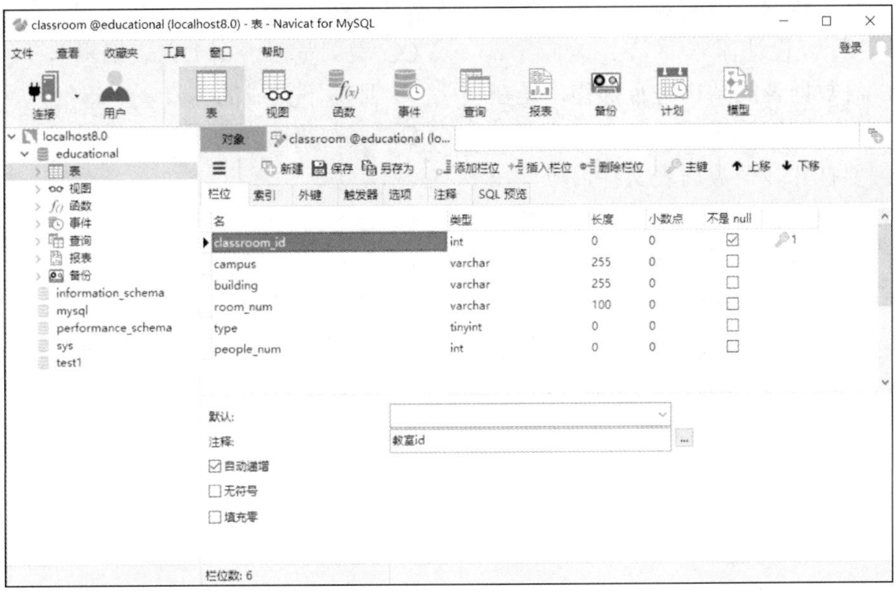

图 4-21 设计表界面

在数据表设计界面上修改相关信息即可，修改完毕后单击“保存”按钮进行保存。如果想修改数据表的名字，只需要在数据表界面单击对应的数据表，输入新的数据表的名称，或者右击，在弹出的快捷菜单中选择“重命名”命令即可。

本章小结

本章详细介绍了如何理解数据表的基本概念，这些基本概念是学习 MySQL 表与表结构的基础，学习本章内容时，应该重点掌握使用 SQL 语句对数据表的操作，并熟练使用 Navicat for MySQL 对数据表进行创建、修改、删除等操作，主要目的是帮助读者更好地理解数据表，熟练使用 MySQL 语句及 Navicat 软件操作数据表，为其提供理论基础和设计思路，为后续的实际操作奠定基础。

习 题

一、选择题

1．利用向导创建数据表时，应该（　　）。

A．在工具栏上单击向导按钮　　B．在命令窗口执行 CREATE

C．在表设计器中选择　　　　　　　D．在新建窗口中单击“向导”按钮

2．修改数据表中的数据是在（　　）环境下完成的。

A．表设计器　　B．表向导　　C．表浏览器　　D．表编辑器

3．对数据表的结构进行操作，是在（　　）环境下完成的。

A．表设计器　　B．表向导　　C．表浏览器　　D．表编辑器

4．要打开多个数据表文件，应该在多个（　　）。

A．工作区中　　B．数据库中　　C．工作期中　　D．项目中

5．在“显示”下拉菜单中，单击“追加方式”命令，将在（　　）。

A．当前表中增加一个空记录　　　B．当前表尾增加一个空记录

C．当前表中进入追加状态　　　　D．当前表上弹出追加对话框

6．一张表的全部备注字段的内容存储在（　　）中。

A．同一表备注文件　　　　　　　B．不同表备注文件

C．同一文件文本　　　　　　　　D．同一数据库文件

7．如果需要给当前表增加一个字段，应使用的命令是（　　）。

A．APPEND　　　　　　　　　　B．MODIFY STRUCTUER

C．INSERT　　　　　　　　　　D．EDIT

8．将项目文件中的数据表移出后，该数据表被（　　）。

A．移出项目　　B．逻辑删除　　C．移出数据库　　D．物理删除

9．要使学生数据表中不出现同名学生记录，在数据库中需要建立（　　）。

A．字段有效性控制　　　　　　　B．属性设置

C．记录有效性控制　　　　　　　D．设置触发器

10．打开一张建立了结构复合索引的数据表，表记录的顺序将（　　）。

A．按第一个索引标识　　　　　　B．按最后一个索引标识

C．按主索引标识　　　　　　　　D．为原顺序

二、填空题

1．创建数据库有两种方式，即界面操作方式和________。

2．数据库表有 4 种索引类型，分别是主索引、________索引、________索引和候选索引。

3．在同一张数据表中可以有________个候选索引。

4．为了确保相关表之间数据的一致性，需要设置________规则。

5．数据表由________和________两部分组成。

三、操作题

1．使用 MySQL 语句创建一张数据表。

2．使用 Navicat 软件创建数据表，并进行修改、删除等操作。

第5章 数据查询与更新

查询是数据库系统中管理与维护最常用的，也是最重要的功能，它为用户快速方便地使用数据库中的数据提供了一种有效的方法。本章讲述了数据库的单表数据查询和多表连接查询、分组与排序的使用方法、子查询和联合查询的使用规则，重点介绍了SELECT的各种用法及用insert、update、delete等关键字进行各种查询的方法。

学习目标

- 掌握数据库单表数据查询。
- 掌握数据库多表连接查询。
- 掌握数据库数据记录的插入、修改和删除。

5.1 数据查询

5.1.1 单表数据查询

1. 单表无条件数据查询

单表无条件数据查询是指不限定条件地在单一表上进行数据查询，包括查询结果的排序与利用查询结果生成新表。使用SQL中的SELECT语句来实现对数据库的查询，SELECT语句的作用是让服务器从数据库中按用户要求检索数据，并将结果以表格的形式返给用户。完整的SELECT语句非常复杂，为了更加清楚地理解SELECT语句，从下面几个方面进行描述。数据查询SELECT语句的语法可以表征为如下形式。

```
SELECT <子句 1>FROM <子句 2>[WHERE <表达式 1>]
[GROUP BY <子句 3>][HAVING <表达式 2>][ORDER BY <子句 4>]
[LIMIT <子句 5>][UNION <操作符>];
```

- SELECT<子句 1>指定查询结果中需要返回的值(字段)。SELECT [ALL|DISTINCT]

中，ALL 指定表示结果集的所有行，可以显示重复行，ALL 是默认选项。DISTINCT 指定在结果集显示唯一行，空值被认为相等，用于消除取值重复的行，ALL 与 DISTINCT 不能同时使用。

- FROM<子句 2>指定待检索行的表或视图。
- WHERE<表达式 1>指定查询的搜索条件，是有条件下查询的必要条件指定。
- GROUP BY<子句 3>指定查询结果的分组条件。
- HAVING<表达式 2>指定分组或集合的查询条件。
- ORDER BY<子句 4 >指定查询结果的排序方法。
- LIMIT<子句 5>用于限制 SELECT 语句返回的行数，如："[LIMIT n1[, n2]];"，LIMIT n1 表示返回最前面的 n1 行数据，n1 表示返回的行数；LIMIT n1，n2 表示从 n1 行开始，返回 n2 行数据。初始值为 0，n1、n2 必须是非负的整型常量。
- UNION <操作符>将多个 SELECT 语句查询结果组合为一个结果集，该结果集包含联合查询中的所有查询的全部行。

目标表达式为结果集选择的要查询的特定表中的列，它可以是星号（*）、表达式、列表、变量等。其中，星号用于返回表或视图的所有列，列表用"表名.列名"来表示，如 student.学号，若只有一张表或多张表中没有相同的列，则表名可以省略。

【例 5-1】在前面章节中创建的数据库及数据表的基础上，根据要求完成查询。

1）在数据库中查询 student（学生）表中学生的学号和姓名，其语法结构如下。

```
SELECT student_id,student_name FROM student;
```

2）在数据库中查询 student（学生）表中学生的全部信息，其语法结构如下。

```
SELECT * FROM student;
```

3）在数据库中查询 student（学生）表中的前 6 行数据，其语法结构如下。

```
SELECT * FROM student LIMIT 6;
```

4）在数据库中查询 student（学生）表中从第 4 行开始的 6 行数据，其语法结构如下。

```
SELECT * FROM student LIMIT 3,6;
```

5）在数据库中查询 student（学生）表中所有学生的专业信息，要求输出的信息不能重复，其语法结构如下。

```
SELECT DISTINCT major_id FROM student;
```

2. 使用 WHERE 子句实现条件查询

使用 SELECT 进行查询时，如果用户希望设置查询条件来限制返回的数据行，则可以在 SELECT 语句后使用 WHERE 子句来实现，使用 WHERE 子句可以限制查询的范围，提高查询的效率。使用时，WHERE 子句必须紧跟在 FROM 子句之后。WHERE 子句中的查询条件或限定条件可以是比较运算符、模式匹配、范围说明、是否为空值、逻辑运算符等。

（1）比较查询条件

比较查询条件由两个表达式和比较运算符组成，格式为：<表达式 1> <比较运算符> <表达式 2>，系统将根据该查询条件的真假来决定某一条记录是否满足该查询条件，只有满足该查询条件的记录才可以出现在最终的结果集中。常见的比较运算符如表 5-1 所示。

表 5-1 比较运算符

<table>
<tr><th>优先级顺序</th><th>运算符</th></tr>
<tr><td>1</td><td>=</td></tr>
<tr><td>2</td><td>||、OR、XOR</td></tr>
<tr><td>3</td><td>&&、AND</td></tr>
<tr><td>4</td><td>NOT</td></tr>
<tr><td>5</td><td>BETWEEN、CASE、WHEN、THEN 和 ELSE</td></tr>
<tr><td>6</td><td>=、<=>、>=、>、<=、<、<>、!=、IS、LIKE、REGEXP 和 IN</td></tr>
<tr><td>7</td><td>|</td></tr>
<tr><td>8</td><td>&</td></tr>
<tr><td>9</td><td><<和>></td></tr>
<tr><td>10</td><td>-和+</td></tr>
<tr><td>11</td><td>*、/、DIV、%和 MOD</td></tr>
<tr><td>12</td><td>∧</td></tr>
<tr><td>13</td><td>-（一元减号）和~（一元比特反转）</td></tr>
<tr><td>14</td><td>!</td></tr>
</table>

【例 5-2】在数据库中查询 student（学生）表中姓名为李三的学生的学号和姓名信息，其语法结构如下。

```
SELECT student_id,student_name FROM student WHERE student_name='李三';
```

（2）模式匹配

模式匹配常用来返回某种匹配格式的所有记录，通常使用 LIKE 运算符或 REGEXP 关键字指定模式匹配条件。

1）LIKE 运算符。LIKE 运算符使用通配模式匹配条件来进行模糊查找，格式为：<表达式>[NOT]LIKE<模式表达式>。MySQL 中常用的通配符有 3 个。

- % ：用来表示任意多个字符，包含 0 个字符。
- _ ：用来表示任意单个字符。
- escape ：用来转义特定字符。

【例 5-3】 在数据库中查询 student（学生）表中姓张学生的信息，其语法结构如下。

```
SELECT * FROM student WHERE student_name LIKE '张%';
```

在数据库中查询 student（学生）表中名字只有两个字且姓王的学生信息，其语法结构如下。

```
SELECT * FROM student WHERE student_name LIKE '王_';
```

2）REGEXP 操作符。MySQL 中使用 REGEXP 操作符指定正则表达式的字符匹配模式，模式匹配条件的格式为：<表达式> [NOT] REGEXP <模式表达式>，具体 REGEXP 操作符中常用的匹配列表，如表 5-2 所示。

表 5-2　具体 REGEXP 操作符中常用的匹配列表

选项	说明	例子	匹配值示例
^	匹配文本的开始字符	“^b”匹配以字母 b 开头的字符串	book、big、banana、bike
$	匹配文本的结束字符	“st$”匹配以 st 结尾的字符串	test、resist、persist
.	匹配任何单个字符	“b.t”匹配任何 b 和 t 之间有 1 个字符	bit、bat、but、bite
*	匹配 0 个或多个在它前面的字符	“f*n”匹配字符 n 前面有任意个字符 f	fn、fan、faan、abcn
+	匹配前面的字符 1 次或多次	“ba+”匹配以 b 开头，后面至少紧跟一个 a	ba、bay、bare、battle
<字符串>	匹配包含指定字符的文本	“fa”	fan、afa、faad
[字符集合]	匹配字符集合中的任何一个字符	“[xz]”匹配 x 或 z	dizzy、zebra、x-ray、extra
[^]	匹配不在括号中的任何字符	“[^abc]”匹配任何不包含 a、b 或 c 的字符串	desk、fox、f8ke
字符串{n,}	匹配前面的字符串至少 n 次	b{2} 匹配 2 个或更多的 b	bbb、bbbb、bbbbbbb
字符串{n,m}	匹配前面的字符串至少 n 次，至多 m 次	b{2,4}匹配最少 2 个、最多 4 个 b	bbb、bbbb

【例 5-4】 在数据库中查询 student（学生）表中姓张学生的信息，其语法结构如下。

```
SELECT * FROM student WHERE student_name REGEXP '张';
```

或者

```
SELECT * FROM student WHERE student_name REGEXP '张*';
```

（3）范围查询条件

如果要返回某一字段的值介于两个指定值之间的所有记录，可以使用范围查询条件进行检索，范围检索条件主要有以下两种情况。

1）使用 BETWEEN…AND…语句指定内含范围条件。要求返回某个字段的值在两个指定值范围以内，包括这两个指定的值，通常使用 BETWEEN…AND…语句来指定内含范围条件。内含范围条件的格式如下。

```
BETWEEN <表达式 1> AND<表达式 2>
```

【例 5-5】在数据库中查询选课表中成绩在 80 分到 100 分的学生的学号和成绩信息，其语法结构如下。

```
SELECT student_id,student_score FROM course_selection WHERE student_
score BETWEEN 80 AND 100;
```

2）使用 IN 语句指定列表查询条件。通常使用 IN 语句指定列表查询条件，IN 语句用来判断某属性的取值是否在某范围内，对于查询条件表达式中出现多个条件相同的情况，也可以用 IN 语句来简化，其格式如下。

```
IN (<表达式 1>[,…])
```

【例 5-6】在数据库中查询课程表中开课学时为 32 课时和 48 课时的课程信息，其语法结构如下。

```
SELECT * FROM course WHERE hour IN ('32','48');
```

（4）空值判断查询条件

空值判断查询条件主要用来搜索某一字段为空值的记录，可以使用 IS NULL 或 IS NOT NULL 关键字来指定查询条件。

注意：IS NULL 不能用 = NULL 代替。

【例 5-7】在数据库中查询课程表中所有课程简介为空的课程信息，其语法结构如下。

```
SELECT * FROM course WHERE 'content' IS NULL;
```

（5）使用逻辑运算符查询条件

前面介绍的查询条件还可以通过逻辑运算符组成更为复杂的查询条件，逻辑运算符有 4 个，分别是 NOT、AND、OR 和 XOR。其中，NOT（否定关系）表示对条件的否定；AND（并且关系）用于连接两个条件，当两个条件都满足时才返回 TRUE，否则返回 FALSE；OR（选择关系）也用于连接两个条件，只要有一个条件满足就返回 TRUE；XOR 同样也用于连接两个条件，只要有一个条件满足才返回 TRUE，当两个条件都满足或都不满足时返回 FALSE。

说明如下。

- 4 种运算的优先级按从高到低的顺序依次是 NOT、AND、OR 和 XOR，但可以通过括号改变其优先级关系。

- 在 MySQL 中，逻辑表达式共有 3 种可能的结果值，分别是 1（TRUE）、0（FALSE）和 NULL。

【例 5-8】在数据库中查询选课表中成绩在 80 分到 100 分的学生的学号和成绩信息，其语法结构如下。

```
SELECT student_id,student_score FROM course_selection WHERE student_score>= 80 AND student_score<=100;
```

3. 使用常用聚集函数统计数据

聚集函数主要用于汇总数据，运行在行组上，是计算和返回单个值的函数，通常不用把它们实际检索出来，MySQL 提供专门函数集。常见聚集函数如表 5-3 所示。

表 5-3　常见聚集函数

序号	函数	描述
1	AVG()	返回某列的平均值
2	COUNT()	返回某列的行数
3	MAX()	返回某列的最大值
4	MIN()	返回某列的最小值
5	SUM()	返回某列之和

注意：对所有的行执行计算，指定 ALL 参数或不给参数（ALL 是默认行为），只包含不同的值，指定 DISTINCT 参数。

【例 5-9】在数据库中查询选课表中所有学生的平均成绩，其语法结构如下。

```
SELECT AVG(student_score) AS "平均成绩" FROM course_selection;
```

返回选课表中所有学生的平均成绩。AVG()只能用来确定特定数值列的平均值，而且列名必须作为函数参数给出，需要注意的是 AVG()函数忽略列值为 NULL 的行。

在数据库中查询选课表中所有学生的最高成绩，其语法结构如下。

```
SELECT MAX(student_score) AS "最高成绩" FROM course_selection;
```

MAX()返回选课表中学生的最高成绩。MAX()函数忽略值为 NULL 的行，在用于文本数据时，如果数据按相应的列排序，则 MAX()返回最后一行，MIN()的功能与 MAX()的功能相反。

4. 对查询结果进行排序

当使用 SELECT 语句查询时，如果希望查询结果能够按照其中的一个或多个字段排序，可以在 SELECT 语句后跟一个 ORDER BY 子句来实现。排序有两种方式：一种是升序，使用 ASC 关键字来指定；一种是降序，使用 DESC 关键字来指定。如果没有指定顺序，系统将默认使用升序。ORDER BY 子句的语法格式如下。

```
ORDER BY <字段名> [ASC|DESC][, …];
```

【例 5-10】在数据库中查询课程表中开课学时，并按照升序排列，其语法结构如下。

```
SELECT * FROM course ORDER BY hour;
```

在数据库中查询选课表中选修了“20003”课程的学生成绩，并将成绩按降序进行排序，其语法结构如下。

```
SELECT * FROM course_selection WHERE cs_id = '20003' ORDER BY
student_score DESC;
```

5. 分组筛选数据

使用 SELECT 语句进行查询时，如果用户希望将数据记录依据设置的条件分成多组，可以通过在 SELECT 语句后使用 GROUP BY 子句来实现。如果 SELECT 子句<目标表达式>中包含聚合函数，则 GROUP BY 将计算每组的汇总值。指定 GROUP BY 时，选择列表中任意非聚合表达式内的所有列都应被包含在 GROUP BY 列表中，GROUP BY 表达式必须与选择列表的表达式完全匹配。GROUP BY 子句可以将查询结果按字段或字段组合在行的方向上进行分组，每组在字段或字段组合上具有相同的聚合值。如果聚合函数没有使用 GROUP BY 子句，则只为 SELECT 语句报告一个聚合值。GROUP BY 子句的语法格式如下。

```
GROUP BY{字段名|表达式}[ASC|DESC][,…][WITH ROLLUP];
```

说明如下。

- ASC 关键字用来指定升序，DESC 关键字用来指定降序。
- ROLLUP 指定在结果集内不仅包含由 GROUP BY 提供的行，还包含汇总行。汇总行在结果集中显示为 NULL，用于表示所有值。按层次结构顺序，从组内的最低级别到最高级别汇总组。组的层次结构取分组时指定使用的顺序。更改列分级的顺序会影响在结果集内生成的行数。

【例 5-11】在数据库中统计学生表中学生各个专业的人数，其语法结构如下。

```
SELECT major_id,COUNT(major_id) AS"人数" FROM student GROUP BY
major_id;
```

在数据库中统计学生表中所属学位的人数及学生总人数，其语法结构如下。

```
SELECT degree_id, COUNT(*) AS "人数" FROM student GROUP BY degree_id
WITH ROLLUP;
```

当完成数据结果的查询和统计后，若希望对查询和计算后的结果进行进一步的筛选，可以通过在 SELECT 语句后使用 GROUP BY 子句配合 HAVING 子句，HAVING 子句的语法格式为：HAVING <表达式>;。可以在包含 GROUP BY 子句的查询中使用 WHERE 子句。WHERE 子句与 HAVING 子句的根本区别在于它们作用的对象不同：WHERE 子句作用于基本表或视图，从中选择满足条件的记录；HAVING 子句作用于组，选择满足条件的组，且必须用于 GROUP BY 子句之后，但 GROUP BY 子句可以没有 HAVING 子句。HAVING 子句与 WHERE 子句语法类似，但 HAVING 子句可以包含聚合函数。

【例 5-12】在数据库中查询选课表中平均成绩在 85 分以上的课程号，其语法结构如下。

```
SELECT cs_id, AVG(student_score) AS "平均成绩" FROM course_selection GROUP BY cs_id HAVING AVG(student_score)＞＝85;
```

课堂实践：简单查询的应用

1）在教务管理系统数据库中，查询学生表中前 10 条记录。

```
SELECT * FROM student LIMIT 10;
```

2）查询课程信息表中的课程名称。

```
SELECT DISTINCT course_name FROM course;
```

3）查询学生信息表中姓李的所属专业 ID 为“1”的学生信息。

```
SELECT * FROM student WHERE student_name LIKE '李%' AND major_id＝'1';
```

4）查询选课表中考试成绩在 85 分以下的学生的学号。

```
SELECT DISTINCT student_id FROM course_selection WHERE student_score＜85;
```

5）查询选课表中有成绩的学生的学号和课程号。

```
SELECT student_id,cs_id FROM course_selection WHERE student_score IS NOT NULL;
```

6）统计成绩表中选修了课程的学生人数。

```
SELECT COUNT(DISTINCT student_id) AS "人数" FROM course_selection;
```

7）计算选课表中 20003 号课程的学生平均成绩。

```
SELECT AVG(student_score) AS "平均成绩" FROM course_selection WHERE cs_id＝ '20003';
```

8）查询选修了两门以上课程的学生的学号。

```
SELECT student_id FROM course_selection GROUP BY student_id HAVING COUNT(cs_id)>=2;
```

9）查询选修了 20003 号课程的学生的学号及其成绩，要求将成绩按照由高到低的顺序排列。

```
SELECT student_id,student_score FROM course_selection WHERE cs_id=
'07003' ORDER BY student_score DESC;
```

5.1.2 多表连接查询

连接查询是关系数据库中最主要的查询，主要包括内连接、外连接和交叉连接等，通过连接运算符可以实现多表查询。当检索数据时，通过连接操作查询出存放在多张表中的不同实体的信息。连接操作给用户带来了极大的灵活性，可以在任何时候增加新的数据类型，为不同的实体创建新的表，然后通过连接进行查询。

1. 内连接

内连接的连接查询结果集中仅包含满足条件的行，内连接是 MySQL 默认的连接方式，可以把 INNER JOIN 简写成 JOIN，根据所使用的比较方式不同，内连接又分为等值连接、自然连接和不等值连接 3 种，内连接命令的语法格式如下。

```
FROM <表名 1> [别名 1] INNER JOIN<表名 2> [别名 2]ON<连接条件表达式>[WHERE<
条件表达式>];
```

FROM 后可跟多个表名，表名与别名之间用空格间隔。当连接类型在 WHERE 子句中指定时，WHERE 后一定要有连接条件表达式，即两张表的公共字段相等。若不定义别名，表的别名默认为表名，定义别名后使用定义的别名。若在输出列或条件表达式中出现两张表的公共字段，则在公共字段名前必须加别名。另外，连接条件是指在连接查询中连接两张表的条件。连接条件表达式的一般格式如下。

```
[<表名 1>] <别名 1.列名> <比较运算符> [<表名 2>] <别名 2.列名>
```

比较运算符可以使用等号“=”，此时称作等值连接；也可以使用不等比较运算符，包括“>”“<”“>=”“<=”“!=”等，此时为不等值连接。

【例 5-13】在数据库中查询每个学生及其选修课的情况。学生的基本情况存放在 student 表中，选课情况存放在 course_selection 表中，查询过程涉及上述两张表。这两张表是通过公共字段学号实现内连接的，其语法结构如下。

```
SELECT a.* , b.* FROM student a, course_selection b WHERE a.student_id=
b.student_id;
```

若在等值连接中把目标列中的重复字段去掉则称为自然连接。

查询所有学生的学号、姓名、课程号及成绩信息，其语法结构如下。

```
SELECT a.student_id,student_name,cs_id,student_score FROM student a, course_selection b WHERE a.student_id=b.student_id ;
```

注意：在学号前的表名不能省略，因为学号是 student 和 course_selection 共有的属性，所以必须加上表名前缀。

查询学生的姓名、课程名称和成绩信息，其语法结构如下。

```
SELECT student_name,course_name,student_score FROM student a,course b, course_selection c WHERE a.student_id=c.student_id AND b.course_id=c.cs_id;
```

以上三张表进行两两连接，a.学号=c.学号和 b.课程号=c.课程号是两个连接条件。若 n 张表连接，则需要 n－1 个连接条件。

2. 外连接

外连接的连接查询结果集中既包含那些满足条件的行，也包含其中某张表的全部行，有 3 种形式的外连接：左外连接、右外连接、全外连接。左外连接是对连接条件中左边的表不加限制，即在结果集中保留连接表达式左表中的非匹配记录；右外连接是对右边的表不加限制，即在结果集中保留连接表达式右表中的非匹配记录；全外连接是对左右两张表都不加限制，所有两张表中的行都会包括在结果集中。外连接命令的语法格式如下。

```
FROM <表名 1 > LEFT| RIGHT| FULL [OUTER]JOIN <表名 2> ON <表名 1.列 1> = <表名 2.列 2>;
```

【例 5-14】在数据库中查询所有的学生信息及其选修的课程号，其语法结构如下。

```
SELECT student.*,cs_id FROM student LEFT JOIN course_selection ON student.student_id = course_selection.student_id;
```

该查询执行时，若学生未选修任何课程，则结果表中相应行的课程号字段值为 NULL。

查询被选修的课程信息和所有的课程名单，其语法结构如下。

```
SELECT course_selection.*,课程名称 FROM course_selection RIGHT JOIN course ON course .course_id = course_selection.cs_id;
```

该查询执行时，若某课程未被选修，则结果表中相应行的学号、课程号和成绩字段值均为 NULL。

3. 交叉连接

交叉连接又称笛卡儿连接，是指在两张表之间进行笛卡儿积操作，得到结果集的行数是两张表的行数的乘积。交叉连接命令的语法格式如下。

```
FROM <表名1> [别名1],<表名2> [别名2];
```

需要连接查询的表名在 FROM 子句中指定，表名之间用英文逗号隔开。

【例 5-15】 在数据库中将 course_selection 表和 course 表进行交叉连接，其语法结构如下。

```
SELECT a.*,b.* FROM course a,course_selection b;
```

此处为了简化表名，分别给两张表指定了别名。一旦表名指定了别名，在该命令中，都必须用别名代替表名。

4. 自连接

自连接操作不只可以在不同的表之间进行，同一张表内也可以进行自连接操作，即将同一张表的不同行连接起来，自连接可以看作一张表的两个副本之间的连接。在自连接中，必须为表指定两个别名，使之在逻辑上成为两张表，自连接命令的语法格式如下。

```
FROM <表名1>[别名1]<表名1>[别名2][,…] WHERE<连接条件表达式>[AND <条件表达式>];
```

【例 5-16】 查询同时选修了 20001 号和 20003 号课程的学生学号，其语法结构如下。

```
SELECT a.student_id FROM course_selection a WHERE a.cs_id='20001' AND a.cs_id='20003';
```

查询选修相同课程的学生学号、课程号和成绩，其语法结构如下。

```
SELECT DISTINCT a.student_id,a.cs_id,a.student_score FROM course_selection a, course_selection b WHERE a.cs_id=b.cs_id AND a.student_id = b.student_id ORDER BY a.cs_id;
```

5. 多表连接

在进行内连接时，有时出于某种特殊需要，可能涉及三张表甚至更多的表进行连接，这和两张表连接的原理和方法基本是相同的，只不过需要先把两张表连接成一张大表，再将其和第三张表进行连接，依次类推。

5.1.3 子查询（嵌套查询）

嵌套查询是指在一个 SELECT 查询语句的 WHERE 子句中包含了另一个 SELECT 查询语句，或者将一个 SELECT 查询语句嵌入在另一个语句中使其成为其中的一部分。在外层的 SELECT 查询语句称为主查询，WHERE 子句中的 SELECT 查询语句被称为子查询，子查询可描述复杂的查询条件，也称为嵌套查询。子查询一般会涉及两张以上的表，所做的查询有的也可以采用连接查询或用几个查询语句完成，在子查询中可以使用 IN 关键字、EXISTS 关键字和比较操作符（ALL 与 ANY）等来连接表数据信息。

1. IN 子查询

IN 子查询用来确定指定的值是否与子查询或列表中的值相匹配。通过 IN（或 NOT IN）引入的子查询结果是一列值。子查询返回结果之后，外部查询将利用这些结果。IN 子查询的语法格式如下。

```
<字段名> [NOT] IN (子查询)
```

【例 5-17】查询所有成绩大于 80 分的学生的学号和姓名，其语法结构如下。

```
SELECT student_id,student_name FROM student WHERE student_id IN
(SELECT student_id FROM course_selection WHERE student_score>80);
```

2. 比较运算符子查询

带有比较运算符的子查询是指主查询与子查询之间用比较运算符进行连接，当用户确切知道内层查询返回的是单值时，可以用“>”、“<”、“>=”、“<=”、“!=”或“< >”等比较运算符，比较运算符子查询的语法格式如下。

```
<字段名><比较运算符><子查询>
```

【例 5-18】在数据库中查询选修 20003 号课程，并且分数超过平均成绩的学号，其语法结构如下。

```
SELECT student_id FROM course_selection WHERE cs_id= '20003' AND
student_score >= (SELECT AVG(student_score) FROM course_selection);
```

3. ANY 或 ALL 子查询

子查询返回单值时，可以用比较运算符；但返回多值时，要用 ANY 或 ALL 谓词修饰符。使用 ANY 或 ALL 谓词修饰符时，必须同时使用比较运算符。子查询由一个比较运算引入，后面跟 ANY 或 ALL 的比较运算符，ANY 和 ALL 用于一个值与一组值的比较，如“>”，ANY 表示大于一组值中的任意一个，ALL 表示大于一组值中的每一个。

【例 5-19】在数据库中查询成绩最高的学生的学号和成绩，其语法结构如下。

```
SELECT student_id,student_score FROM course_selection WHERE
student_score>=ALL (SELECT student_score FROM course_selection);
```

查询选修 07002 号课程的成绩高于 07003 号课程的成绩的学生的学号，其语法结构如下。

```
SELECT student_id FROM course_selection WHERE cs_id='07002' AND student_score>ANY (SELECT student_score FROM course_selection WHERE cs_id='07003');
```

4. EXISTS 子查询

带有 EXISTS 的子查询不需要返回任何实际数据，只需要返回一个逻辑真值 TRUE 或逻辑假值 FALSE，也就是说，它的作用是在 WHERE 子句中测试子查询返回的行是否存在；如果存在则返回真值，如果不存在则返回假值。EXISTS 子查询的语法如下。

```
<字段名> [NOT] EXISTS (子查询)
```

【例 5-20】在数据库中查询选修了 20003 号课程的学生姓名，其语法结构如下。

```
SELECT student_name FROM student WHERE NOT EXISTS (SELECT * FROM course_selection WHERE student.student_id=course_selection.student_id AND cs_id='20003');
```

5.1.4 联合查询

不同的查询操作会生成不同的查询结果集，但在实际应用中用户希望将这些查询结果集连接到一起，从而组成符合实际需要的数据，此时就需要使用联合查询。使用联合查询可以将两个或更多的结果集组合到一个结果集中，新结果集包含了所有查询结果集中的数据。SELECT 的查询结果是元组的集合，可以对 SELECT 的结果进行集合操作。SQL 提供的集合操作主要包括 3 个，即 UNION（并操作）、INTERSECT（交操作）和 MINUS（差操作）。查询的并操作称为“并集运算”，又称为“合并查询”，是将两个或两个以上的查询结果合并，形成一个具有综合信息的查询结果集。联合查询的语法格式如下。

```
SELECT<子句 1 > UNION [ ALL] SELECT<子句 2 >;
```

ALL 关键字为可选项。如果在 UNION 子句中使用 ALL 关键字，则返回全部满足匹配的结果；如果不使用 ALL 关键字，则在返回结果中删除满足匹配的重复行。进行联合查询时，查询结果的列标题为第一个查询语句的列标题，必须在第一个查询语句中定义列标题。

【例 5-21】在数据库中查询年龄不大于 21 岁的女生信息，其语法结构如下。

```
SELECT * FROM student WHERE year(now())-year(born_date) <=21
UNION
SELECT * FROM student WHERE sex = '女';
```

说明如下。

- 两张查询结果表必须是兼容的，即列的数目相同且对应列的数据类型相同。

- 联合查询最终结果表中的列名来自第一个 SELECT 语句。
- 如果希望联合查询最终结果表中的行以特定的顺序出现，则可以在最后一个 SELECT 语句后使用 ORDER BY 子句来排序。

查询选修课程号为 20002 或 20003 的成绩信息，其语法结构如下。

```
SELECT student_score FROM course_selection WHERE cs_id='20002'
UNION
SELECT student_score FROM course_selection WHERE cs_id='20003';
```

5.2 数据更新

5.2.1 插入数据记录

数据库与表创建成功以后，如果需要向数据库的表中插入数据，则可以使用 INSERT 语句，INSERT 语句向数据库已有的表中插入一行或多行元组数据。

1. INSERT 的一般用法

INSERT 语句有两种语法形式，分别是 INSERT…VALUES 语句和 INSERT…SET 语句。

（1）INSERT…VALUES 语句

语法结构如下。

```
INSERT INTO <表名> [ <列名 1> [ , …<列名 n>] ] VALUES (值 1) [… , (值 n) ];
```

说明如下。

- <表名>指定被操作的表名。
- <列名>指定需要插入数据的列名。若向表中的所有列插入数据，则全部的列名均可以省略，直接采用 INSERT <表名> VALUES(…) 即可。
- VALUES 或 VALUE 子句包含要插入的数据清单，数据清单中数据的顺序要和列的顺序对应一致。

（2）INSERT…SET 语句

语法结构如下。

```
INSERT INTO table_name SET column_name1 = value1, column_name2 = value2, …;
```

说明如下。

- 第一种语法形式将列名和列值分开了，在使用时，列名必须和列值的数保持一致。例如，向 school 表中插入了一条记录，表征如下。

```
INSERT INTO school(school_id, school_name) VALUES(1, '计算机科学与技术学院');
```

- 第二种语法形式允许列名和列值成对出现和使用，上例也可以表征如下。

```
INSERT INTO school SET school_id = 1,school_name = '计算机科学与技术学院';
```

- 如果使用了 SET 方式，必须至少为一列赋值。如果某一个字段使用了默认值（如自增值），则这两种方法都可以省略这些字段。如果 id 字段上使用了自增值，上面两条语句可以表征如下。

```
INSERT INTO school (school_name) VALUES('计算机科学与技术学院');
INSERT INTO school SET school_name ='计算机科学与技术学院';
```

- MySQL 在 VALUES 上做了些变化，如果 VALUES 中什么都不写，那 MySQL 将使用表中每一列的默认值来插入新记录，如“INSERT INTO school VALUES();”。若表名后什么都不写，则表示向表中所有的字段赋值。使用这种方式，不仅在 VALUES 中的值要和列数一致，而且顺序也不能颠倒。上例可以表征如下。

```
INSERT INTO school VALUES(1,'计算机科学与技术学院');
```

若将 INSERT 语句写成如下形式，则 MySQL 将报错。

```
INSERT INTO school VALUES( '计算机科学与技术学院');
```

2. 使用 INSERT 插入多条记录

多次调用 INSERT 语句可以实现插入多条记录，但多次调用 INSERT 这种方法会大大增加服务器的运行负荷，因为每执行一次 SQL，服务器都要对 SQL 进行分析、优化等操作。MySQL 提供了使用 1 条 INSERT 语句来插入多条记录的命令形式，可以表征如下。

```
INSERT INTO school (school_id, school_name) VALUES(1, '计算机科学与技术学院'), (2, '外国语学院'), (3, '旅游学院');
```

上面的 INSERT 语句向 school 表中连续插入了 3 条记录，需要注意的是，VALUES 后每一条记录的值必须放到一对括号中，中间使用逗号分隔。例如，下面的写法是错误的。

```
CREATE TABLE table1(n INT);
INSERT INTO table1 (i) VALUES(1,2,3,4,5);
```

MySQL 将会抛出如下错误信息。

```
ERROR 1136: Column count doesn't match value count at row 1.
```

如下是正确写法。

```
INSERT INTO table1(i) VALUES(1),(2),(3),(4),(5);
```

当然，这种写法也可以省略列名，但是每一对括号里值的数目必须一致，而且这个数目必须和列数一致。

3. REPLACE 语句

INSERT 语句和 REPLACE 语句的功能都是向表中插入新的数据，这两条语句的语法类似，主要区别在于如何处理重复的数据。在使用数据库时可能经常会遇到这样一种情况：如果一张表在一个字段上建立了唯一索引，若再向这张表中已经存在的键值插入一条记录，将会抛出一个主码冲突的错误；如果使用 INSERT，必须先使用 DELETE 语句删除原先的记录，然后再使用 INSERT 插入新的记录。

显然上述步骤很烦琐，MySQL 提供了 REPLACE 语句来解决这个问题。使用 REPLACE 插入一条记录时，如果不重复，REPLACE 就和 INSERT 的功能一样，如果有重复记录，REPLACE 就使用新记录的值来替换原来的记录值。使用 REPLACE 的最大好处就是可以将 DELETE 和 INSERT 合二为一，形成一个原子操作。这样就可以不必考虑在同时使用 DELETE 和 INSERT 时事务的复杂操作了。在使用 REPLACE 时，表中必须有唯一索引，而且这个索引所在的字段不允许是空值；否则 REPLACE 就和 INSERT 完全一样了。在执行 REPLACE 后，系统返回了所影响的行数，如果返回 1，则说明在表中并没有重复的记录；如果返回 2，则说明有一条重复记录，系统自动先调用了 DELETE 删除这条记录，然后再用 INSERT 来插入这条记录；如果返回的值大于 2，则说明有多个唯一索引，有多条记录被删除和插入。

5.2.2 修改数据记录

UPDATE 语句用于更新数据表中的数据，更新时必须提供表名及 SET 表达式，后面还可以加 WHERE 以限制更新的记录范围，其语法结构如下。

```
UPDATE table_name SET column_name1=value1, column_name2=value2, …WHERE
column_name1 = value3;
```

说明如下。

- 在使用 UPDATE 更新记录时，若被更新字段的类型和所赋的值不匹配，则 MySQL 会把这个值转换为相应类型。
- 如果这个字段是数值类型，而且所赋值超过了这个数据类型的最大范围，那么

MySQL 将会把这个值转换为这个范围的最大或最小值。

- 如果字符串太长，MySQL 将会把多余的字符串截去。
- 如果设置非空字段为空，则需要将这个字段设置为 0，字符串的默认值是空串（不是 NULL，是“”）。
- 在两种情况下 UPDATE 不会影响表中的数据：其一，当 WHERE 中的条件在表中没有记录和它匹配时；其二，当将同样的值赋给某个字段时，如将字段 abc 赋为“123”，而 abc 的原值就是“123”。
- UPDATE 语句通过 WHERE 指定一个条件；否则，UPDATE 将更新表中的所有记录的值。
- 如果一个字段的类型是 TIMESTAMP，那么该字段在其他字段更新时自动更新。
- 有些时候需要得到 UPDATE 所选择的行数，而不是被更新的行数。可以通过一些 API 来达到这个目的。MySQL 中的 API 提供了一个选项，可以得到想要的记录数及其 JDBC 驱动得到的默认记录数，也是匹配的记录数。
- UPDATE 和 REPLACE 基本类似，但它们之间有 2 点不同：UPDATE 在没有匹配记录时什么都不做，而 REPLACE 在有重复记录时更新，在没有重复记录时插入。UPDATE 可以选择性地更新记录中的一部分字段，而 REPLACE 在发现有重复记录时就将这条记录彻底删除，再插入新的记录。也就是说，将所有的字段都更新了。

【例 5-22】将 school 表中 id 等于 1 的记录的 school_name 改为计科学院，其语法结构如下。

```
UPDATE school SET school_name = '计科学院' WHERE id = 1;
```

5.2.3 删除数据记录

MySQL 提供了两种删除数据记录的方法，分别是使用 DELETE 语句和使用 TRUNCATE TABLE 语句。DELETE 语句可以通过 WHERE 设置删除条件，选择要删除的记录，而使用 TRUNCATE TABLE 语句将删除表中的所有记录。

【例 5-23】清空数据库中 student 表中的所有数据记录，其语法结构如下。

```
DELETE * FROM student;
```

或

```
TRUNCATE TABLE student;
```

说明如下。

- 若 DELETE 不加 WHERE 子句，那么它和 TRUNCATE TABLE 的功能是一样的。

- DELETE 和 TRUNCATE TABLE 的最大区别是 DELETE 可以通过 WHERE 语句选择要删除的记录，可以返回被删除的记录数，但执行速度较慢。TRUNCATE TABLE 无法删除指定的记录，且不能返回被删除的记录数，但执行速度非常快。
- 如果一张表中有自增字段，使用 TRUNCATE TABLE 和没有 WHERE 子句的 DELETE 删除所有记录后，这个自增字段都会将起始值恢复成 1。如果不想恢复为 1，则必须在 DELETE 语句中加上 WHERE，如 WHERE 1 或 WHERE true。
- DELETE 支持 ORDER BY 和 LIMIT 子句，通过这两个子句，可以更好地控制要删除的记录。只有想删除 WHERE 子句过滤出来的一部分记录时，可以使用 LIMIT；如果要删除后几条记录，可以配合使用 ORDER BY 和 LIMIT 子句。

本 章 小 结

本章详细介绍了单表数据查询、多表连接查询、子查询和联合查询等。数据查询是数据库系统中最常用也是最重要的功能，它为用户快速方便地使用数据库中的数据提供了一种有效的方法。在学习本章时，应重点掌握表查询、分组和排序的使用方法，灵活运用单表查询和多表连接。

习　　题

一、选择题

1．下面关于 SQL 标准的叙述中，不正确的是（　　）。

A．SQL 是集数据定义、数据操纵、数据控制功能为一体的语言

B．SQL 是一种高度过程化的语言

C．SQL 标准规定数据库是按三级模式结构构建

D．SQL 是关系数据库的标准语言

E．SQL 是面向集合的语言

2．SQL 语言中，修改基本表结构的语句是（　　）。

A．UPDATE　　B．ALTER　　C．DROP　　D．CREATE

3．SQL 语言中，删除基本表结构的语句是（　　）。

A．DELETE　　B．ALTER　　C．DROP　　D．CREATE

4．下面关于视图的叙述中，不正确的是（　　）。

A．视图是一种“虚表”，它的数据被存放在基本表中

B．视图提供了逻辑数据独立性

C．不能通过视图来更新数据库中的数据

D．视图能提供对数据的安全保护

5．下面关于 SELECT 语句的叙述中，不正确的是（　　）。

A．SELECT 产生的结果是一个集合

B．HAVING 子句必须与 GROUP BY 子句一起使用

C．可以省略 FROM 子句

D．可以省略 WHERE 子句

二、填空题

1．在使用 INSERT 语句向一张表中插入元组时，“值列表”中值的个数、________、类型必须与“列名表”保持一致。

2．在向一张表中插入元组时，对于未指定默认值且________的字段必须赋值。

3．向表中插入元组时，主码的值不能取________值。

4．在使用 DELETE 语句时，如果不指定________就会将整张表的数据删除。

三、判断题

1．SQL 是面向集合操作的语言。（　　）

2．可以通过视图来查询数据，但不能通过视图来更新数据库中的数据。（　　）

3．用户对数据作更新操作时，必须有相应权限。（　　）

四、操作题

现有一教学管理系统，E-R 模型如下。

- 学生（学号，姓名，性别，民族）。
- 教师（教师号，姓名，民族，职称）。
- 课程（课号，课程名，课程介绍，课程类型，先导课号）。
- 教学班（课程号，班号，学年，学期，限制人数）。
- 排课（教师号，课程号，班号，学年，学期，周学时，开始周，结束周）。
- 选课（学号，课程号，班号，成绩，未考试原因）。

说明如下。

“周学时”“开始周”“结束周”“限制人数”“学年”“学期”字段的取值类型为整数型。“成绩”字段的取值类型为实数型。其他字段的取值类型为字符型。选课表存储的数据为本学期的学生选课数据。

请用 MySQL 语句进行如下操作。

1）查询 191854 号课程的选课学生的学号和成绩。要求：按成绩降序输出，成绩相同时，按学号升序输出。

2）统计教师号为 2002016 的教师在 2019 年的上课情况。要求显示的信息内容为课程号、课程名、班号、学期、总学时（指的是每门课）。

3）统计每名学生的选课情况。要求显示的信息为学号、姓名、选课门数、平均分。

4）把选修 191854 号课程、成绩低于 60 分且成绩不为 NULL 的学生的成绩提高 10%。

5）在本数据库中，另有一个学生成绩单表，结构如下：学生成绩单（学号，课程号，学年，学期，成绩）。请将选课表中 2019 年第 1 学期的学生选课数据添加到学生成绩单表中。

6）删除学生表中 2019 级的学生，但如果该同学在选课表中还有选课则不能删除。

7）检索所有课程都选修的学生的学号和姓名。

8）检索选择姓王的教师开的所有课程的学生的学号和姓名。

第6章 索引和视图

在 MySQL 数据库中，数据库对象表是存储和操作数据的逻辑结构，而本章所要介绍的数据库对象索引则是一种有效组合数据的方式。通过索引对象，可以快速查询到数据库对象表中的特定记录，是一种提高性能的常用方式。一个索引会包含表中按照一定顺序排序的一列或多列字段。索引的操作包含创建索引、修改索引和删除索引，这些操作是 MySQL 软件中基本且重要的操作。视图也是数据库中经常使用的对象，利用它可以方便、安全地对表中的数据执行 SELECT、 INSERT、 UPDATE 和 DELETE 操作。本章主要讨论索引和视图的相关概念以及其创建与使用方法。

学习目标

- 了解并掌握索引的相关概念。
- 掌握索引的基本操作——创建、查看和删除。
- 了解并掌握视图的相关概念。
- 掌握视图的基本操作——创建、查看、更新和删除。

6.1 索　　引

6.1.1 索引概述

1. 为什么使用索引

数据库对象索引其实与书的目录非常类似，主要是为了提高从表中检索数据的速度。由于数据存储在数据库表中，因此索引是创建在数据库表对象上的，由表中的一个字段或多个字段生成的码组成，这些码存储在数据结构（B 树或哈希表）中，通过 MySQL 可以快速有效地查找与键值相关联的字段。根据索引的存储类型，可以将索引分为 B 树（BTREE）索引和哈希（HASH）索引。InnoDB 和 MylSAM 存储引擎支持 BTREE 索引，

MEMORY 存储引擎支持 HASH 索引，默认索引为前者索引。

数据库对象索引的出现，除了可以提高数据库管理系统的查找速度，还可以保证字段的唯一性，从而实现数据库表的完整性。查看帮助文档，可以发现 MySQL 支持 6 种索引，它们分别为普通索引、唯一索引、全文索引、单列索引、多列索引和空间索引。索引的创建有利有弊，创建索引可以提高查询速度，但过多地创建索引则会占用许多的磁盘空间，因此在创建索引之前，必须权衡利弊。以下情况适合创建索引。

1）经常被查询的字段，即在 WHERE 子句中出现的字段。

2）在分组的字段，即在 GROUP BY 子句中出现的字段。

3）存在依赖关系的子表和父表之间的联合查询，即主码或外码字段。

4）设置唯一完整性约束的字段。

以下情况不适合创建索引。

1）在查询中很少被使用的字段。

2）拥有许多重复值的字段。

2. 索引的类型

MySQL 目前主要索引类型包括全文（FULLTEXT）索引、HASH 索引、BTREE 索引及 RTREE 索引。

（1）各类型索引介绍

1）全文索引。目前只有 MyISAM 引擎支持全文索引，可以在 CREATE TABLE、ALTER TABLE、CREATE INDEX 使用，不过目前只有 CHAR、VARCHAR、TEXT 列上可以创建全文索引。全文索引并不是和 MyISAM 一起诞生的，它的出现是为了解决 WHERE name LIKE “%word%”这类针对文本的模糊查询效率较低的问题。

2）HASH 索引。由于 HASH 的唯一（几乎 100%的唯一）及类似键值对的形式，其很适合作为索引。HASH 索引可以一次定位，不需要像 BTREE 索引那样逐层查找，因此具有极高的效率；但是这种高效是有条件的，即只在“=”和“IN”条件下高效，对于范围查询、排序及组合索引仍然效率不高。

3）BTREE 索引。BTREE 索引就是一种将索引值按一定的算法，存入一个树形的数据结构中（二叉树），每次查询都是从树的入口 root 开始，依次遍历 node，获取 leaf。这是 MySQL 默认和最常用的索引类型。

4）RTREE 索引。在 MySQL 中很少使用 RTREE，它仅支持 GEOMETRY 数据类型，支持该类型的存储引擎只有 MyISAM、BDb、InnoDb、NDb、Archive 几种。相对于 BTREE 索引，RTREE 索引的优势在于范围查找。

（2）几种索引类型的区别及适用情况

1）全文索引在数据量较大时，先将数据放入一个没有全局索引的表中，然后用 CREATE INDEX 创建全文索引，这样做要比先为一张表建立全文索引然后将数据写入的速度快很多。在没有全文索引之前，WHERE name LIKE“%word%”这类针对文本的模糊查询语句是要进行遍历数据表操作的，在数据量较大时极其耗时，如果没有异步 IO 处理，进程将被挟持，很浪费时间。全文索引是按照分词原理建立索引的。西文中，大部分为字母，分词可以很方便地按照词之间的空格进行分割；中文则需要相应的分词插件进行分词。

由于全文索引对中文支持不是很好，在没有插件的情况下，最好不要使用。对于一些搜索引擎级别的应用来说，FULLTEXT 同样不是一个好的处理方法，MySQL 的全文索引建立的文件是比较大的，而且效率不是很高，即便是使用了中文分词插件，对中文的分词支持也较差。

2）HASH 是一种（key=>value）形式的键值对，如数学中的函数映射，允许多个 key 对应相同的 value，但不允许一个 key 对应多个 value。为某一列或几列建立 HASH 索引，就会利用这一列或几列的值通过一定的算法计算出一个 HASH 值，对应一行或几行数据。在 Java 语言中，每个类都有自己的 hashcode()方法，没有显示定义的都继承自 Object 类，该方法使得每一个对象都是唯一的，在进行对象间 equal 比较和序列化传输中起到了很重要的作用。

由于 HASH 索引可以一次定位，不需要像 BTREE 索引那样逐层查找，因此具有极高的效率。因为 HASH 表在处理较小数据量时具有无可比拟的速度优势，所以 HASH 索引适用于缓存（内存数据库）。例如，MySQL 数据库的内存版本 Memsql、使用量很广泛的缓存工具 Mencached、NoSQL 数据库 Redis 等，都使用了 HASH 索引这种形式，但是 HASH 索引并不能满足所有查询，HASH 索引存在如下缺点。

- HASH 索引仅仅能满足“=”、“IN”和“<=>”查询，不能使用范围查询。由于 HASH 索引比较的是进行 HASH 运算之后的 HASH 值，因此它只能用于等值的过滤，不能用于基于范围的过滤，因为经过相应的 HASH 算法处理之后的 HASH 值的大小关系，并不能保证和 HASH 运算前的值完全一样。
- HASH 索引无法被用来避免数据的排序操作。由于 HASH 索引中存放的是经过 HASH 运算之后的 HASH 值，而且 HASH 值的大小关系并不一定和 HASH 运算前的值完全一样，因此数据库无法利用索引的数据来避免任何排序运算。
- HASH 索引不能利用部分索引键查询。对于组合索引，HASH 索引在计算 HASH 值的时候是组合索引键合并后再一起计算 HASH 值，而不是单独计算 HASH 值，所以在通过组合索引的前面一个或几个索引键进行查询的时候，HASH 索引也无法被利用。
- HASH 索引在任何时候都不能避免表扫描。HASH 索引是将索引键通过 HASH 运算之后，将 HASH 运算结果的 HASH 值和所对应的行指针信息存放于一个 HASH 表中，因为不同索引键存在相同的 HASH 值，所以即使取满足某个 HASH 值的数据的记录条数，也无法从 HASH 索引中直接完成查询，还是要通过访问表中的实际数据进行相应的比较，才能得到相应的结果。

- HASH 索引在遇到大量 HASH 值相等的情况下性能并不一定就比 BTREE 索引高。对于选择性比较低的索引键，如果创建 HASH 索引，那么将会存在大量记录指针信息存于同一个 HASH 值相关联的情况。这样要定位某一条记录时就会非常麻烦，会浪费多次表数据的访问，而造成整体性能低下。

3）BTREE 索引就是一种将索引值按一定的算法，存入一个树形的数据结构中，如二叉树，每次查询都是从树的入口 root 开始，依次遍历 node，获取 leaf。BTREE 索引在 MyISAM 里的形式和 InnoDB 稍有不同，在 InnoDB 里，有两种形态：一是 primary key 形态，其 leaf node 里存放的是数据，而且不仅存放了索引键的数据，还存放了其他字段的数据；二是 secondary index，其 leaf node 和普通的 BTREE 差不多，只是还存放了指向主码的信息。在 MyISAM 里，主码和其他的并没有太大区别，与 InnoDB 不太一样的地方是：在 MyISAM 里，leaf node 里存放的不是主码的信息，而是指向数据文件里的对应数据行的信息。

（3）索引的设计原则

为了使索引的使用效率更高，在创建索引时，必须考虑在哪些字段上创建索引和创建什么类型的索引。索引设计原则包括以下 7 点。

1）选择唯一性索引。唯一性索引的值是唯一的，用户可以更快速地通过该索引来确定某条记录。例如，学生表中的学号是具有唯一性的字段，为该字段建立唯一性索引可以很快地确定某个学生的信息，如果使用姓名的话，可能会存在同名的现象，从而降低查询速度。通常，主码索引和唯一键索引，在查询中是使用效率较高的。

2）为经常需要排序、分组和联合操作的字段建立索引。对于经常需要 ORDER BY、GROUP BY、DISTINCT 和 UNION 等操作的字段，排序操作会浪费很多时间。如果为其建立索引，可以有效地避免排序操作。

3）为常作为查询条件的字段建立索引。如果某个字段经常用来作查询条件，那么该字段的查询速度会影响整张表的查询速度。因此，为这样的字段建立索引，可以提高整张表的查询速度。需要注意的是，唯一值少的列上不适合建立索引或建立索引效率低，因为创建索引会对那一列做自动的排序。

4）尽量使用前缀来索引。如果索引字段的值很长，则最好使用值的前缀来索引。例如，对于 TEXT 和 BLOG 类型的字段，进行全文检索很浪费时间。但如果只检索字段前面的若干个字符，则可以提高检索速度。

5）限制索引的数目。索引的数目并不是越多越好。每个索引都需要占用磁盘空间，索引越多，需要的磁盘空间就越大。修改表时，对索引的重构和更新很麻烦。越多的索引，会使更新表变得很缓慢。

6）尽量使用数据量少的索引。尽量使用字段长度小的列来创建索引。如果索引的值很长，那么查询的速度必定会受到影响。例如，对一个 CHAR(100)类型的字段进行全文检索需要的时间肯定要比对 CHAR(10)类型的字段需要的时间更多。

7）删除不再使用或很少使用的索引。表中的数据被大量更新，或者数据的使用方式被改变后，原有的一些索引可能不再被需要。数据库管理员应当定期找出这些索引，将它们删除，从而减少索引对更新操作的影响。

6.1.2 创建和查看索引

索引的操作包括创建索引、查看索引和删除索引。所谓创建索引，就是在表的一个字段或多个字段上建立索引，在 MySQL 中，可以通过 3 种方式来创建索引，分别为创建表时创建索引、在已经存在的表上创建索引和通过 SQL 语句 ALTER TABLE 创建索引。

1. 创建和查看普通索引和多列索引

所谓普通索引，就是在创建索引时，不附加任何限制条件（唯一、非空等限制），该类型的索引可以创建在任何数据类型的字段上。

（1）创建表时创建普通索引

在 MySQL 数据库管理系统中创建全文索引是通过 SQL 语句 INDEX 来实现的，其语法结构如下。

```
CREATE TABLE table_name (
属性名数据类型,
属性名数据类型,
属性名数据类型,
……
INDEX | KEY [索引名] (属性名 1[(长度)][ASCIDESC],
……
属性 n [(长度)][ASCIDESC])
);
```

在上述语句中创建索引时，所关联的字段至少大于 1 个字段。

【例 6-1】执行 SQL 语句 INDEX，在 educational 数据库中，在 student 表的 student_name 和 degree_id 字段上创建多列索引。执行 SQL 语句 USE，选择 educational 数据库，具体 SQL 语法结构如下。

```
USE educational;
```

【运行效果】执行上面的 SQL 语句，其结果如图 6-1 所示。

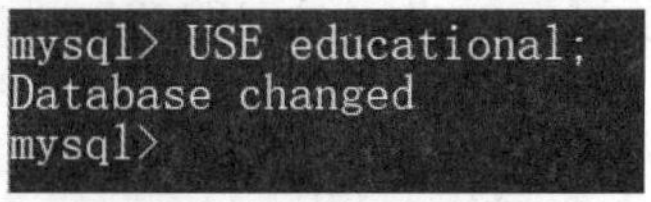

图 6-1　选择数据库

执行 SQL 语句 INDEX，在创建 student 表时，在 student_name 和 degree_id 字段上创建多列索引，具体 SQL 语法结构如下。

```
CREATE TABLE 'student' (
'student_id' int NOT NULL AUTO_INCREMENT COMMENT '学生 id',
'student_name' varchar(25) DEFAULT NULL COMMENT '学生姓名',
'degree_id' int DEFAULT NULL COMMENT '所属学位类别 id',
'major_id' int DEFAULT NULL COMMENT '所属专业 id',
'born_date' datetime DEFAULT NULL COMMENT '出生日期',
'sex' char(8) DEFAULT NULL COMMENT '性别',
PRIMARY KEY ('student_id'),
KEY index_name_degree('student_name','degree_id')
) COMMENT='学生';
```

在上述语句中，创建 student 表的同时设置了关于字段 student_name 和 degree_id 的多列索引对象 index_name_degree。

【运行效果】执行上面的 SQL 语句，其结果如图 6-2 所示。

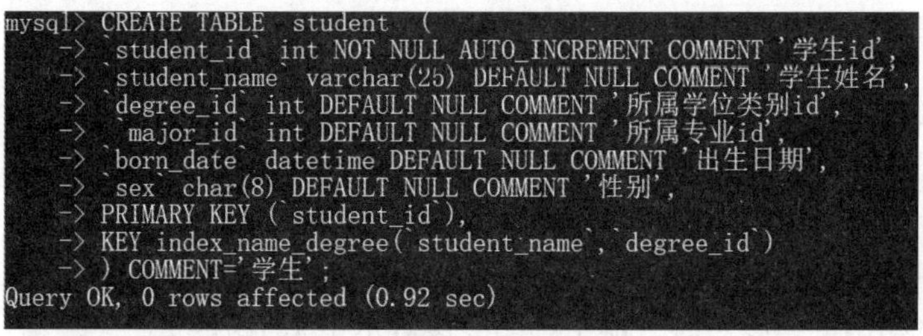

图 6-2　创建索引（例 6-1）

为了校验数据库 student 表中多列索引是否创建成功，执行 SQL 语句 SHOW CREATE TABLE，具体 SQL 语法结构如下。

```
SHOW CREATE TABLE student \G;
```

【运行效果】执行上面的 SQL 语句，其结果如图 6-3 所示。执行结果显示，已经在数据库 student 表上创建了一个名为 index_name_degree 的多列索引，其所关联的字段为 student_name 和 degree_id。

```
mysql> SHOW CREATE TABLE student \G
*************************** 1. row ***************************
       Table: student
Create Table: CREATE TABLE `student` (
  `student_id` int NOT NULL AUTO_INCREMENT COMMENT '学生id',
  `student_name` varchar(25) DEFAULT NULL COMMENT '学生姓名',
  `degree_id` int DEFAULT NULL COMMENT '所属学位类别id',
  `major_id` int DEFAULT NULL COMMENT '所属专业id',
  `born_date` datetime DEFAULT NULL COMMENT '出生日期',
  `sex` char(8) DEFAULT NULL COMMENT '性别',
  PRIMARY KEY (`student_id`),
  KEY `index_name_degree` (`student_name`,`degree_id`)
) ENGINE=InnoDB DEFAULT CHARSET=utf8mb4 COLLATE=utf8mb4_0900_ai_ci
COMMENT='学生'
1 row in set (0.32 sec)
```

图 6-3 查看表信息（例 6-1）

为了校验数据库 student 表中索引是否被使用，执行 SQL 语句 EXPLAIN，具体 SQL 语法结构如下。

```
EXPLAIN
SELECT * FROM student WHERE student_name='×××××'\G;
```

【运行效果】执行上面的 SQL 语句，其结果如图 6-4 所示。

```
mysql> EXPLAIN SELECT * FROM student WHERE student_name='1' \G;
*************************** 1. row ***************************
           id: 1
  select_type: SIMPLE
        table: student
   partitions: NULL
         type: ALL
possible_keys: NULL
          key: NULL
      key_len: NULL
          ref: NULL
         rows: 4
     filtered: 25.00
        Extra: Using where
1 row in set, 1 warning (0.10 sec)
```

图 6-4 查看索引是否被启用（例 6-1）

执行结果显示，possible-keys 和 key 字段处的值都为创建的索引名 index_name_degree，说明该索引已经存在，而且已经开始被启用。

（2）在已经存在的表上创建多列索引

在 MySQL 数据库管理系统中，还可以为已经存在的表设置全文索引，其语法结构如下。

```
CREATE INDEX 索引名
ON 表明 （属性名 [（长度）] [ASC |DESC],
……
属性名 n [(长度)] [ASC |DESC]
)
```

【例 6-2】执行 SQL 语句 CREATE INDEX，在 educational 数据库中，在 student 表的 student_name 和 major_id 字段上创建多列索引。执行 SQL 语句 USE，选择 educational 数据库，并通过 SQL 语句 DESC 查看该数据库中已经存在的 student 表信息，SQL 语法结构如下。

```
USE educational;
```

然后查看已经存在 student 表的定义信息，SQL 语法结构如下。

```
DESC student;
```

【运行效果】执行上面的 SQL 语句，其结果如图 6-1 和图 6-5 所示。

```
mysql> DESC student;
+--------------+-------------+------+-----+---------+----------------+
| Field        | Type        | Null | Key | Default | Extra          |
+--------------+-------------+------+-----+---------+----------------+
| student_id   | int         | NO   | PRI | NULL    | auto_increment |
| student_name | varchar(25) | YES  | MUL | NULL    |                |
| degree_id    | int         | YES  |     | NULL    |                |
| major_id     | int         | YES  |     | NULL    |                |
| born_date    | datetime    | YES  |     | NULL    |                |
| sex          | char(8)     | YES  |     | NULL    |                |
+--------------+-------------+------+-----+---------+----------------+
6 rows in set (0.00 sec)
```

图 6-5　创建索引 1（例 6-2）

执行 SQL 语句 CREATE INDEX，在 student 表中创建关联字段 student_name 和 major_id 的多列索引对象 index_name_major，SQL 语法结构如下。

```
CREATE INDEX index_name_major ON student (student_name,major_id);
```

在上述语句中创建了关联 student 表中字段 student_name 和 major_id 的多列索引 index_name_major。

【运行效果】执行上面的 SQL 语句，其结果如图 6-6 所示。

```
mysql> CREATE INDEX index_student
    -> ON student(student_id);
Query OK, 3 rows affected (0.64 sec)
Records: 3  Duplicates: 0  Warnings: 0
```

图 6-6　创建索引 2（例 6-2）

为了校验数据库 student 表中索引是否创建成功，执行 SQL 语句 SHOW CREATE TABLE，SQL 语法结构如下。

```
SHOW CREATE TABLE student \G;
```

【运行效果】执行上面的 SQL 语句，其结果如图 6-7 所示。

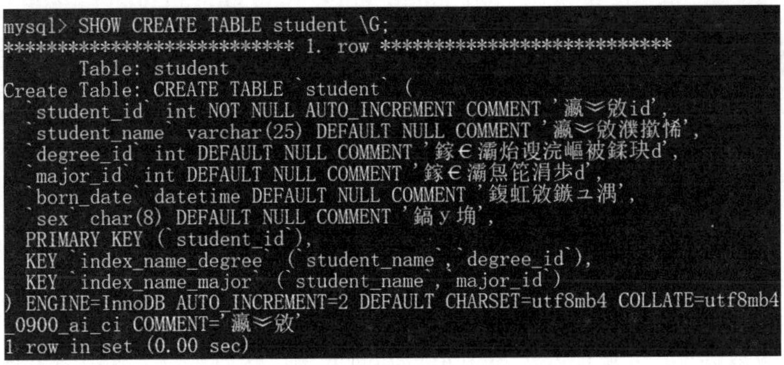

图 6-7 查看表信息（例 6-2）

执行结果显示，已经在数据库 student 表上创建了一个名为 index_name_major 的多列索引，其所关联的字段为 student_name 和 major_id。

（3）通过 SQL 语句 ALTER TABLE 创建多列索引

除通过上述两种方式来创建多列索引外，在 MySQL 数据库管理系统中，还可以通过 SQL 语句 ALTER 来实现，SQL 语法结构如下。

```
ALTER TABLE table name
ADD INDEX | KEY 索引名（属性名[(长度)][ASC|DESC],
……
属性名 n [(长度)][ASC|DESC]
)
```

在上述语句中，INDEX 或 KEY 关键字用来指定创建索引，由于所涉及的字段为多个，因此创建为多列索引。

【例 6-3】执行 SQL 语句 ALTER TABLE，在 educational 数据库中，在 student 表的 student_name 字段上创建多列索引。执行 SQL 语句 USE，选择 educational 数据库，并通过 SQL 语句 DESC 查看该数据库中已经存在的 student 表信息，具体 SQL 语法结构如下。

```
USE educational;
```

然后查看已经存在表 t_dept 的定义信息，具体 SQL 语法结构如下。

```
DESC student;
```

【运行效果】执行上面的 SQL 语句，其结果如图 6-1 和图 6-5 所示。

执行 SQL 语句 CREATE INDEX，在 student 表中创建关联字段 student_name 和 major_id 的多列索引对象 index_name_major，具体 SQL 语法结构如下。

```
ALTER TABLE student ADD INDEX index_name_major(student_name,major_id);
```

在上述语句中创建了关联 student 表中字段 student_name 和 major_id 的多列索引

index_name_major。

【运行效果】执行上面的 SQL 语句，其结果如图 6-8 所示。

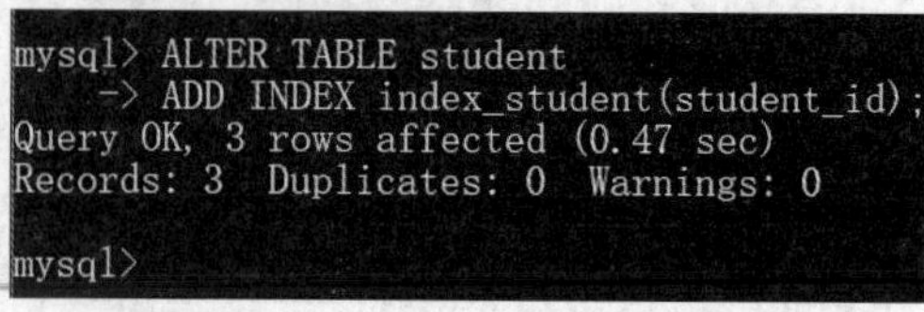

图 6-8　创建索引

为了校验数据库 student 表中索引是否创建成功，执行 SQL 语句 SHOW CREATE TABLE，具体 SQL 语法结构如下。

```
SHOW CREATE TABLE student \G;
```

【运行效果】执行上面的 SQL 语句，其结果如图 6-3 所示。

执行结果显示，已经在数据库 student 表上创建了一个名为 index_name_major 的多列索引，其所关联的字段为 student_name 和 major_id。

2. 使用 Navicat 工具创建索引

在数据库学习阶段，可以通过 MySQL 数据库服务器自带的工具“MySQL Command Line Client”来创建索引，该工具可以帮助大家尽快掌握关于创建索引的语法结构。但是在数据库开发阶段，用户一般采用客户端软件 Navicat 来创建索引。

【例 6-4】在 educational 数据库里，为数据库表对象 student 创建各种类型的索引。具体步骤如下。

1）首先连接数据库管理系统，然后选择“educational”→“表”→“student”→“设计表”→“索引”选项，进入关于 educational 数据库 student 表的索引节点中，如图 6-9 所示。

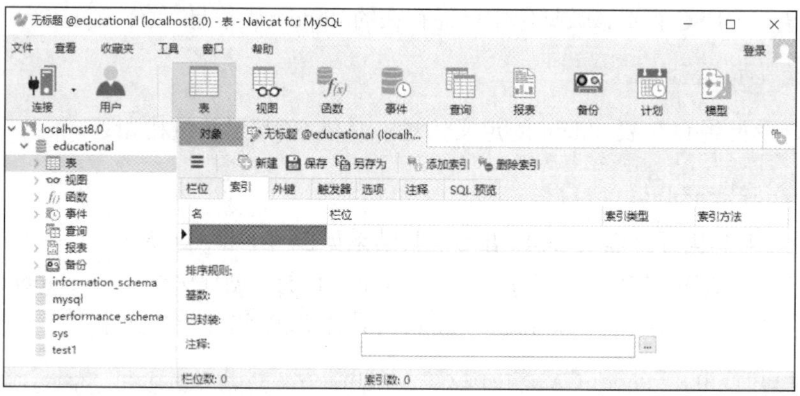

图 6-9　创建索引（例 6-4）

2）如果想创建普通索引对象 index_student，具体设置信息如图 6-10 所示。当确认所填写的信息无误后，单击“保存”按钮即可实现该索引对象的创建。

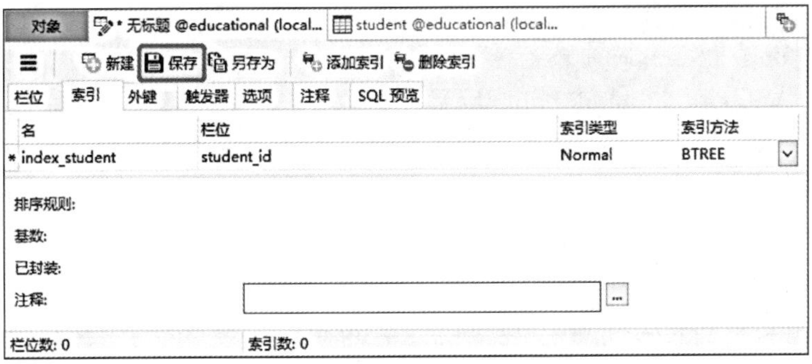

图 6-10　创建并查看普通索引对象

3）如果想创建唯一索引对象 index_student，具体设置信息如图 6-11 所示。当确认所填写的信息无误后，单击“保存”按钮即可实现该索引对象的创建。

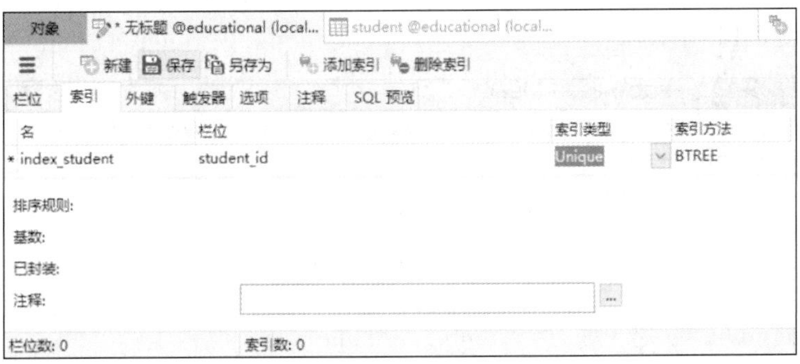

图 6-11　创建并查看唯一索引

4）如果想创建全文索引对象 index_student，具体设置信息如图 6-12 所示。当确认所填写的信息无误后，单击“保存”按钮即可实现该索引对象的创建。

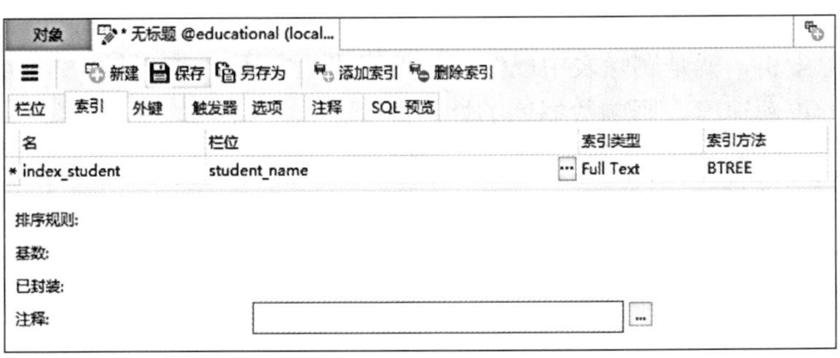

图 6-12　创建并查看全文索引

5）如果想创建多列索引对象 index_student_addr，具体设置信息如图 6-13 所示。当确认所填写的信息无误后，单击“保存”按钮即可实现该索引对象的创建。

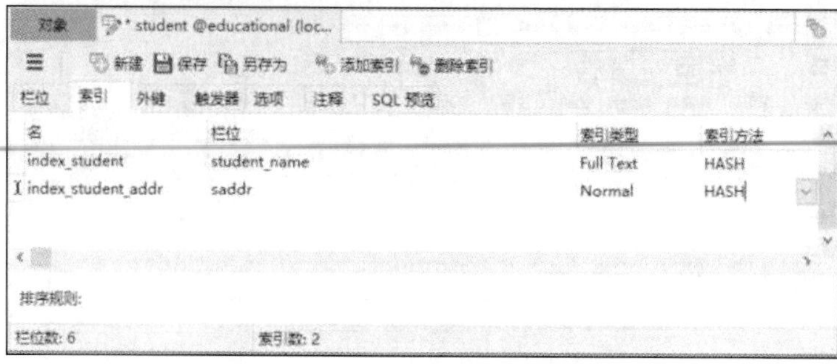

图 6-13　创建并查看多列索引（向导方式）

通过上述步骤，可以在 educational 数据库里为表对象 student 创建各种索引对象。对于 Navicat 工具，除可以通过以上步骤（向导方式）创建各种索引外，还可以在“查询”窗口中输入创建索引的 SQL 语句，然后单击工具栏中的“运行”按钮，实现索引的创建，如图 6-14 所示。

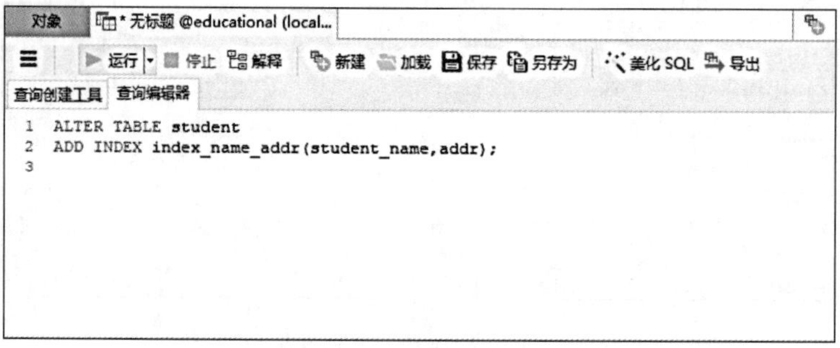

图 6-14　创建并查看多列索引（“查询”窗口）

6.1.3 删除索引

所谓删除索引，就是删除表中已经创建的索引。之所以要删除索引，是因为这些索引会降低表的更新速度，影响数据库的性能。

1. 删除索引的语法形式

在 MySQL 数据库管理系统中删除索引通过 SQL 语句 DROP INDEX 来实现，其语法结构如下。

```
DROP INDEX index_name ON table_name;
```

在上述语句中，index_name 表示所要删除的索引名字，table_name 表示所要删除索引所在的表对象。

【例 6-5】执行 SQL 语句 DROP INDEX，在 educational 数据库里删除表对象 student 中的索引对象 index_name_major。

1）执行 SQL 语句 USE，选择 educational 数据库，并通过 SQL 语句 SHOW CREATE TABLE 查看该数据库中 student 表信息，具体 SQL 语法结构如下。

```
USE educational;
```

然后查看已经存在 student 表中的定义信息，具体 SQL 语法结构如下。

```
SHOW CREATE TABLE student \G;
```

【运行效果】执行上面的 SQL 语句，其结果如图 6-1 和图 6-3 所示。

2）为了校验数据库 student 表中索引是否被使用，执行 SQL 语句 EXPLAIN，具体 SQL 语法结构如下。

```
EXPLAIN
SELECT * FROM student WHERE student_name='ls'\G;
```

【运行效果】执行上面的 SQL 语句，其结果如图 6-15 所示。

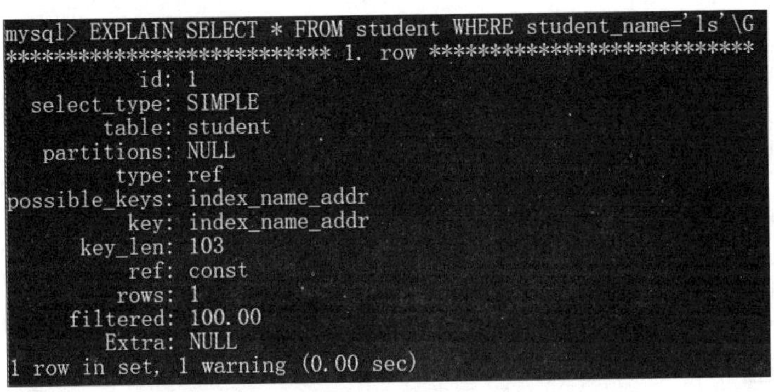

图 6-15 查看索引是否被启用（例 6-5）

3）执行 SQL 语句 DROP INDEX，删除索引对象 index_name_major，具体 SQL 语法结构如下。

```
DROP INDEX index_name_major ON student;
```

【运行效果】执行上面的 SQL 语句，其结果如图 6-16 所示。

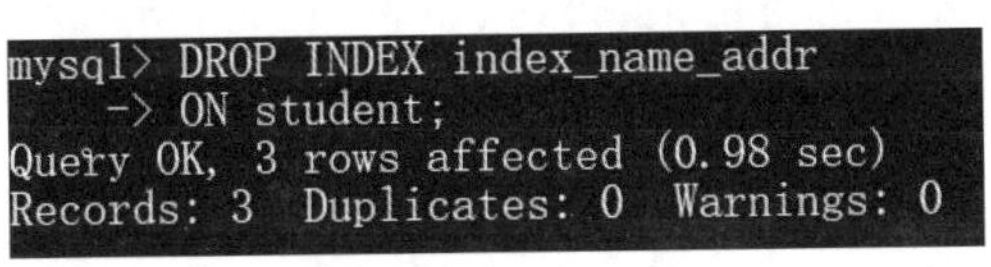

图 6-16 删除索引（例 6-5）

4）为了校验 educational 数据库中是否还存在索引对象 index_name_major，执行 SQL 语句 SHOW CREATE TABLE，具体 SQL 语法结构如下。

```
SHOW CREATE TABLE student \G;
```

【运行效果】执行上面的 SQL 语句，其结果如图 6-17 所示。

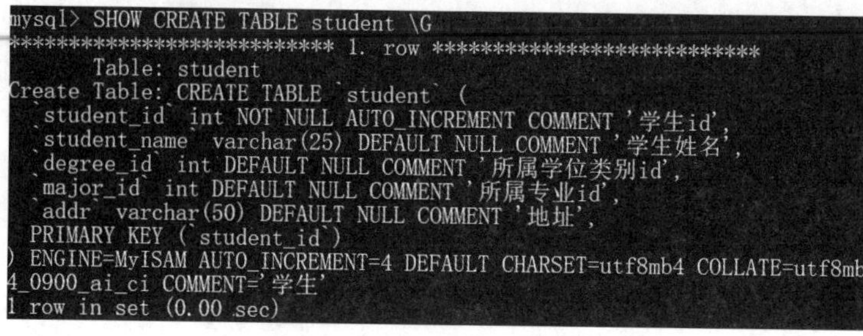

图 6-17　校验 educational 数据库中是否存在索引对象

执行结果显示，student 表已经不存在索引对象 index_name_major。

2. 使用 Navicat 工具删除索引

在客户端软件 Navicat 中，不仅可以通过在“查询”窗口中执行 DROP INDEX 语句来删除索引，还可以通过向导来实现，具体步骤如下。

1）如图 6-18 所示，选择“educational”→“表”→“student”→“设计表”→“索引”选项进入关于 educational 数据库 student 表的索引节点中，然后选择名为“index_name_degree”的索引，选择“删除索引”命令。

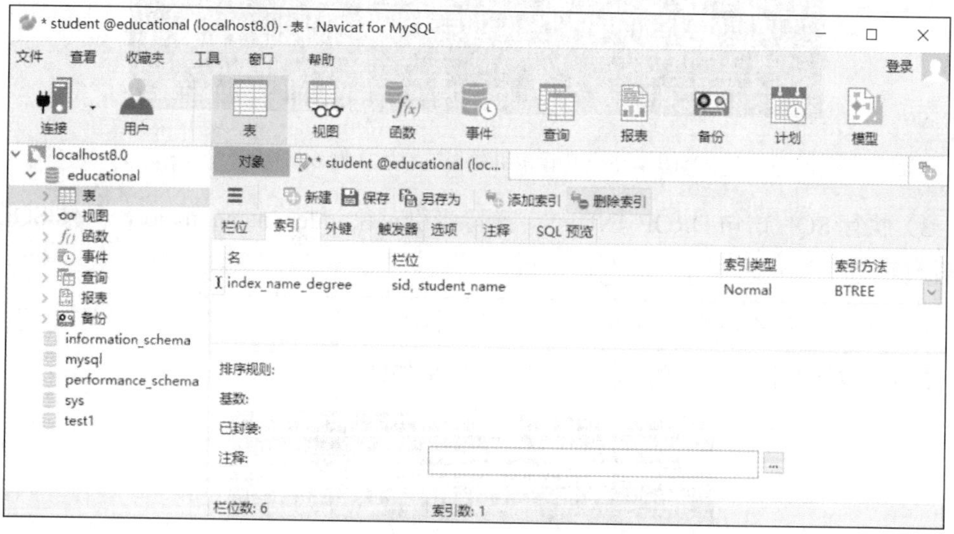

图 6-18　选择相应索引并删除

2）弹出警告对话框提示是否删除索引，如图 6-19 所示。单击“删除”按钮后，索引删除成功。

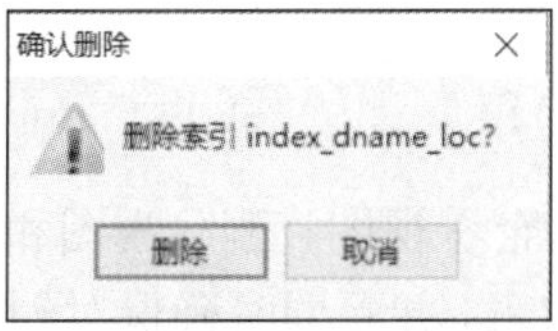

图 6-19 “确认删除”警告提示框

6.2 视图的操作

数据库技术经历多年的发展，其功能已经远远不只是存储和管理数据这么简单，可以通过很多易用的特性来提高用户体验和帮助企业节约资源。本节将详细介绍 MySQL 提供的一个新特性——视图，对视图的操作不仅可以实现查询的简化，还会提高安全性。

6.2.1 视图概述

通过前面章节的学习可以发现，数据库中关于数据的查询有时候非常复杂，如表连接、子查询等，这种查询会让程序员感到非常痛苦，因为它逻辑太复杂、编写语句比较多。当这种查询需要重复使用时，不能保证次次都能编写正确，从而降低了数据库的实用性。在具体操作表前，有时候要求只能操作部分字段，而不是全部字段。例如，在公司中员工的工资一般是保密的，如果因为程序员一时疏忽向查询中多写入了关于“工资”的字段，则会让员的“工资”显示给所有能够查看该查询结果的人，这时就需要限制程序员操作的字段。

为了提高复杂 SQL 语句的复用性和表操作的安全性，MySQL 数据库管理系统提供了视图特性。视图本质上是一种虚拟表，其内容与真实的表相似，包含一系列带有名称的列数据和行数据，但是视图并不在数据库中以存储的数据值形式存在。行数据和列数据来自定义视图的查询所引用的基本表，并且在具体引用视图时动态生成。视图使程序员只关心感兴趣的某些特定数据和他们所负责的特定任务。这样，程序员只能看到视图中所定义的数据，而不是视图所引用表中的数据，从而提高了数据库中数据的安全性。其特点可以归纳如下。

- 视图的列可以来自不同的表，是表的抽象和在逻辑意义上建立的新关系。
- 视图是由基本表（实表）产生的表（虚表）。
- 视图的建立和删除不影响基本表。

- 对视图内容的更新（添加、删除和修改）直接影响基本表。
- 当视图来自多个基本表时，不允许添加和删除数据。

6.2.2 创建视图

视图的操作包括创建视图、查看视图、删除视图和修改视图。在创建视图时，首先要确保拥有 CREATE VIEW 的权限，并且同时确保对创建视图所引用的表也具有相应的权限。

1. 创建视图的语法形式

虽然视图可以被看作一种虚拟表，但是其在物理上是不存在的，即数据库管理系统没有专门的位置为视图存储数据。根据视图的概念可以发现其数据来源于查询语句，因此创建视图的语法结构如下。

```
CREATE VIEW view_name AS 查询语句
```

和创建表一样，视图名不能和表名、其他的视图名重名。根据上述语法结构可以发现，视图的功能实际上就是封装复杂的查询语句。

【例 6-6】 在 educational 数据库中，由选课表 course_selection 创建出隐藏学生课程分数字段 student_score 的视图 view_selectscore，关于选课表中数据如图 6-20 所示。

```
mysql> SELECT * FROM course_selection;
+-------+------------+-------+---------------+---------------+
| cs_id | student_id | cc_id | teacher_score | student_score |
+-------+------------+-------+---------------+---------------+
|     1 |          1 |     1 |            80 |            65 |
|     2 |          1 |     1 |            86 |            70 |
|     3 |          1 |     2 |            88 |            80 |
|     4 |          1 |     1 |            85 |            83 |
|     5 |          1 |     1 |            70 |            74 |
+-------+------------+-------+---------------+---------------+
5 rows in set (0.00 sec)
```

图 6-20　选课表

1）执行 SQL 语句 USE，选择数据库 view，具体 SQL 语法结构如下。

```
USE view;
```

【运行效果】执行上面的 SQL 语句，其结果如图 6-1 所示。

2）选择进入数据库 educational 后，执行 SQL 语句 CREATE VIEW，创建视图对象 view_selectscore，具体创建语句如下。

```
CREATE VIEW view_selectscore
AS
SELECT cs_id,student_id FROM course_selection;
```

在上述代码中创建了一个名为 view_selectscore 的视图，通过对代码的观察可以发现，实际上代码里写的是一个表查询语句，只不过是把这个查询语句封装起来重新起了一个别名，以便以后可以重复使用。在 SQL 语句命名规范中，视图一般以 view_××× 或者 v_×××的样式来命名。

【运行效果】执行上面的查询语句，其结果如图 6-21 所示。

```
mysql> CREATE VIEW view_selectscore
    -> AS
    -> SELECT cs_id, student_id
    -> FROM course_selection;
Query OK, 0 rows affected (0.21 sec)
```

图 6-21　创建视图

3）创建完视图，即可进行查询视图操作，那么如何使用视图呢？其实非常简单，可以将视图当作表一样来执行查询操作，具体查询语句如下。

```
SELECT * FROM view_selectscore;
```

【运行效果】执行上面的查询语句，其结果如图 6-22 所示。通过执行查询结果可以发现，虽然查询视图和查询表格很相似，但是视图可以实现信息的隐藏。同时，如果想在多个地方重复实现该功能，只需查询视图，而不需要每次都编写视图所封装的详细查询语句。

```
mysql> SELECT * FROM view_selectscore;
+-------+------------+
| cs_id | student_id |
+-------+------------+
|     1 |          1 |
|     2 |          1 |
|     3 |          1 |
|     4 |          1 |
|     5 |          1 |
+-------+------------+
5 rows in set (0.33 sec)
```

图 6-22　查询视图（例 6-6）

2. 使用 Navicat 工具创建视图

【例 6-7】由选课表 course_selection 创建出隐藏学生课程分数字段 student_score 的视图 view_selectscore。

1）首先连接数据库管理系统，然后选择“educational”→“视图”→“新建”选项，如图 6-23 所示。

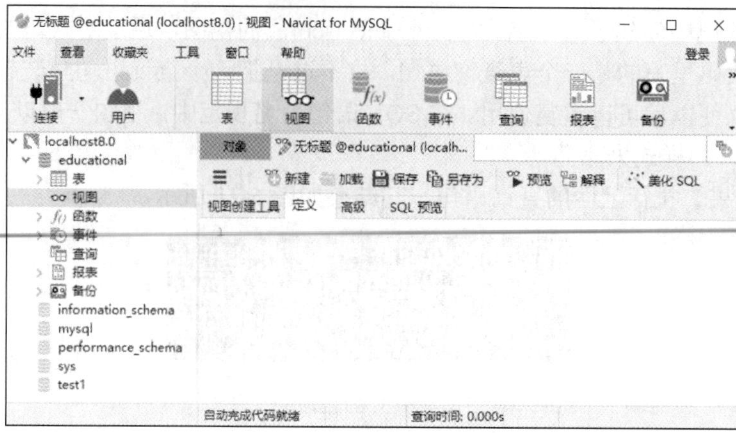

图 6-23　创建视图（例 6-7）

2）在出现的“定义”选项中，修改关于视图 view_selectscore 的代码如图 6-24 所示。

```
SELECT course_selection.cs_id,course_selection.student_id FROM course_selection;
```

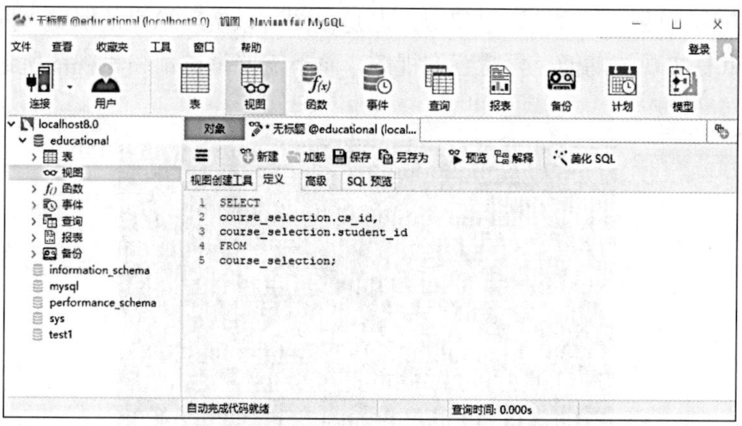

图 6-24　定义视图的查询语句

3）单击“保存”按钮，在弹出的“视图名”对话框中输入视图名，如 view_selectscore，如图 6-25 所示。

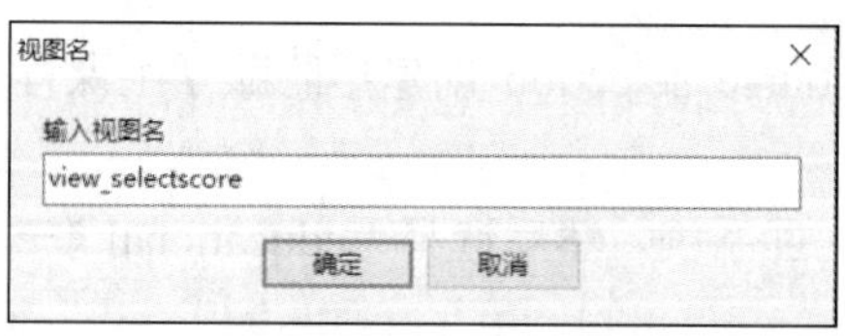

图 6-25　输入视图名称

执行上述步骤，在“对象资源管理器”窗口就会创建出名为 view_selectscore 的视图，如图 6-26 所示。

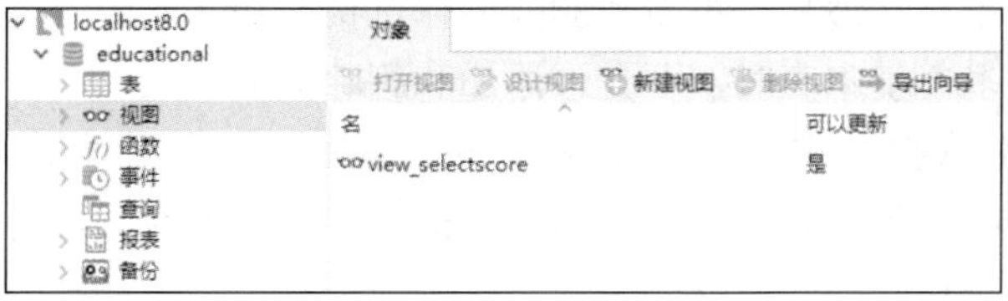

图 6-26　视图创建成功

6.2.3 视图的使用

在 MySQL 中可以通过视图检索基本表数据，这是视图最基本的应用，除此之外，还可以通过视图修改基本表中的数据。

1. 使用视图查询数据

通过视图查询数据，与通过表进行查询完全相同，只不过通过视图查询数据比通过表查询数据更安全、更简单、更实用，在具体实现时，只需把表名换成视图名即可。

【例 6-8】检索视图对象 view_selectscore，具体语法结构如下。

```
SELECT * FROM view_selectscore;
```

【运行效果】执行上述语句，其结果如图 6-22 所示。

通过客户端软件 Navicat 更容易检索数据，具体步骤如下。

1）在“对象资源管理器”窗口中，单击 educational 数据库中视图节点前的符号，然后单击“view_selectscore”，如图 6-27 所示。

2）单击“打开视图”按钮，这时就会在该窗口中显示出所检索的数据，如图 6-28 所示。

图 6-27　选择“view_selectscore”视图

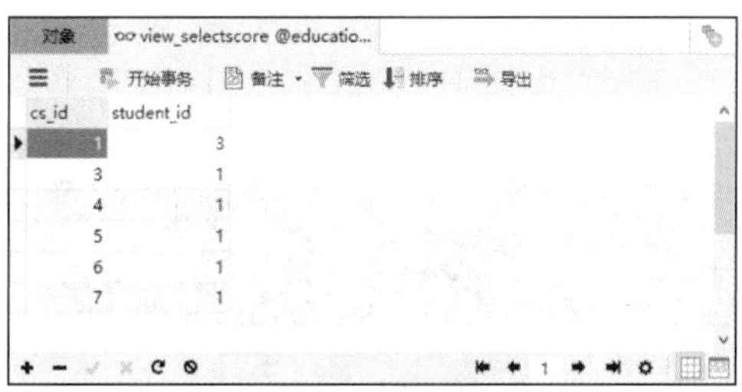

图 6-28　视图检索数据

2. 使用视图操作基本表数据

通过前面章节的学习可以知道，不仅可以通过视图进行查询数据，还可以通过视图进行更新（增加、删除和更新）数据操作。由于视图是虚表，因此对视图数据进行更新操作，实际上是对其基本表数据进行更新操作。在具体更新视图数据时，需要注意以下两点。

- 对视图数据进行添加、更新和删除操作直接影响基本表。
- 视图来自多个基本表时，不允许添加和删除数据。

在 educational 数据库中，由选课表 course_selection 创建出查询所有字段的视图 view_selectscore。查询视图 view_selectscore，执行结果如图 6-22 所示。

（1）添加数据操作

【例 6-9】 通过视图 view_selectscore 添加 1 条新的数据，各列的值分别为 6、1。

```
INSERT INTO view_selectscore (cs_id,student_id) VALUES(2,1);
```

【运行效果】执行上面的查询语句后，查询表 course_selection 的数据如图 6-29 所示。

```
mysql> INSERT INTO view_selectscore (cs_id, student_id) VALUES(6,1);
Query OK, 1 row affected (0.04 sec)
```

图 6-29　添加数据成功

注意： *在上述语句中，由于 VALUES 后的数据常量与视图中的列一一对应，因此视图名 view_product 后的列名可以不写，语句可以改写成如下。*

```
INSERT INTO view_selectscore VALUES(6,1);
```

（2）删除数据操作

【例 6-10】 通过视图 view_selectscore 删除 cs_id 为 2 的数据，具体语句如下。

```
DELETE FROM view_selectscore WHERE cs_id= '2';
```

【运行效果】执行上面的查询语句，结果如图 6-30 所示，查询表 course_selection 的数据如图 6-31 所示。

```
mysql> DELETE FROM view_selectscore
    -> WHERE cs_id = 2;
Query OK, 1 row affected (0.14 sec)
```

图 6-30　删除数据成功

```
mysql> SELECT * FROM view_selectscore;
+-------+------------+
| cs_id | student_id |
+-------+------------+
|     1 |          1 |
|     3 |          1 |
|     4 |          1 |
|     5 |          1 |
|     6 |          1 |
|     7 |          1 |
+-------+------------+
6 rows in set (0.00 sec)
```

图 6-31　查询表结果

（3）更新数据操作

【例 6-11】 将视图 view_selectscore 中 cs_id 为 1 的 student_id 改为 3，具体语句如下。

```
UPDATE view_selectscore set student_id=3 WHERE cs_id=1;
```

【运行效果】执行上面的查询语句后，查询表 course_selection 的数据如图 6-32 所示。

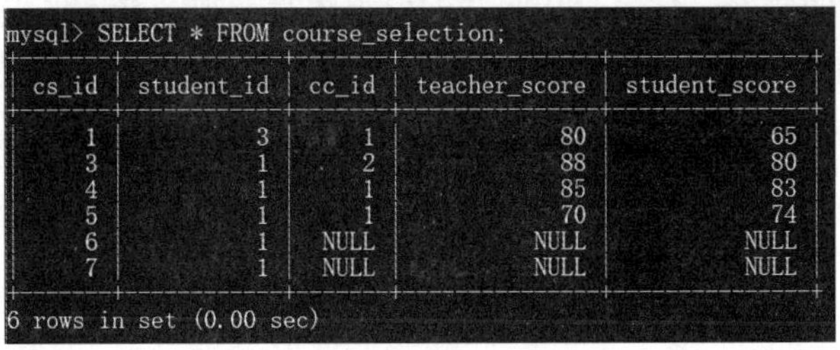

```
mysql> SELECT * FROM course_selection;
+-------+------------+-------+---------------+---------------+
| cs_id | student_id | cc_id | teacher_score | student_score |
+-------+------------+-------+---------------+---------------+
|     1 |          3 |     1 |            80 |            65 |
|     3 |          1 |     2 |            88 |            80 |
|     4 |          1 |     1 |            85 |            83 |
|     5 |          1 |     1 |            70 |            74 |
|     6 |          1 |  NULL |          NULL |          NULL |
|     7 |          1 |  NULL |          NULL |          NULL |
+-------+------------+-------+---------------+---------------+
6 rows in set (0.00 sec)
```

图 6-32　更新数据成功

6.2.4 视图的修改

对于已经创建好的视图，当使用一段时间后，可能需要进行一些结构上的修改，即视图的修改操作。查看帮助文档可以发现，可以使用 CREATE OR REPLACE VIEW 语句、ALTER 语句和 Navicat 语句来修改视图。

1. 通过 CREATE OR REPLACE VIEW 语句修改视图

对于已经创建好的表，尤其是已经有大量数据的表，通过先删除，然后按照新的表定义重建表的方式来修改表时，需要做许多额外的工作，如数据的重新加载等。可是对于视图来说，由于其是虚表，并没有存储数据，因此完全可以通过该方式来修改视图。

【例 6-12】创建的视图 view_selectscore 使用一段时间后，又需要在视图 view_selectscore 中隐藏表示编号的字段 student_id。

1）执行 SQL 语句 USE，选择 educational 数据库，具体 SQL 语句如下。

```
USE educational;
```

【运行效果】执行上面的 SQL 语句，其结果如图 6-1 所示。

2）为了实现新需求功能，可以再重新创建视图 view_selectscore，具体语句如下。

```
CREATE VIEW view_selectscore
AS
SELECT cs_id FROM course_selection;
```

上述语句主要用来实现创建视图对象 view_selectscore。

【运行效果】执行上述语句，其结果如图 6-33 所示。

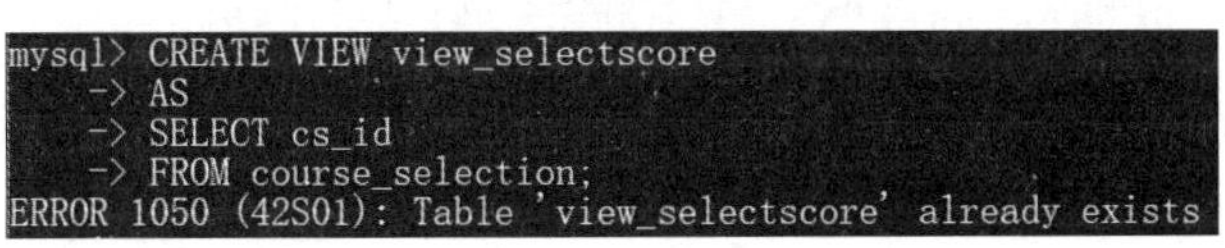

```
mysql> CREATE VIEW view_selectscore
    -> AS
    -> SELECT cs_id
    -> FROM course_selection;
ERROR 1050 (42S01): Table 'view_selectscore' already exists
```

图 6-33　再次创建执行结果

通过执行查询结果可以发现，虽然再次创建视图的语句没有任何语法错误，但是会出现视图已经存在的错误。这同时证明在创建视图时，视图名不能重复。

3）为了解决上述问题，可以先删除视图 view_selectscore，然后重新创建只显示名字字段的视图 view_selectscore。具体实现语句如下。

```
DROP VIEW view_selectscore;
CREATE VIEW view_selectscore
AS
SELECT cs_id FROM course_selection;
```

在上述语句中，首先实现删除视图对象 view_selectscore，然后重新创建实现新需求功能的视图对象 view_selectscore。

【运行效果】执行上述语句，其结果如图 6-34 所示。

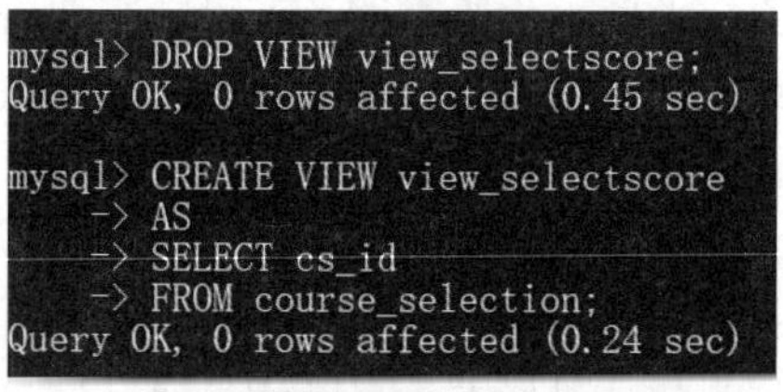

```
mysql> DROP VIEW view_selectscore;
Query OK, 0 rows affected (0.45 sec)

mysql> CREATE VIEW view_selectscore
    -> AS
    -> SELECT cs_id
    -> FROM course_selection;
Query OK, 0 rows affected (0.24 sec)
```

图 6-34　先删除再创建结果

4）最后查看视图 view_selectscore，具体语句如下。

```
SELECT * FROM view_selectscore;
```

【运行效果】执行上述语句，其结果如图 6-35 所示。

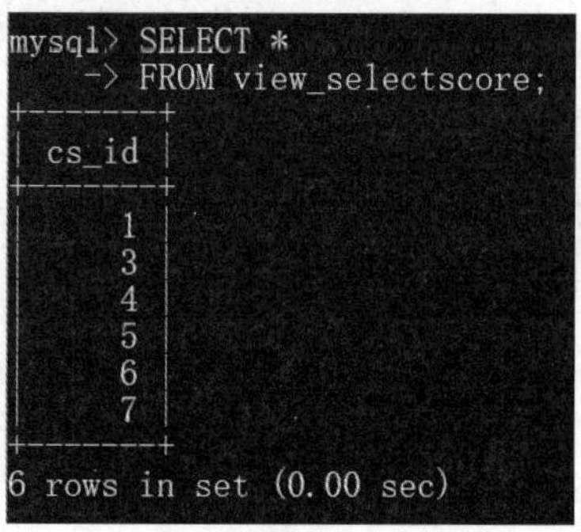

```
mysql> SELECT *
    -> FROM view_selectscore;
+-------+
| cs_id |
+-------+
|     1 |
|     3 |
|     4 |
|     5 |
|     6 |
|     7 |
+-------+
6 rows in set (0.00 sec)
```

图 6-35　查看视图（例 6-12）

通过执行查询视图结果可以发现，先删除视图 view_selectscore，然后创建只显示名字字段的视图 view_selectscore，完全可以实现本例的要求。

如果每次修改视图，都是先删除视图，然后创建一个同名的视图，会比较麻烦。为了便于用户修改视图，MySQL 提供了可以实现替换的创建视图语法，此时关于创建视图的完整语法结构如下。

```
CREATE OR REPLACE VIEW view_name as 查询语句;
```

【例 6-13】 通过上述语句创建视图后，如果需要更改视图时，则不需要先删除再创建，MySQL 会自动进行删除和重建功能。

1）执行 SQL 语句 USE，选择数据库 view，具体 SQL 语句如下。

```
USE educational;
```

【运行效果】执行上面的 SQL 语句，其结果如图 6-1 所示。

2）执行 SQL 语句 CREATE OR REPLACE VIEW，替换视图对象 view_selectscore，具体 SQL 语句如下。

```
CREATE OR REPLACE VIEW view_selectscore
AS
SELECT cs_id FROM course_selection;
```

【运行效果】执行上述语句，其结果如图 6-36 所示。

```
mysql> CREATE OR REPLACE VIEW view_selectscore
    -> AS
    -> SELECT cs_id FROM course_selection;
Query OK, 0 rows affected (0.47 sec)
```

图 6-36 修改视图（例 6-13）

3）最后查看视图 view_selectscore，具体语句如下。

```
SELECT * FROM view_selectscore;
```

【运行效果】执行上述语句，其结果如图 6-35 所示。

通过执行结果可以发现，SQL 语句 CREATE OR REPLACE VIEW 完全可以实现修改视图的功能。

2. 使用 ALTER 语句修改视图

【例 6-14】 下面演示 ALTER VIEW 语句的功能，用来实现修改视图 view_selectscore，具体步骤如下。

1）执行 SQL 语句 USE，选择 educational 数据库，具体 SQL 语句如下。

```
USE educational;
```

【运行效果】执行上面的 SQL 语句，其结果如图 6-1 所示。

2）执行 ALTER VIEW，实现修改视图 view_selectscore 功能，具体语句如下。

```
ALTER VIEW view_selectscore
AS
SELECT cs_id FROM course_selection;
```

【运行效果】执行上述语句，其结果如图 6-37 所示。

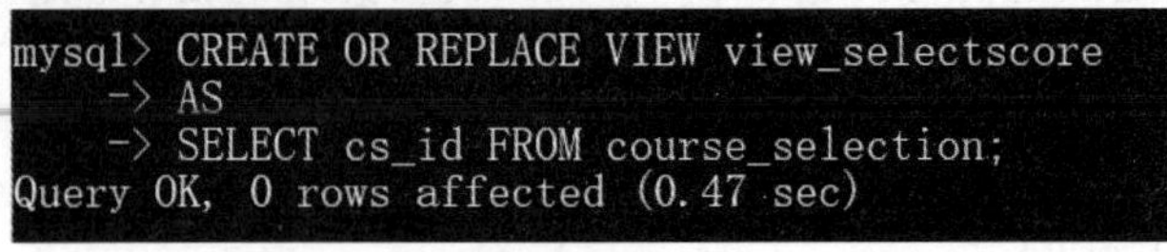

图 6-37　修改视图（例 6-14）

3）最后查看视图 view_selectscore，具体语句如下。

```
SELECT * FROM view_selectscore;
```

【运行效果】执行上述语句，其结果如图 6-35 所示。

通过执行结果可以发现，SQL 语句 ALTER VIEW 完全可以实现修改视图的功能。

3. 通过 Navicat 修改视图

在客户端软件 Navicat 中，不仅可以通过在“查询”窗口中执行 ALTER VIEW 语句来修改视图，还可以通过向导来实现，具体步骤如下。

在“对象资源管理器”窗口中，单击 educational 数据库中视图节点前的符号，然后单击“view_selectscore”视图，从工具栏中单击“设计视图”按钮，如图 6-38 所示。

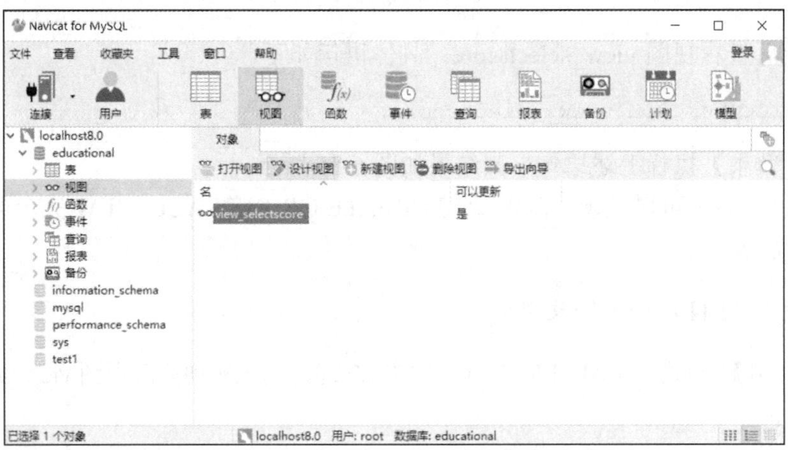

图 6-38　单击“设计视图”按钮

打开关于视图 view_selectscore 的代码窗口，如图 6-39 所示。

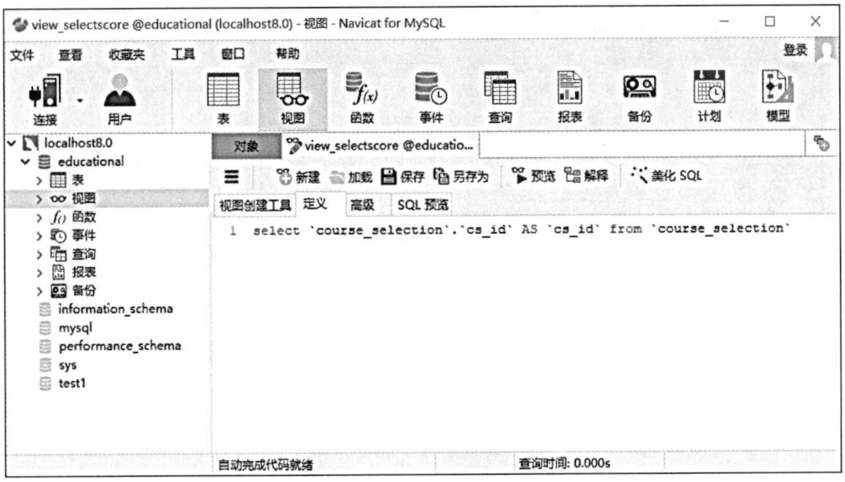

图 6-39 查看视图代码

在视图 view_selectscore 的代码窗口里，单击“视图创建工具”进行编辑，如图 6-40 所示。

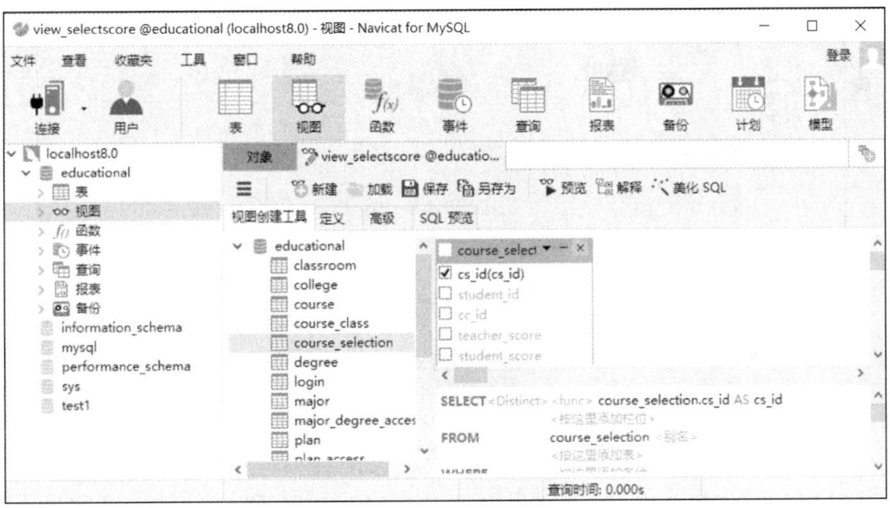

图 6-40 单击“视图创建工具”进行编辑

最后单击“保存”按钮，出现图 6-41 所示的运行结果就表示修改视图成功。最后查看视图 view_selectscore，运行结果如图 6-42 所示。

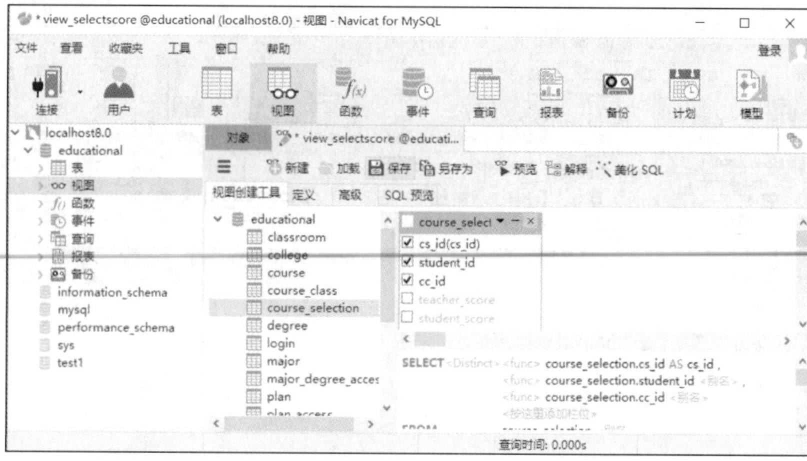

图 6-41　修改视图成功

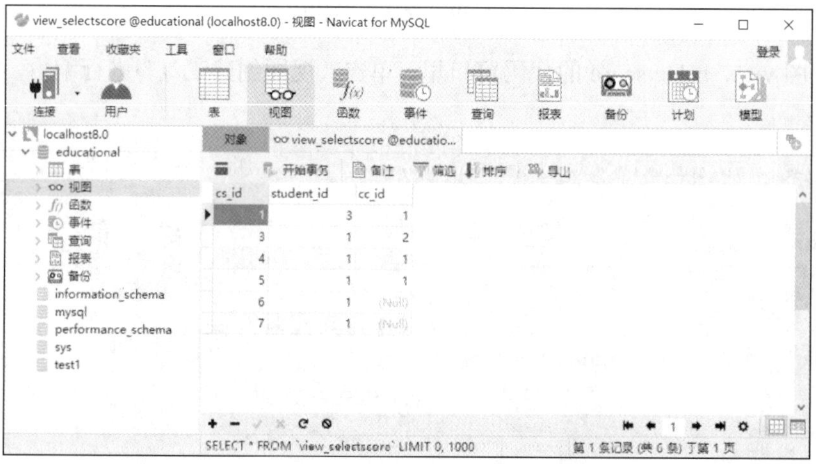

图 6-42　检索视图 view_selectscore

6.2.5 视图的删除

视图的操作包括创建视图、查看视图、删除视图和修改视图。本节将详细介绍如何删除视图。在删除视图时，首先要确保拥有 DROP VIEW 的权限。

1. 删除视图的语法形式

查看帮助文档可以发现，通过 DROP VIEW 语句可以一次删除 1 个或多个视图，关于删除视图的语法结构如下。

```
DROP VIEW view_name [, view_name] …;
```

在上述语句中，view_name 表示所要删除视图的名称。

【例 6-15】 下面演示 DROP VIEW 语句的功能，用来实现删除视图对象 view_selectscore，具体步骤如下。

1）执行 SQL 语句 USE，选择 educational 数据库，具体 SQL 语句如下。

```
USE educational;
```

【运行效果】执行上面的 SQL 语句，其结果如图 6-1 所示。

2）选择进入数据库视图后，执行 SQL 语句 DROP VIEW，删除名为 view_selectscore 的视图对象，具体 SQL 语句如下。

```
DROP VIEW view_selectscore;
```

在上述 SQL 语句中，通过 DROP VIEW 关键字实现删除视图的功能。

【运行效果】执行上述语句，其结果如图 6-43 所示。

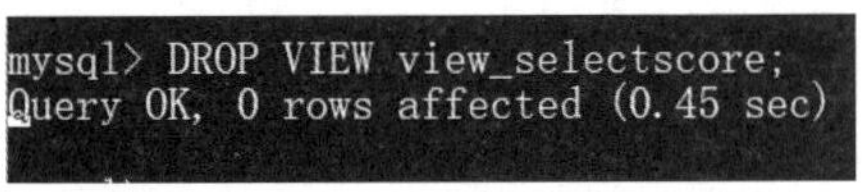

图 6-43　删除 1 个视图

3）为了检验数据库 view 中是否还存在视图对象 view_selectscore，执行 SQL 语句 SELECT，具体 SQL 语句内容如下。

```
SELECT * FROM view_selectscore;
```

【运行效果】执行上面的 SQL 语句，其结果如图 6-44 所示。

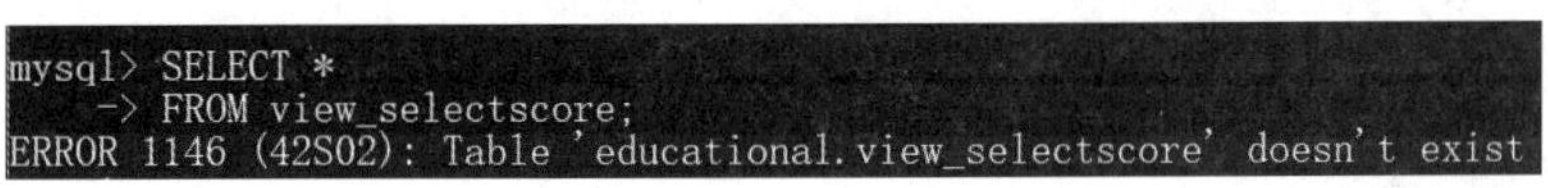

图 6-44　查询视图（例 6-15）

执行结果显示，view_selectscore 视图已经不存在，删除视图 view_selectscore 成功。

4）对于 DROP VIEW 语句，除了一次可以删除 1 个视图，还可以一次删除多个视图。一次同时删除视图对象 view_selectscore1 和 view_selectscore2 的 SQL 语句如下。

```
DROP VIEW view_selectscore1,view_selectscore2;
```

【运行效果】执行上述语句，其结果如图 6-45 所示。

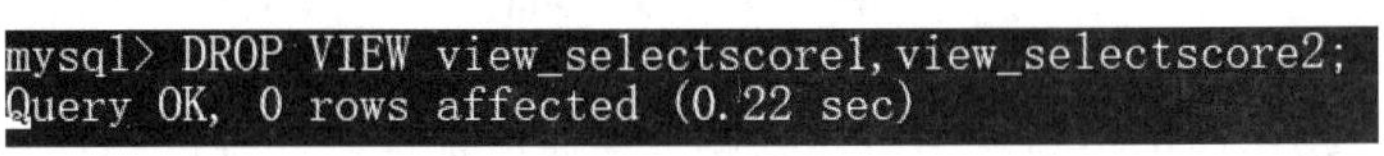

图 6-45　删除 2 个视图

执行结果显示，view_selectscore1 和 view_selectscore2 这 2 个视图已经不存在，删除成功。

2. 通过 Navicat 软件删除视图

在客户端软件 Navicat 中，不仅可以通过在“查询”窗口中执行 DROP VIEW 语句来删除视图，还可以通过向导来实现，具体步骤如下。

在“对象资源管理器”窗口中，单击 educational 数据库中视图节点前的符号，然后右击“view_selectscore”视图，如图 6-38 所示，从弹出的快捷菜单中选择“删除视图”命令。

弹出警告对话框来提示是否确定删除视图，如图 6-46 所示。单击“删除”按钮后，这时“对象资源管理器”窗口数据库 view 中就没有任何视图对象，如图 6-47 所示。

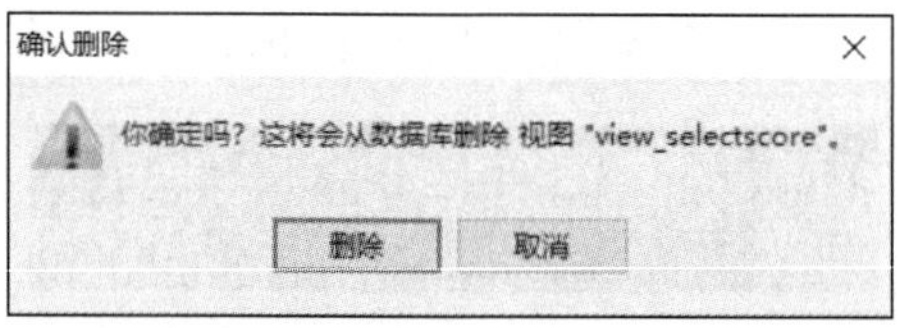

图 6-46 “确认删除”警告提示框

图 6-47 查看视图对象

本 章 小 结

本章主要介绍数据库对象的索引和视图，主要包括索引和视图的相关概念、基础操作。其中，索引的操作包含创建索引、修改索引和删除索引等；视图的操作包括创建、查看、更新和删除等。

习　题

操作题

在 educational 数据库中创建 student 表，结构如表 6-1 所示。

表 6-1　student 表结构

名	类型	长度	小数点	不是 null
sid	int	0	0	√
sname	varchar	255	0	
sage	int	0	0	
saddr	varchar	255	0	

1. 在 educational 数据库中创建 student 表，存储引擎为 MyISAM，创建表的同时添加名为 UniqID 的唯一索引。
2. 使用 ALTER TABLE 语句在 sname 字段上建立名称为 nameIndex 的普通索引。
3. 使用 CREATE INDEX 语句在 sage 和 saddr 字段上建立名为 MultiIndex 的组合索引。
4. 删除 MultiIndex 的组合索引。
5. 在 student 表上创建视图。
6. 更改视图。

第7章

MySQL 高级应用技术

本章主要介绍存储过程；触发器的作用、概念、优点，触发器创建方法、触发器的修改及删除方法；创建事件、查看事件、修改和删除事件的基本方法；数据的安全控制机制，数据库安全控制的各种方法和对 MySQL 数据库中的用户和权限进行管理的方法，对 MySQL 日志文件进行管理的方法，以及每种数据备份与数据恢复的使用。

学习目标

- 理解存储过程的机制。
- 理解触发器的作用。
- 理解事件处理机制。
- 了解数据库安全知识。
- 了解数据库权限、日志和备份的相关概念。

7.1 存储过程

7.1.1 关于存储过程

存储过程适用在中大型数据库系统中，是一组为了完成特定功能的 SQL 语句集，它存储在数据库中，一次编译后永久有效，用户通过指定存储过程的名字并给出参数（如果该存储过程带有参数）来执行它。它可以接收参数、输出参数、返回单个或多个结果集及返回值。存储过程是数据库中的一个重要对象，在数据量特别庞大的情况下利用存储过程能倍速提升效率。存储过程具有以下优点。

- 存储过程在服务器端运行，执行速度快，能够大大提高系统性能。其执行一次后，执行规划将驻留在高速缓冲存储器，在以后的操作中，只需从高速缓冲存储器中调用已编译好的二进制代码执行。
- 存储过程提供了安全机制，即使是没有访问存储过程引用的表或视图权限的用户，也可以被授权执行该存储过程。

- 存储过程允许模块化程序设计。存储过程一旦创建以后即可在程序中调用任意次数，这可以改进应用程序的可维护性，并允许应用程序统一访问数据库。
- 存储过程可以减少网络通信流量。用户可以通过发送一个单独的语句实现一个复杂的操作，而不需要在网络上发送几百条 SQL 代码，这样减少了在服务器和客户机之间传递请求的数量。

7.1.2 创建存储过程

在 MySQL 数据库系统中，可以使用 CREATE PROCEDURE 语句创建存储过程。需要强调的是，必须具有 CREATE PROCEDURE 权限才能创建存储过程。存储过程是数据库作用域中的对象，只能在本地数据库创建。其语法结构如下。

```
CREATE PROCEDURE <存储过程名称>([IN|OUT|INOUT]参数 数据类型[,…])
BEGIN
        过程体
END;
```

说明如下。

- 过程中的参数在 CREATE PROCEDURE 语句中，可以声明一个或多个参数。
- 如果定义默认值，则无须指定此参数的子句即可执行过程，默认值必须是常量或 NULL。
- MySQL 存储过程支持 3 种类型参数，即输入参数（IN）、输出参数（OUT）和输入或输出参数（INOUT）。

【例 7-1】创建存储过程，传入所属学位类别，显示对应学位类别的学生 id，返回对应学位类别人数，学生表如表 7-1。

表 7-1　学生表（例 7-1）

字段名	类型	长度	说明
student_id	int	11	学生 id
student_name	varchar	255	学生姓名
degree_id	int	11	所属学位类别 id
major_id	int	11	所属专业 id

SQL 语句表示如下。

```
#DELIMITER $$
CREATE PROCEDURE student_procedure(IN degree_id INT(11) character set
utf8,OUT num INT)
BEGIN
   SELECT student_id  FROM student WHERE degree_id=degree_id;
```

```
    SELECT FOUND_ROWS() INTO num;
END #$$
#DELIMITER;
```

7.1.3 调用存储过程

因为存储过程是数据库对象之一，如果要调用执行数据库中的存储过程，则需要打开数据库或指定数据库名称，使用 CALL 语句调用存储过程，通过定义输出参数，可以从存储过程中返回一个或多个值。为了使用输出参数，必须在 CREATE PRCOCEDURE 语句中指定 OUT 关键字。如果要使用带参数的存储过程，则需要在执行过程中提供存储过程的参数值，可以使用两种方式来提供存储过程的参数值。

- 直接方式：该方式在 CALL 语句中直接为存储过程的参数提供数据值，并且这些数据值的数量和顺序与定义存储过程时参数的数据和顺序相同。如果参数是字符类型或日期类型，还应该将这些参数值用引号引起来。
- 间接方式：该方式是指在执行 CALL 语句之前，声明参数并为这些参数数据求值，然后在 CALL 语句中引用这些已经获取数据值的参数名称。

无论是直接方式还是间接方式，都需要严格按照存储过程中定义的顺序提供数据值。

【例 7-2】调用存储过程 student_procedure。

SQL 语句表示如下。

```
CALL student_procedure(1);
```

7.1.4 管理存储过程

1. 修改存储过程

使用 ALTER PROCEDURE 语句来修改现有存储过程的特征。当使用 ALTER PROCEDURE 语句修改存储过程时，存储过程的特征发生变化。

2. 删除存储过程

可使用 DROP PROCEDURE 语句从当前的数据库中删除用户定义的存储过程。如果删除一个存在的存储过程，加上 IF EXISTS 子句，可以防止 MySQL 在执行调用进程时显示错误信息。在删除存储过程前，先查看存储过程是否存在，确定是否可删除此存储过程。

3. 查看存储过程

查看存储过程的定义信息，可以使用 SHOW PROCEDURE STATUS 语句。查看存

储过程的详细信息，可以使用 SHOW CREATE PROCEDURE 语句。

【例 7-3】查看 education 数据库所有的存储过程，查看 student_procedure 存储过程，以及删除 student_procedure 存储过程。

SQL 语句表示如下。

```
SHOW PROCEDURE STATUS WHERE DB='education';
SHOW CREATE PROCEDURE student_procedure;
DROP PROCEDURE student_procedure;
```

7.1.5 存储过程中的异常处理

在存储过程中处理 SQL 语句时可能导致一条错误消息，MySQL 将立即停止对存储过程的处理。例如，向一张表中插入新的记录而主码值已经存在，这条 INSERT 语句会导致一个错误消息。存储过程发生错误时，数据库开发人员并不希望 MySQL 自动终止存储过程的执行，而是想通过 MySQL 的错误处理机制帮助数据库开发人员控制程序流程。为了提高存储过程的健壮性，避免运行错误，当建立存储过程时应包含异常处理部分。MySQL 存储过程中的异常处理是通过 DRCLARE HANDLER 语句实现的。其语法结构如下。

```
DECLARE 错误处理类型 HANDLER FOR 错误触发条件[,…] 存储过程语句;
```

说明如下。

- 错误处理类型。错误处理类型包括 EXIT 和 CONTINUE 2 类。EXIT 会在执行异常后停止执行后续的语句，转而执行 FOR SQLEXCEPTION 中的语句；CONTINUE 会在执行异常后继续执行后续的语句。
- 错误触发条件。错误触发条件支持标准的 SQL，WARNING 表示对所有以 01 开头的 SQL STATE 代码速记，NOT FOUND 表示对所有以 02 开头的代码速记，SQL EXCEPTION 表示对所有没有被 SQL WARNING 或 NOT FOUND 捕获的 SQL STATE 代码速记。

【例 7-4】在 college（学院）表中，添加信息时创建存储过程，包含两个参数，即 id、name，当 college_id 传入正确和错误的值时，使用 EXIT 和 CONTINUE 的区别如下。

SQL 语句表示如下。

```
BEGIN
DRCLARE EXIT HANDLER FOR SQL EXCEPTION ,SQL WARNING,NOT FOUND SELECT
'haha,error!!!';
INSERT INTO college(college_id,college_name) values(id,name);
SELECT 'insert ok';
END
```

第一次输入两个正确参数，第二次输入一个错误参数NULL，因为字段不允许NULL，所以就出错了。当我们修改这个存储过程，把异常处理里的 EXIT 改成 CONTINUE，这时虽然输入参数有错误，执行语句出错，但是依然执行了后面的打印成功语句。这就是 CONTINUE 与 EXIT 的区别。

7.2 触 发 器

触发器是一种特殊的存储过程，它与表紧密相连，可以是表定义的一部分。当用户修改指定表或视图中的数据时，触发器将自动执行。

7.2.1 触发器概述

触发器是数据库服务器中发生事件时自动执行的一种特殊的存储过程，为数据库提供了有效的监控和处理机制，确保了数据的完整性。触发器基于一张表创建，但可以针对多张表进行操作，所以触发器常被用来实现复杂的逻辑业务控制规则。在 MySQL 中，一张表可以有多个触发器，用户可以根据数据操作语句对触发器进行设置，它不同于一般的存储过程，触发器定义后，任何用户对表操作均由服务器自动激活相应的触发器，执行该触发器所定义的 SQL 语句。触发器不像存储过程那样需要通过存储过程的名字显示调用，它不能通过名称直接调用，更不允许设置参数和返回值。

触发器能够实现主码和外码所不能保证的复杂的参照完整性和数据一致性，可以解决高级形式的业务规则、复杂的行为限制，以及实现定制记录等方面问题。触发器具有如下优点。

1）触发器自动执行，在表的数据做了任何修改（如手工输入或使用程序采集的操作）之后立即激活。

2）触发器可以通过数据库中的相关表进行层叠更改。这比直接把代码写在前端的做法更安全合理。

3）触发器可以强制限制，这些限制比用 CHECK 约束所定义的更复杂。与 CHECK 约束不同的是，触发器可以引用其他表中的列。

4）在 MySQL 系统中，按照触发事件的不同，可以把提供的触发器分成 3 种：INSERT 触发器、UPDATE 触发器和 DELETE 触发器。

- INSERT 触发器可以在插入某一行时激活触发器，可通过 INSERT、LOAD、DATA、REPLACE 语句触发。
- UPDATE 触发器可以在更改某一行时激活触发器，可通过 UPDATE 语句触发。
- DELETE 触发器可以在删除某一行时激活触发器，可通过 DELETE、REPLACE 语句触发。

触发器可以查询其他表，还可以包含复杂的 SQL 语句。可以将触发器的触发语句作为在触发器内回滚的单个事物对待，如果检测到错误，则整个事务自动回滚。

7.2.2 创建触发器

在 MySQL 中可以使用 CREATE TRIGGER 语句创建触发器。在创建触发器前需要注意以下几个问题。

- CREATE TRIGGER 语句必须是批处理的第一个语句，并且只能应用在一张表上。
- 创建触发器权限默认分配给表的所有者，且不能把该权限传给其他用户。
- 触发器只能在当前的数据库中创建，可以引用当前数据库的处理对象。
- 在同一条 CREATE TRIGGER 语句中，可以为多种用户操作（如 INSERT 和 UPDATE）定义相同的触发器操作。如果一张表的外码设置为 DELETE 或 UPDATE 的级联操作，则不能再为该表定义 DELETE 或 UPDATE 触发器。

MySQL 创建触发器的语法结构如下。

```
CREATE TRIGGER trigger_name trigger_time trigger_event
ON table_name
FOR EACH ROW
BEGIN
     过程体
END;
```

说明如下。

- 触发器的名字在当前数据库中必须是唯一的。
- 触发时间包括 BEFORE 和 AFTER。BEFORE 表示在触发事件发生之前执行触发程序，AFTER 表示在触发事件发生之后执行触发程序。
- 触发事件包括 DELETE、INSERT 和 UPDATE，它们表示激活触发程序的触发类型。
- FOR EACH ROW 表示操作影响的每一条记录都会执行一次触发程序。
- 触发器被触发后将执行的操作包括触发器执行的条件和动作。触发器条件是指除引起触发器执行操作外的附加条件；触发器的动作是指当用户执行激发触发器的某种操作并满足触发器的附加条件时，触发器所执行的操作。

7.2.3 管理触发器

触发器创建后，能够像存储过程一样进行试验，用户可以根据应用需要灵活管理触发器。

1. 查看触发器

- 使用 SHOW TRIGGERS 语句。在 MySQL 中，可以执行 SHOW TRIGGERS 语句来查看触发器的基本信息。
- 使用 SHOW CREATE TRIGGER 语句来查看触发器的基本信息。

2. 删除触发器

触发器使用之后可以随时进行删除，但是只有触发器的所有者才有删除触发器的权利。MySQL 中使用 DROP TRIGGER 语句来删除触发器。

【例 7-5】当在学生表中插入一条数据后，就会在日志（logs）表（表 7-2）中生成一条日志信息，学生表如表 7-3 所示。

表 7-2　日志表（例 7-5）

字段名	类型	长度	说明
id	int	11	日志 id
log	varchar	255	日志信息

表 7-3　学生表（例 7-5）

字段名	类型	长度	说明
student_id	int	11	学生 id
student_name	varchar	255	学生姓名
degree_id	int	11	所属学位类别 id
major_id	int	11	所属专业 id

SQL 语句表示如下。

```
DELIMITER $
CREATE TRIGGER user_log AFTER INSERT ON student FOR EACH ROW
BEGIN
DECLARE s1 VARCHAR(40)character set utf8;
DECLARE s2 VARCHAR(20) character set utf8;
SET s2 = " is created";
SET s1 = CONCAT(NEW.name,s2);
INSERT INTO logs(log) values(s1);
END $
DELIMITER ;
```

7.3 事 件

在 MySQL 中，事件是定时任务机制，是在指定的时间单元内执行特定的任务。例如，定时使数据库中的数据在某个间隔后刷新、定时关闭账户、定时打开或关闭数据库指示器等，这些特定任务可以由事件调度器（又称为临时触发器）来完成。事件调度器是基于特定时间周期触发来执行某些任务，这样对数据的定时操作将不再依赖外部程序，直接使用数据库本身提供的功能即可。

7.3.1 创建事件

创建事件可以使用 CREATE EVENT 语句。其语法结构如下。

```
CREATE EVENT [IF NOT EXISTS] <事件名>
     ON SCHEDULE <时间调度>
    [ON COMPLETION [NOT] PRESERVE]
      [ENABLE | DISABLE |DIABLE ON SLAVE]
      [COMMENT '注释内容']
      DO <SQL 语句>;
```

时间调度的格式如下。

```
AT timestamp [+ INTERVAL 时间间隔]
[EVERY <时间间隔>]
[STARTS timestamp [+ INTERVAL 时间间隔]]
[ENDS timestamp [+ INTERVAL 时间间隔]]
```

时间间隔的格式如下。

```
Count {YEAR|QUARTER|MONTH|DAY|HOUR|MINUTE
     WEEK|SECOND|YEAR_MONTH|DAY_HOUR|DAY_MINUTE|
     DAY_SECOND|HOUR_MINUTE|HOUR_SECOND|MINUTE_SECOND
}
```

说明如下。

- 时间调度表示事件何时发生或每隔多久发生一次。
- timestamp 表示一个具体的时间点，后面还可以加上一个时间间隔，表示在这个时间间隔后事件发生。
- 时间间隔由一个数值和单位构成。count 是间隔时间的数值。
- DO <SQL 语句>表示事件启动时执行的 SQL 语句，如果包含多语句，可以使用 BEGIN…END 复合语句。

7.3.2 管理事件

1. 查看事件

查看当前是否已开启事件调度器，其语法结构如下。

```
SHOW VARIABLES LIKE 'event_scheduler';或 SELECT @@event_scheduler;
```

2. 开启事件

其语法结构如下。

```
SET GLOBAL event_scheduler = 1;
```

3. 修改事件

事件在创建后可以通过 ALTER EVENT 语句来修改其定义的相关属性，其语法结构如下。

```
ALTER EVENT event_name
ON SCHEDULE schedule
[ON COMPLETION[NOT]PRESERVE]
[ENABLE|DISABLE|DISABLE ON SLAVE]
[COMMENT 'comment']
DO event_body;
```

4. 删除事件

删除已经创建的事件可以使用 DROP EVENT 语句来实现，其语法结构如下。

```
DROP EVENT [IF EXISTS] event_name;
```

【例 7-6】创建事件每隔 12 个月清空一次 student 数据表。

SQL 语句表示如下。

```
CREATE EVENT IF NOT EXISTS delete_student
ON SCHEDULE
EVERY 12 MONTH STARTS '2020-12-31 23:00:00'
DO
TRUNCATE TABLE student;
```

7.4 安全管理

7.4.1 MySQL 安全性概述

数据库的安全性是指保护数据库，以防止不合法的使用使数据泄露、更改或破坏。数据库的安全性是数据库管理员必须认真考虑的问题。具体来讲，数据库管理员必须制定一套安全控制策略，一方面要保证合法用户可以登录到数据库服务器中，能够实施数据库中各种权限范围内的操作；另一方面要防止所有的非授权用户进行越权或非法操作。数据库的安全控制有多种措施，通常使用用户管理和权限管理的方法，使用用户管理来阻止非法的用户登录到数据库服务器中，利用操作权限管理控制越权的非法操作，还可采用提高系统可靠性及数据冗余（备份）等方法。MySQL 安全管理等级主要包括以下几个。

1）操作系统安全性。在用户使用客户端计算机通过网络实现 MySQL 服务器的访问时，必须是合法用户才能获得计算机操作系统的使用权。操作系统安全性由操作系统管理员或网络管理员负责管理，这样加大了管理数据库系统安全的灵活性和难度。

2）服务器安全性。用户在登录 MySQL 服务器时，要提供正确的用户名和密码才能获得 MySQL 的访问权限，管理控制好用户登录是 MySQL 安全体系中的第一道防线。

3）数据库安全性。用户访问数据库时，必须创建与服务器登录名映射的数据库用户，才能获得访问数据库的权利。在默认情况下只有数据库的拥有者才可以访问该数据库的对象，数据库的拥有者可以分配访问权限给其他用户，以便让其他用户也拥有针对该数据库的访问权利。

4）数据库对象安全性。数据库对象安全性检查是用户权限的最后一个安全等级，用户操作数据库对象时，必须检查该用户是否具有操作该对象的权限，MySQL 将自动把该数据库对象的拥有权赋予创建该对象的拥有者，对象的拥有者可以实现对该对象的安全控制。

7.4.2 用户管理

MySQL 用户包括超级用户 Root 和普通用户。Root 用户拥有所有的权限，包括创建用户、删除用户和修改普通用户的密码等管理权限，而新创建的普通用户只拥有创建用户时赋予它的权限。

创建用户在 MySQL 中使用 CREATE USER 语句；修改用户密码使用 SET PASSWORD 语句；删除一个或多个 MySQL 用户使用 DROP USER 语句、DROP USER

语句必须拥有 MySQL 数据库的全局 CREATE USER 权限或 DELETE 权限。

【例 7-7】 创建用户 manager，赋予数据库增、删、改、查权限。

```
CRETATE USER manager@'127.0.0.1' identified by '123456';
GRANT SELECT,DELETE,INSERT,UPDATE ON education.* to manager@'127.
0.0.1';
```

7.4.3 权限管理

权限管理主要是对登录到 MySQL 的用户进行权限验证，合理的权限管理能够保证数据库系统的安全，不合理的权限设置会给 MySQL 服务器带来安全隐患。MySQL 数据库中有多种类型的权限，这些权限都存储在 MySQL 数据库的权限表中，在 MySQL 启动时，服务器会将这些数据库中的权限信息读入内存。权限主要分为以下几类。

1）列权限：作用于一个给定表的单元列。这些权限存储在 MySQL 数据库的 columns_peiv 表中，通过指定一个 COLUMNS 子句将权限授予特定的列，同时要在 ON 子句中指定具体的表。

2）表权限：作用于一个给定数据表的所有列。这些权限存储在 MySQL 数据库的 tables_priv 表中，可以通过"GRANT ON 表名"语句为具体的表名设置权限。

3）数据库权限：作用于一个给定数据库的所有表。这些权限存储在 MySQL 数据库的 db 表中。

4）全局权限：作用于一个给定服务器的所有数据库。这些权限存储在 MySQL 数据库的 user 表中，可以通过使用"CRANT ALL ON * . *"语句设置全局权限。

【例 7-8】 为 manager 用户授予 education 库中 student 表的 student_name 字段（列）SELECT 权限。

SQL 语句表示如下。

```
GRANT SELECT(student_name) ON education.student TO manager;
FLUSH privileges;
```

1. 授予权限

授予权限指允许用户具有某种操作权。在 MySQL 中使用 CRANT 语句授予权限。拥有 CRANT 权限的用户才可以执行 GRANT 语句。其语法结构如下。

```
GRANT 操作 ON 数据库.* TO 用户@'127.0.0.1';
```

2. 收回权限

收回权限指不允许用户具有某种操作权，或者收回曾经授予的权限。收回用户不必要的权限在一定程度上可以保证数据的安全性。权限收回后，用户账户的记录将从 db、 tables_priv 和 columns_priv 表中删除，但是用户账户记录仍然在 user 表中保存。收回权限利用 REVOKE 语句来实现。语法格式有两种：一种是收回用户的所有权限，另一种是收回用户指定的权限。其语法结构如下。

```
REVOKE 权限 option ON 数据库.* FROM 用户@'127.0.0.1';
```

3. 查看权限

在 MySQL 中可以使用 SELECT 语句来查询 user 表中各个用户的权限，也可以直接使用 SHOW GIANTS 语句来查看权限。

7.4.4 日志文件

日志是数据库的重要组成部分，日志文件中记录了数据库运行期间发生的变化，当数据库遭到意外损害时可以通过日志文件来查询出错原因，并且可以通过日志文件进行数据恢复。MySQL 日志用来记录 MySQL 数据库的运行情况、用户操作和错误信息等。例如，当一个用户登录到 MySQL 服务器时，日志文件中就会记录该用户的登录时间和执行操作等，或者 MySQL 服务器在某个时间出现异常时，异常信息也会被记录到日志文件中。日志文件可以为 MySQL 管理和优化提供必要的信息，这些日志文件对于 MySQL 的管理工作而言是不可缺少的。MySQL 日志主要分为二进制日志、错误日志、通用查询日志和慢查询日志。

1. 二进制日志

二进制日志主要记录数据库的变化情况，包含了所有更新了的数据或已经潜在更新了的数据（如没有匹配任何一条记录的 DELETE 语句）的语句，语句以“事件”形式保存，描述数据的更改。二进制日志还包含了关于每个更新数据库语句的执行时间信息，它不包含没有修改任何数据的语句。如果需要记录所有语句，需要使用通用查询日志。使用二进制日志的主要目的是最大可能地恢复数据，因为二进制日志包含备份后进行的所有更新。

1）查看二进制日志开启状态。使用 SHOW GLOBAL 语句查看二进制日志功能的开启状态，其语法结构如下。

```
SHOW GLOBAL variables LIKE '%Log_bin%';
```

其中，Log_bin 用于控制会话级别二进制日志功能的开启或关闭，默认为 ON，表示启用记录功能。

2）查看二进制日志大小。使用 SHOW BINARY LOGS 语句查看当前服务器使用的二进制文件及其大小，但不能直接使用查看命令打开并查看二进制日志，其语法结构如下。

```
SHOW BINARY LOGS;
```

3）删除二进制日志文件。使用 RESET MASTER 语句可删除所有二进制日志文件。使用 PURGE BINARY LOGS 语句可删除在指定的日志或日期之前的二进制日志文件，其语法结构如下。

```
PURGE BINARY LOGS to 日志名称;//'DB-Server-bin.000002'
PURGE BINARY LOGS before 时间;//'2020-03-10 10:10:00'
```

2. 错误日志

错误日志文件记录了 MySQL 服务的启动、关闭和服务器运行中发生的错误等信息。

1）查看错误日志。使用 SHOW GLOBA 语句查看错误日志。

2）删除错误日志文件。使用 MYSQLADMIN 命令删除错误日志。该命令同样可用于删除通用查询日志文件和慢查询日志文件。

【例 7-9】删除 MySQL 的错误日志。

SQL 语句表示如下

```
MYSQLADMIN -uroot -p flush-logs;
```

删除 MySQL 的错误日志的方法：首先使用“mysqladmin -uroot -p flush-logs”命令开启新的错误日志，会自动将旧的错误日志更名为“filename.err-old”；然后删除这些“.err-old”文件即可。

3. 通用查询日志

通用查询日志记录了 MySQL 所有用户的操作，包括启动与关闭服务、执行查询和更新语句等。

1）查看通用查询日志开启状态。使用 SHOW GLOBAL 语句查看通用查询日志开启状态。默认情况下，通用查询日志功能是关闭的。

2）查看通用查询日志信息，其语法结构如下。

```
SHOW CREATE TABLE mysql.general_log \G;
```

4. 慢查询日志

慢查询日志用来记录执行时间超过指定时间的查询语句，通过慢查询日志，可以查找出哪些查询语句的执行效率很低，以便进行优化。使用 SHOW GLOBAL 语句查看慢查询日志开启状态及慢查询日志信息。

7.4.5 数据备份与恢复

备份和恢复是 MySQL 的重要组成部分。备份是对 MySQL 数据库或日志文件进行复制，数据库备份记录了在进行备份这一操作时数据库中所有数据的状态，如果数据库因意外而损坏，这些备份文件将在数据库恢复时被使用。恢复就是把遭受破坏或丢失的数据或出现错误的数据库恢复到原来的正常状态，这一状态是由备份决定的，但是为了维护数据库的一致性，在备份中未完成的事务并不进行恢复。如果在备份和恢复过程中发生中断，则可以重新从中断点开始执行备份或恢复。

1. 数据备份

用户使用数据库是因为要利用数据库来管理和操作数据，数据对于用户来说是非常宝贵的资产。数据存放在计算机上，但是即使是最可靠的硬件和软件也会出现系统故障，所以应该在意外发生之前做好充分的准备工作，以便在意外发生之后有相应的措施能迅速地恢复数据库，并使丢失的数据量减少到最小。可能造成数据损失的因素有很多种，大致可分为存储介质故障、用户错误操作、服务器崩溃和自然灾害等几类。备份是一种十分耗费时间和资源的操作，不能频繁进行，应该根据数据库使用情况确定一个适当的备份周期。MySQL 提供以下 3 种数据库备份类型。

（1）完整备份

完整备份指备份整个数据库，包括表、视图、存储过程等数据库对象及日志。这是任何备份策略中都要求完成的第一种备份类型，因为其他所有备份类型都依赖于完整备份。完整备份的优点是操作简单，但由于备份完整内容多，因此通常需要花费较多的时间，同时会占用较多的空间，如果数据库规模较小，则可以使用此备份类型。在对数据库进行完整备份时，所有未完成的或发生在备份过程中的事务都不会被备份。

（2）增量备份

增量备份指数据库从上一次完整备份或最近一次的增量备份以来改变的内容的备份。

（3）差异备份

差异备份指将数据库从最近一次完整备份以后发生改变的数据的备份。与完整备份相比，差异备份的备份速度较快，占用的空间也较少，对于数据量大且频繁修改的数据库，可以优先选择差异备份。

备份数据库或表使用 MYSQLDUMP 命令，其语法结构如下。

```
    MYSQLDUMP  -u <用户名>  -h <主机名> -p <密码><数据库名>[表名[表名…]]><备份
文件的名>.sql
```

备份多个数据库使用 MYSQLDUMP 命令，其语法结构如下。

```
MYSQLDUMP  -u <用户名> -h <主机名> -p <密码>--database<数据库名>[数据库名…]><备份文件的名>.sql
```

备份所有数据库使用 MYSQLDUMP 命令，其语法结构如下。

```
MYSQLDUMP  -u <用户名> -h <主机名> -p <密码>--all-database><备份文件的名>.sql
```

2. 数据恢复

备份数据恢复是把遭受破坏、丢失或出现错误的数据恢复到原来的状态。数据备份后，一旦系统发生崩溃或执行错误操作，就可以从备份文件中恢复数据，将数据备份重新加载到系统中。

（1）使用 MySQL 的命令恢复数据

对于使用 MYSQLDUMP 命令备份后形成的 SQL 文件，可以使用 MySQL 命令导入数据库中。备份的 SQL 文件中包含 CREATE、INSERT 语句，也可能包含 DROP 语句。MySQL 的命令可以查询和直接执行文件中的这些语句。

（2）使用 SQL 语句恢复数据

对于使用 SELECT INTO OUTFILE 语句备份的表数据文件，用 LOAD DATA INFILE 语句恢复数据，其语法结构如下。

```
LOAD DATA INFILE'文件名.txt,INTO TABLE <表名>[选项][IGNORE 行数 LINES];
```

说明如下。

- 文件名.txt 是由 SELECT INTO OUTFILE 语句备份产生的。
- 表名在数据库中必须存在，表结构必须与恢复文件的数据行一致。
- 选项和 SELECT INTO OUTFILE 语句中的选项相同。
- IGNORE 行数 LINDS 用于忽略文件的前几行。

【例 7-10】完成数据库 education 的备份和还原。

SQL 语句表示如下。

```
备份整个数据库：MYSQLDUMP -uroot -p education> /mysqlbackup/education.sql
备份多个数据库：MYSQLDUMP -uroot -p -database education test> /mysqlbackup/education.sql
备份全部数据库：MYSQLDUMP -uroot -p --all-database >/mysqlbackup/all_database.sql
还原数据库：MYSQLBINLOG --stop-date='2015-11-04 09:22:33'< /mysqlbackup/education.sql
```

本章小结

本章主要讨论了 MySQL 的安全性管理问题，涉及数据用户和权限，以及数据库备份与恢复等。用户要想访问数据库，首先必须登录 MySQL 服务器，用户应具有访问数据库的某种权限。数据库管理和维护是数据库管理员的日常工作和任务，包括备份和恢复数据库等，这些操作任务确保数据库在任何故障或意外发生时，始终是安全的、可用的。通过本章学习，应该理解用户和权限的基本概念，掌握用户管理和权限管理的方法，理解日志文件的基本概念及其管理，理解数据备份与恢复的基本概念，掌握数据库备份与恢复的方法。

习 题

填空题

1．使用________语句来修改现有存储过程的特征。当使用________语句修改存储过程时，存储过程的特征发生变化。

2．可能造成数据损失的因素有很多种，大致可分为________、________、________和________等几类。

3．使用 MYSQLDUMP 命令备份数据库或表。格式为：

MYSQLDUMP<________><数据库名>[表名[表名…]]><备份文件的名>.sql

4．MySQL 安全管理等级包括________、________、________、________。

5．在 MySQL 系统中，按照触发事件的不同，触发器分成 3 种，分别是________、________和________。

6．在 MySQL 中，可以执行________语句来查看触发器的基本信息。

7．MySQL 数据库中有多种类型的权限分别是________、________、________、________。

8．对于使用 MYSQLDUMP 命令备份后形成的 SQL 文件，可以使用________命令导入数据库中。备份的 SQL 文件中包含________、________语句，也可能包含________语句。

9．使用________语句查看通用查询日志开启状态。默认情况下，通用查询日志功能是________。

10．二进制日志主要记录数据库的________。二进制日志还包含关于每个更新数据库语句的________。

习题答案

第1章

一、选择题

1．C　2．D　3．D　4．B　5．D　6．A　7．D

二、判断题

1．√　2．×　3．√　4．√　5．×

三、问答题

1．主要区别：性质不同、作用不同、功能不同。

（1）性质不同

1）数据库是“按照数据结构来组织、存储和管理数据的仓库”，是一个长期存储在计算机内的、有组织的、可共享的、统一管理的大量数据的集合。

2）数据库管理系统是一种操纵和管理数据库的大型软件，用于建立、使用和维护数据库。

（2）作用不同

1）数据库是对数据进行存储及删除等操作，组织、存储和管理数据。

2）数据库管理系统是对数据库进行统一的管理和控制，以保证数据库的安全性和完整性。

（3）功能不同

1）数据库是存放数据的仓库，具有较大的存储空间，可以存放上亿条数据。数据的来源类型多种多样，如出行记录、消费记录、浏览的网页、发送的消息等等，按照数据类型可以分为文本、图像、音频、视频等。

2）数据库管理系统，用户通过数据库管理系统访问数据库中的数据，数据库管理员也通过数据库管理系统进行数据库的维护工作。支持多个应用程序和用户用不同的方法在同一时刻或不同时刻去建立、修改和查询数据库。

2．数据库是一种逻辑概念，用来存放数据的仓库，通过数据库软件实现。数据库由二维表组成，一张表中包含若干字段，字段一字排开，数据一行一行地写入表中。数据库的表，在于能够用二维表现多维的关系，如 Oracle、DB2、My SQL、Sybase、MS SQL

Server 等。

数据仓库是数据库概念的升级。从逻辑上理解，数据库和数据仓库没有区别，都是通过数据库软件实现存放数据的地方，只不过从数据量来说，数据仓库要比数据库更庞大。数据仓库主要用于数据挖掘和数据分析，辅助领导做决策。

区别主要总结为以下几点。

1）数据库只存放在当前值，数据仓库存放历史值。

2）数据库内的数据是动态变化的，只要有业务发生，数据就会被更新，而数据仓库是静态的历史数据，只能定期添加、刷新。

3）数据库中的数据结构比较复杂，有各种结构以适合业务处理系统的需要，而数据仓库中的数据结构相对简单。

4）数据库中的数据访问频率较高，但访问量较少，而数据仓库的访问频率低但访问量很高。

5）数据库中的数据是面向业务处理人员的，为业务处理人员提供信息处理的支持，而数据仓库则是面向高层管理人员的，为其提供决策支持。

6）数据库在访问数据时要求响应速度快，其响应时间一般为几秒，而数据仓库的响应时间可长达数小时。

3. 根据存储模型划分，数据库类型主要可分为：网状数据库、关系数据库、树状数据库、面向对象数据库等。

4. 1）数据量大：数据量十分巨大，已经从 TB 级别跃升到 PB 级别。

2）数据类型繁多：分为结构化数据（约 10%）和非结构化数据（约 90%），结构化数据指存储在关系数据库中的数据，非结构化数据包含半结构化数据，其种类繁多，如邮件、音频、视频、微信、微博、位置信息、链接信息、手机呼叫信息、网络日志等。

3）处理速度快：实时分析结果、秒级响应。

4）价值密度低：价值密度远低于传统关系数据库中已有的数据。

第 2 章

略。

第 3 章

一、选择题

1. B　2. C　3. C　4. A　5. A　6. C　7. C　8. C　9. B

10. C　11. B　12. D　13. C　14. B　15. D　16. C　17. D　18. A

二、填空题

1. 数据约束
2. 逻辑设计阶段　数据库实施阶段
3. 概念模型
4. E-R 图
5. 结构
6. 多对多
7. 存取方法

三、问答题

1. 数据库的设计按照规范设计法可将数据库设计分为需求分析、概念设计、逻辑设计、物理设计、数据库实施和数据库运行与维护 6 个阶段。

1）需求分析阶段。需求分析是整个数据库设计过程的基础，需要收集数据库所有用户的信息内容和处理要求，并加以规格化和分析。

2）概念设计阶段。概念设计是在需求分析的基础上，通过对用户需求综合、归纳与抽象，形成一个独立于具体数据库管理系统的概念模型。

3）逻辑设计阶段。逻辑设计将独立于软件、硬件的概念结构转换为某个数据库管理系统支持的数据模型（逻辑数据库结构），并对其进行优化。

4）物理设计阶段。物理设计为逻辑数据库结构选取一个最为适合应用环境的物理数据库结构。

5）数据库实施阶段。根据物理设计的结果把原始数据装入数据库，建立一个具体的数据库并编写和调试相应的应用程序。

6）数据库运行与维护阶段。这一阶段主要收集和记录实际系统运行的数据，数据库运行的记录用来提高用户要求的有效信息，用来评价数据库系统的性能，进一步调整和修改数据库。

2.（1）概念结构的主要特点

1）能真实、充分地反映现实世界，包括事物和事物之间的联系，能满足用户对数据的处理要求。是对现实世界的一个真实模型。

2）易于理解，从而可以用它和不熟悉计算机的用户交换意见，用户的积极参与是数据库的设计成功的关键。

3）易于更改，当应用环境和应用要求改变时，容易对概念模型修改和扩充。

4）易于向关系、网状、层次等各种数据模型转换。

（2）设计概念结构的 4 类方法

1）自顶向下：首先定义全局概念结构的框架，然后逐步细化。

2）自底向上：首先定义各局部应用的概念结构，然后将它们集成起来，得到全局概念结构。

3）逐步扩张：首先定义最重要的核心概念结构，然后向外扩充，以滚雪球的方式逐步生成其他概念结构，直至总体概念结构。

4）混合策略：将自顶向下和自底向上相结合，用自顶向下策略设计一个全局概念结构的框架，以它为骨架集成由自底向上策略中设计的各局部概念结构。

3．逻辑结构设计的任务：把在概念设计阶段建立的基本 E-R 图按选定关系数据模型的原则转换成相应的数据库模型图。

设计步骤：

1）将概念结构转换为一般的关系、网状、层次模型。

2）将转换来的关系、网状、层次模型向指定数据库管理系统支持的数据模型转换。

3）对数据模型进行优化。

4．E-R 图用来显示实体集之间的关系，它提供了表示实体类型、属性和联系的方法，用来描述现实世界的概念模型。构成 E-R 图的 3 个基本要素是实体、属性和联系。

5．数据库物理设计是为了有效地实现逻辑模式确定所采取的存储策略。此阶段是以逻辑设计的结果作为输入，并结合具体 DBMS 的特点与存储设备特性进行设计，选定数据库在物理设备上的存储结构和存取方法。

数据库的物理设计可分为两步：

1）确定数据库的物理结构，在关系数据库中主要指存储结构和存取方法。

2）对物理结构进行评价，评价的重点是时间和空间效率。

四、综合题

1．

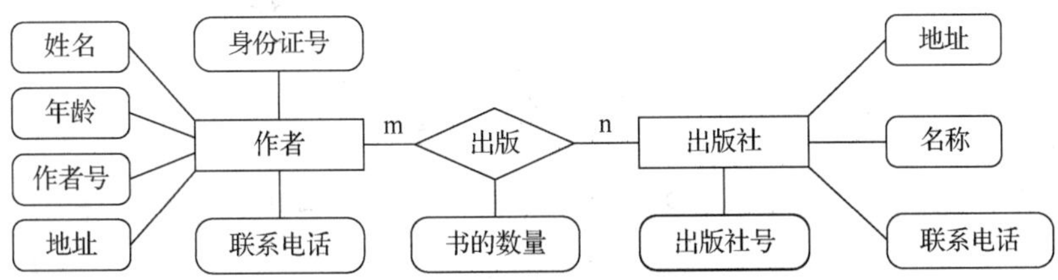

关系模型如下。

出版社（出版社号，名称，地址，联系电话）。

作者（作者号，姓名，性别，联系电话，身份证号，地址）。

出版（出版社号，作者号，书的数量，联系电话）。

2.

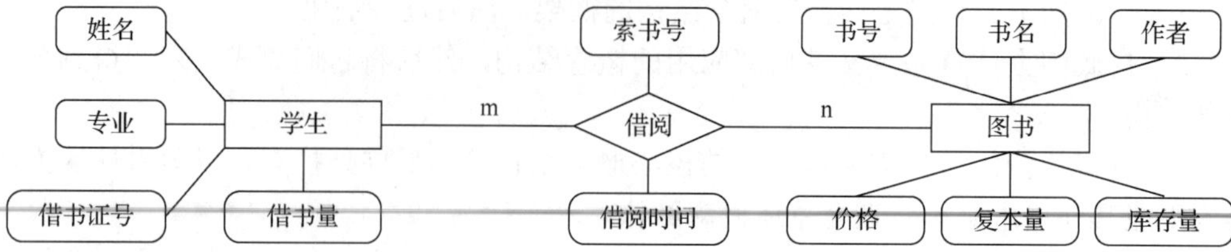

关系模型如下。

图书（书号，书名，作者，价格，复本量，库存量）。

学生（借书证号，姓名，专业，借书量）。

借阅（书号，借书证号，索书号，借阅时间）。

外码：书号，借书证号。

第 4 章

一、选择题

1. D　2. C　3. A　4. A　5. C　6. A　7. B　8. A　9. D　10. D

二、填空题

1. 代码编写
2. 普通　唯一
3. 多
4. 参照完整性
5. 表结构　数据

三、操作题

略。

第 5 章

一、选择题

1. B　2. B　3. C　4. C　5. C

二、填空题

1．顺序
2．不能取空值
3．NULL
4．WHERE 条件

三、判断题

1．√　　2．×　　3．√

四、操作题

略。

第 6 章

略。

第 7 章

填空题

1．ALTER PROCEDURE　ALTER PROCEDURE
2．存储介质故障　用户错误操作　服务器崩溃　自然灾害
3．－u <用户名> -h <主机名> -p <密码>
4．操作系统安全性　服务器安全性　数据库安全性　数据库对象安全性
5．DML 触发器　DDL 触发器　登录触发器
6．SHOW VARIABLES
7．列权限　表权限　数据库权限　全局权限
8．MySQL　CREATE　INSERT　DROP
9．SHOW GLOBAL　关闭的
10．变化　情况

参 考 文 献

崔洋，贺亚茹，2013．MySQL 数据库应用从入门到精通[M]．北京：中国铁道出版社．

戴尔，2009．MySQL 核心技术手册[M]．李红军，李冬梅，等译．2 版．北京：机械工业出版社．

迪布瓦，2015．MySQL 技术内幕[M]．张雪平，何莉莉，陶虹，等译．5 版．北京：人民邮电出版社．

甘长春，孟飞，2019．MySQL 数据库管理实战[M]．北京：人民邮电出版社．

贺春旸，2016．MySQL 管理之道[M]．北京：机械工业出版社．

姜承尧，2013．MySQL 技术内幕：InnoDB 存储引擎[M]．2 版．北京：机械工业出版社．

姜桂洪，孙福振，苏晶，2018．MySQL 数据库应用与开发[M]．北京：清华大学出版社．

科夫勒，2006．MySQL 5 权威指南[M]．杨晓云，王建桥，杨涛，等译．3 版．北京：人民邮电出版社．

刘玉红，郭广新，2016．MySQL 数据库应用案例课堂[M]．北京：清华大学出版社．

麦克劳克林，2014．MySQL Workbench 数据建模与开发[M]．张骏温，译．北京：清华大学出版社．

斯米尔诺娃，2015．MySQL 排错指南[M]．李宏哲，杨挺，译．北京：人民邮电出版社．

宋立桓，2020．MySQL 性能优化和高可用架构实践[M]．北京：清华大学出版社．

王雪迎，2020．MySQL 高可用实践[M]．北京：清华大学出版社．

王英英，2019．MySQL 8 从入门到精通（视频教学版）[M]．北京：清华大学出版社．

王英英，李小威，2018．MySQL 5.7 从零开始学[M]．北京：清华大学出版社．

西泽梦路，2020．MySQL 基础教程[M]．卢克贵，译．北京：人民邮电出版社．

夏辉，白萍，李晋，等，2017．MySQL 数据库基础与实践[M]．北京：机械工业出版社．

肖睿，訾永所，侯小毛，2017．MySQL 数据库开发实战[M]．北京：水利水电出版社．

云尚科技，2020．MySQL 入门很轻松（微课超值版）[M]．北京：清华大学出版社．

周彦伟，王竹峰，强昌金，2017．MySQL 运维内参[M]．北京：电子工业出版社．

附　　录

my.ini 配置文件：

```
# MySQL Server Instance Configuration File
# ----------------------------------------------------------------------
# Generated by the MySQL Server Instance Configuration Wizard
#
#通过使用 MySQL 服务配置向导生成
# Installation Instructions
# ----------------------------------------------------------------------
#客户端配置参数
# CLIENT SECTION
# ----------------------------------------------------------------------
[client]
#客户端通过 3306 端口号连接 MySQL 数据库服务器,如果需要修改端口号,可直接修改
port=3306
[mysql]
#客户端默认字符集
default-character-set=gbk
#服务器端参数配置
#SERVER SECTION
[mysqld]
#服务器端的端口号
port=3306
#MySQL 数据库服务器的安装目录
basedir="C:/Program Files/MySQL/MySQL Server 8.0/"
#MySQL 数据库数据文件的目录
datadir="C:/Documents and Settings/All Users/Application Data/MySQL/
MySQL Server 8.0/Data/"
#MySQL 软件端的字符集
character-set-server=gbk
#MySQL 软件的存储引擎
default-storage-engine=INNODB
#Set the SQL mode to strict
#MySQL 软件的 SQL 模式
sql-mode="STRICT_TRANS_TABLES,NO_AUTO_CREATE_USER,NO_ENG1NE_
```

```
SUBSTITUTION"
        #MySQL 软件的最大连接数
        max_connections=100
        #MySQL 软件的查询缓存
        query_cache_size==0
        #MySQL 软件中以打开表的总数
        table_cache=256
        #MySQL 软件内存中可以存储临时表的最大值
        Tmp_tablet_size==9M
        #MySQL 软件中可以保留的客户端连接线程数
        thread_cache_size=8
        #MySQL 软件重建索引时允许的最大临时文件的大小
        myisam_max_sort_file_size=100G
        #MySQL 软件重建索引时允许的最大缓存大小
        myisam_sort_buffer_size=17M
        #MySQL 软件中最大关键字缓存大小
        Key_buffer_size=10M
        #MySQL 软件全扫描 MyISAM 表时的缓存大小
        read_buffer_size==64K
        #MySQL 软件以插入排序好数据的缓存大小
        read_rnd_buffer_size=256K
        #MySQL 用户排序时可用缓存大小
        sort_buffer_size=256K
        #关于 INNODB 存储引擎参数设置
        #*** INNODB Specific options ***
        #附加内存池大小
        innodb additional_mem_pool_size=2M
        #关于提交日志的时机
        Innodbflush_log_at_trx_commit=1
        #存储日志数据的缓冲区时大小
        Innodb_log_buffer size=1M
        #缓存池中缓存区的大小
        innodb _buffer_pool_size=17M
        #日记文件的大小
        Innodblog_file_size=10M
        #允许线程的最大数
        innodb_thread_concurrency=8
```